취업 미스매칭

취업 미스매칭

그 회사가 당신을 뽑지 않는 이유

MISMATCHING

BETWEEN JOB SEEKERS AND COMPANIES

Mismatching에서
Matching으로 가는 길에
32명의 취업컨설턴트가
징검다리가 되겠습니다.

________________ 님께 드립니다

★★★

한번은 히말라야 안나푸르나에 오른 한 지인과 이야기를 나눈 적이 있다.
그가 말하길, 안나푸르나 베이스캠프의 식당 한쪽 벽에는
여행객들의 염원이 담긴 쪽지와 사진들이 가득 붙어 있다고 한다.
지인은 그 쪽지들을 살펴보다가 우연히 우리나라 한 대학교 취업동아리
학생들이 적은 메모지를 보았다고 한다.
그 쪽지에는 취업에 대한 그들의 소망이 적혀 있었다.
그는 하늘 아래 신들의 산이라고 불리는 안나푸르나에 올라서도
취업을 생각해야 하는 대학생들의 모습이 안타깝다고 했다.

하지만 나는 그 쪽지에서 희망을 엿보았다.
그들의 간절함이, 그들의 차고 넘치는 에너지가 그들을 구원할 것이다.

★★★

추천사

"이 책은 우리 시대의 다른 취업서가 될 것 같다."

이 책을 읽으면서 무릎을 칠 때가 한두 번이 아니었다. 구직난으로 신음하고 좌절하던 취업 준비생들에게 해주고 싶었던 말들이 고스란히 녹아 있었기 때문이다. 특히 이 책에 수록된 다양한 취업 성공 사례들은 다른 책에서는 쉽게 찾아볼 수 없는 소중한 기록이다. 취업 전문가인 주 저자의 10년 노하우와 31인 취업컨설턴트의 열정이 이 책 한 권에 응축돼 있다.

_한국일보 사회부 기자 강철원

취업을 희망하는 분에게 『취업 미스매칭』을 추천한다. 취업은 단거리 육상 경기가 아니라 마라톤과 같은 장기레이스이다. 오래 달리려면 체력을 쌓고 전략을 세우고 경쟁자를 파악해야 한다. 무엇보다 충분한 훈련이 필요하다. 『취업 미스매칭』은 당신의 잠재력을 이끌어낼 코치이다. 취업 관련 전문가들의 경험과 해법이 담긴 『취업 미스매칭』을 통해 세상에 하나뿐인 당신만의 취업 전략을 멋지게 수립하길 바란다.

_삼성전자 경력개발센터장 지세근

'취업뽀개기'를 운영하면서 구직자와 기업 간의 시각 차이를 자주 느낀다. 예컨대 지원 서류를 두고 구직자는 '자신이 살아온 약력을 요약해 알리는 과정'

으로 생각하는 반면, 인사담당자는 '회사와 지원자 간의 가치 상충 여부를 판단하는 과정'으로 여긴다. 이 책은 주 저자의 진솔한 경험담과 31인 취업컨설턴트의 다양한 상담사례들을 모아 취업에 얽힌 수많은 오해와 궁금증을 속 시원히 풀어준다. 왜 취업이 안 되는지, 기업에서 말하는 맞춤형 인재가 무엇인지 궁금한 구직자와 대학생 독자라면 이 책을 반드시 읽어보기를 권한다.

_Daum 취업정보 커뮤니티 '취업뽀개기' 대표 운영자 정낙승

시중의 취업 책들을 보면 '딱딱하다'는 느낌을 지울 수 없었다. 꿈과 도전이라는 말은 어릴 적 기억인 양 가슴 속에 묻어버리고 도서관에 앉아서 학점과 토익을 공부해야 하는 것이 취업의 왕도로 받아들여지는 시대. 기업 현장에서 채용을 담당하는 사람으로서 아쉬움이 많았다. 기업이 원하는 인재는 책 속에 파묻혀 사는 사람이 아니다. 자신만의 경험을 쌓아가면서 오늘보다 나은 내일을 추구하고 남의 이론이 아닌 자신만의 생각을 구축해가는 인재가 절실한 시대다. 이 책은 우리 시대의 다른 취업서가 될 것 같다. 이 책이 부디 우리 시대 취업서에 '똘아이' 같은 존재가 되길 바란다. 기업은 찍어내듯 만들어져 나오는 인재보다는 자신만의 색을 뽐내는 인재를 찾고 있다.

_한솔그룹 경영기획실 인사홍보팀 과장 남지현

당신의 미래를 지루한 스펙 쌓기로 낭비하고 싶지 않다면 진짜 '공부'를 하라. 취업준비생들이 깨닫지 못하는 '진짜' 인재가 되는 법을 알려주는 책! 당신은 이 책을 덮는 순간, 갑자기 당신 자신의 인생을 설계하고 싶어 못 견디게 될 것이다.

_효성중공업 인재개발팀 윤혁진

취업컨설팅은 구직자와 컨설턴트가 어떻게 역할을 나누는가가 중요하다. 컨설턴트는 취업의 원칙이나 가이드라인을 제시해주고 지도사례 등을 통해 개개인에게 적합한 방향을 제시해야 한다. 구직자는 '이것을 안 하면 손해'라는 생각으로 최선을 다해 노력해야 한다. 이 책은 구직자와 컨설턴트 모두에게 살아있는 지침서로, 보기 드문 역작임에 틀림없다.

_(주)엘리트코리아 대표이사 남경현

취업. 여러분의 인생에서 이 단어는 얼마나 큰 비중을 차지하고 있는가? 그 단어를 항상 머리와 마음이라는 오븐에서 예열시키고 있는 이들이 있다. 바로 '취업전문가'다. 이 책을 통해 우리 학생들의 응어리져 있는 고민을 보다 세밀하게 알 수 있었다. 그리고 학생들과 호흡을 맞춰가며 그들의 응어리를 풀기 위하여 고민하는 취업전문가의 열정을 접했다. 취업 준비로 고민하는 독자들의 가슴에 이 책은 새로운 불씨를 지피리라 생각한다. 학생을 포함한 구직자, 취업전문가, 학내 취업담당자, 학부모 등 모든 사람들에게 추천한다.

_한림대학교 학생처장 강일준

취업을 희망하고 있으나 자신이 세워놓은 울타리에 갇힌 채 세상 밖으로 나가기를 두려워하는 사람, 취업의 첫 단추를 어떻게 꿰어야 할지 그 방법을 찾지 못하는 사람이라면 반드시 읽어야 하는 책이다. 이 책에서 보여준 다양한 사례들이 그 이유를 설명하고 있다.

_안산공과대학 취업지원센터 팀장 김재현

불과 몇 개월 전까지 구직자였던 나는 지금 구인자가 되었다. 그때의 기억을 떠올리며 이 책을 읽으니, 재밌다! 무엇보다 '共感'한다. 세상은 생각 이상으로 합리적이다. 당신의 관심과 노력으로 이뤄낸 것이라면 비록 1%의 차이에 불과할지라도 결코 무시할 수 없는 힘을 발휘한다. 불안해하고 사회를 의심하기 전에 이 책의 내용 가운데 한 가지만이라도 자신에게 적용하고 변화를 꾀하자. 당신에게도 지금의 나처럼 암담한 시절을 웃으며 말할 날이 찾아올 것이다.

– 풀무원식품(주) 인사지원팀 황은정

머리말

취업이라는 강을 건너기 위해서는

피라니아는 남미에 서식하는 육식성 물고기다. 하천을 건너는 소나 양, 심지어 사람에게 달려들어 뼈만 남을 때까지 살점을 물어뜯는다고 알려졌다.

그러나 조사 결과에 따르면 피라니아 떼에 물려 숨졌다는 사람 중 적지 않은 수가 심장마비로 사망했거나 익사한 뒤에 공격받은 것으로 판명되었다. 실제로 남미와 중미의 인디오들에게 피라니아는 공포의 대상이 아니라 그들의 일용할 양식이자 비단잉어와 같은 애완동물이다.

그렇다, 피라니아가 피에 굶주린 식인 물고기라는 얘기는 정확한 생태 관찰의 결과가 아니라 피라니아에 대한 막연한 두려움이 만들어낸 신화에 불과하다.

취업을 준비하는 과정에서도 실제로는 위협적이지 않지만 우리를 겁먹게 만드는 피라니아가 있다. 가장 대표적인 피라니아는 자신이 못났다는 생각이다. 정밀 검진도 받지 않고 '무슨 큰 병 아닐까' 하고 두려움에 휩싸인 환자처럼 우리는 자신에 대한 아무런 진단 없이 무작정 '나는 못난이'를 외친다.

하지만 생각해 보라. 수학에 재능 있는 사람이 문과에 가서 고통을 받는 것은 그가 못나서인가? 밖으로 돌아다니기를 좋아하는 사람이 사무직으로 입사해서 상사에게 깨지는 것은 그가 못나서인가?

취업은 '내가 못났다, 잘났다'의 문제가 아니다. 나와 회사가 맞느냐 맞지 않느냐, 오직 그것이 문제이다.

한 달 전 자정을 막 넘긴 시각, 휴대폰이 요란하게 울렸다. 이 시간에 누굴까 싶었는데 2년 전 취업 준비를 도와주었던 공대 남학생이었다. 그는 착실히 취업을 준비하여 당당히 디스플레이 1위 업체 기술지원팀에 입사했다. 일부러 내 목소리가 듣고 싶어 전화를 건 것은 아닐 테고, 알고 보니 친구 이름과 혼동해서 잘못 누른 전화였다. 어쨌든 안부를 물었다. 그랬더니 그가 이런 말을 한다.

"네, 잘 지내고 있습니다. 그런데 저 한 달 전에 퇴사했습니다."

퇴사했다고 말하는 그의 목소리는 전혀 퇴사한 사람답지 않게 밝았다. 이유가 있었다. 그는 회사를 다니면서 자신이 무엇을 원하는지 찾았다고 말했다.

"직장을 잡기 전에는 취업에 대해 막막했는데 사실 알고 보니 취업이란 것이 어려운 문제가 아니더라고요. 저랑 잘 맞는 회사를 찾아서 정성스럽게 어필하면 그게 바로 취업활동이라는 생각이 듭니다. 회사 입장에서도 자기 회사와 잘 맞을 것 같은 사람을 뽑는다는 사실을, 직장인이 된 후에야 깨달았습니다."

그렇다. 떨어진 건 회사와 '안 맞아서고', 붙은 건 '맞아서'다. 입사 전에는 그토록 난감해하던 그 공대생은 입사 후 취업의 비밀을 저절로 터득했다. 그렇다면 이 비밀을 찾아낸 그는 왜 퇴사한 것일까. 그는 반쪽짜리 취업을 했다고 고백했다. 자신의 진짜 모습을 숨기고 '맞는 척' 연기를 한 것이다.

직장생활은 무대 위 공연이 아니라 일상이다. 밥 먹고 화장실 가듯 매일 매일 쉼 없이 반복되는 삶을 살아야 한다. 매순간 내가 아닌 다른 사람으로 살아가는 것은 베테랑 연기자에게도 어려운 일이다. 바로 여기에 두 번째 취업의 비밀이 있다. 맞는 척 연기를 하면 당장은 성공 취업의 열매를 따먹을 수 있겠지만 직장생활이라는 장기간의 레이스에서는 고전을 면치 못한다.

발 사이즈가 250mm인 사람이 230mm 신발을 신는다면 얼마나 발이 아프겠는가. 억지로 쑤셔 넣을 수는 있겠지만 엄지발가락이 구겨지고 발볼이 터질듯 조일 것은 불 보듯 뻔한 일. 반대로 발

사이즈가 230mm인 사람이 250mm 신발을 신는다면 걸을 때마다 신발이 벗겨져 한걸음 떼기조차 어렵다. 아마 둘 다 5분도 채 걷지 못하고 신발을 집어 던지고 싶은 충동을 느끼리라.

나에게 전화를 걸었던 그 공대생은 자신이 기술지원 업무에 어울린다고 철석같이 믿었다. 대기업과의 궁합도 좋다고 생각했다. 하지만 산 중턱에서 깨달았다. '이 산이 아니야!' 그는 더 이상 자신을 속이기 싫었다. 그래서 자신에게 맞는 회사와 업무를 찾기 위해 지도를 펼쳐들었다.

〈취업 미스매칭Mismatching〉, 우리는 지난 1년 동안 이 책을 준비했다. 우리가 이 책에 심혈을 기울인 이유는 공대생 그가 깨달은 취업의 비밀을 독자와 나누고 싶어서다.

오늘도 수많은 구직자들이 자신과 맞지 않은 퍼즐판에 억지로 몸을 구겨 넣으려고 애를 쓰고 있다. 이제 당신은 알았을 것이다. 못난 게 아니라 안 맞기 때문임을. 나를 포함해 이 책의 집필자는 모두 32명이지만 우리의 목소리는 하나다.

"미스매칭 퍼즐판 앞에 선 그대여, 제발 갸웃거리며 멍하니 서 있지 않기 바란다. 이곳에는 당신을 위한 자리가 없다. 대신 당신과 잘 맞는 퍼즐판을 찾아 당신만의 고유한 가치를 뽐내며 살자."

지금 이 순간, 감사의 마음을 전하고 싶은 분들이 참으로 많다. 우선 지난 1년간 아낌없이 격려해주시고 아름다운 글을 선물해주신 31명의 취업컨설턴트들에게 고개 숙여 감사드린다. 그들은 자신의 삶과 감동적인 취업 이야기를 아낌없이 들려주셨다(참고로 이 책의 사례에 등장하는 일부 사람들은 가명임을 밝힌다.).

지금까지 만났던 수만 명의 구직자들도 이 책을 쓰는 데 소중한 도움을 주었다. 그들 덕분에 취업과 삶에 얽힌 따뜻한 이야기를 접할 수 있었다. 이 책을 풍요롭게 만들어주신 많은 분들께 감사한다.

사실 〈취업 미스매칭〉은 지식공간 출판사와의 만남이 없었더라면 세상에 얼굴을 내밀지 못했을 것이다. 지난해 8월, 이 책을 기획하며 제일 먼저 지식공간 김재현 대표님의 시인 같은 모습이 떠올랐다. 주저 없이 지하철에서 안부 전화를 드렸다. 바로 그 한 통의 전화가 〈취업 미스매칭〉을 낳게 했다. 잠시라도 망설이다 전화를 드리지 못했다면 어쩔 뻔 했는가.

그리고 지식공간 권병두 팀장님, 그는 뛰어난 코치이며 훌륭한 선생이다. 그가 쓴 수려한 문장과 촌철살인의 필체는 얼마나 내 손끝을 부끄럽게 만들었는지 모른다. 나는 그의 OK사인을 듣기 위해 지금 이 순간까지도 마음을 졸이는 엑스트라다.

마지막으로 사랑하는 가족들…… 무슨 말이 필요하겠는가.

"고맙습니다. 사랑합니다."

2011년 5월 1일
신 길 자

차례

MISMATCHING

첫 번째 미스매칭

서류에서 번번이 떨어지는 이유

: 과거를 담으려는 구직자와 미래를 보려는 인사담당자

바꿀 수 있는 것, 바꿀 수 없는 것 · 24

자신에 대한 충분한 관찰이 좋은 자기소개서를 만든다 · 27

불행했던 기억이 아니라 꿈을 키워온 내 모습을 떠올려라 · 32

끌리는 자기소개서의 3가지 공통점 · 41

무조건 '열심히'만 외치지 말고 우선 '공부'하라 · 48

마음으로부터 쓸 얘기가 가득 차오를 때까지 기다려라 · 53

한 우물을 판 이력서가 승리한다 · 56

이력서 작성 TIP · 62

그들의 행복 취업 이야기 ①

첫걸음을 주저하는 당신에게

구하라, 찾으라, 두드리라 기면증 환자 | 김동우 · 66

"미친 강사 김미성입니다." 무無스펙의 대학 졸업생 | 김미성 · 76

바람에 꺾여도 싹을 틔우는 나무 뇌성마비 2급 장애인 | 신정숙 · 83

프로는, 처음부터 프로다 퇴직자와 무경력자 | 진홍섭 · 87

세상을 원망하지 마라 실업계 고등학생 | 성명숙 · 94

용기 있는 자가 만족스런 직종을 얻는다 취업인터뷰 | 이혜영 · 102

두 번째 미스매칭

그들이 당신의 말에 귀를 기울이지 않는 이유

: 표현에 집중하는 면접자와 마음에 집중하는 면접관

면접이 두려운가? • 112

당신 마음은 진짜인가, 가짜인가? • 117

그 자리는 '면접장'이다 • 121

이왕이면 다홍치마 • 125

진심이 곧 이미지 메이킹이다 • 128

입으로 말하는 사람 VS 가슴으로 말하는 사람 • 132

그들의 행복 취업 이야기 ②

자신의 경력에 나이테를 새기고 싶은 당신에게

자신만의 이력시스템을 구축하라 이력 관리를 위한 조언 | 이현애 • 138

"친구 많죠?" 스펙 좋은 대학생 | 송정화 • 146

회사는 현장을 사랑한다 중국어 전공 대학 4학년 | 안재현 • 153

입사지원서를 쓰기 위해 얼마나 노력했습니까? • 160
사회체육학 전공 대학생 | 김윤선

경력 관리, 제대로 하고 있습니까? • 168
한 우물을 파지 못한 재취업자 | 임상언

세 번째 미스매칭

회사는 어떤 인재를 찾는가

: 네모를 요구하는 회사에 세모를 들고 찾아간 구직자

불합격 통지서와 함께 우리의 취업 활동은 시작된다 • 174

당신의 취업에 영향을 미치는 것들 • 180

인사담당자가 원하는 것, 만약 이걸 안다면 취업은 당신 것이다 • 185

감성의 토대 위에 지성을 쌓은 자 • 191

경력을 쌓으면 돈은 저절로 따라온다 • 197

당신 종아리에 거머리가 붙어 있다면 • 201

그들의 행복 취업 이야기 ③

마음 밝힐 등불을 찾는 당신에게

당신의 심장이 쿵쿵 뛸 때 지방대 4학년 | 김경아 • 208

당신에게만 보이지 않는 당신의 보석 요양원 운영자 | 신민옥 • 218

현미경으로 분석하고 망원경으로 계획하라 무스펙 여대생 | 김달진 • 225

"어제의 사진이 아닌 오늘의 사진을 보겠습니다." • 231
경력단절 여성 | 유재숙

마음으로 나태와 분노가 걸어 들어올 때 • 239
게임에 빠진 대학 중퇴생 | 윤통현

불안, 우리를 살아 있게 하는 힘 진로단절 여성 | 이주희 • 246

네 번째 미스매칭

자신감이라는 준비물을 챙겼는가

: 엎지른 물 앞에서 고개 숙인 구직자와 오뚝이를 기다리는 회사

몸살-마음살 • 256

무엇 때문에 '죽고 싶다'는 노래를 부르나 • 260

의대생 세경 씨 VS 자연계생 세경 씨 • 265

꺾인 날개로는 날지 못한다 • 273

그들의 행복 취업이야기 ④

칠흑 같은 밤바다에서 북극성을 찾는 당신에게

스케치와 명작 사이 전문대생 | 이상열 • 280

기운 달은 다시 차오른다 정년퇴직 예정자 | 김명자 • 287

달리던 발걸음을 멈추고 고개 들어 당신의 미래를 보라 • 294
고졸 구직자 | 서정미

당신의 마음에 사는 10살짜리 아이와 이별하라 • 299
부모와의 관계 | 윤성원

다섯 번째 미스매칭

당신의 길을 가고 있는가

: 남의 깃털로 자신을 꾸미는 구직자와 세상에 단 하나뿐인 사람을 찾는 회사

Who am I? • 306

당신은 독수리인가, 닭인가 • 309

첫 번째 질문 : 왜 일하려고 합니까? • 315

두 번째 질문 : 일을 선택할 때 무엇을 중시합니까? • 322

꿈은 일자리 나침반 • 325

당신의 심장에게 물어라 • 329

어떤 말을 만 번 이상 되풀이하면 반드시 이루어진다 • 333

모사재인 성사재천 • 337

그들의 행복 취업 이야기 ⑤

콤플렉스의 벽에 갇힌 당신에게

지게문을 높여라 지방대생 | 이재은 선생님 • 344

당신을 따라다니는 그림자로부터 벗어나려고 하지 마라 • 350
사법고시생 | 박윤

가슴속에 묻힌 당신의 이름이 흙을 뚫고 싹을 틔울 때까지 • 356
경력단절 여성 | 조세화

유머는 우리를 새로운 세상으로 인도한다 • 364
구직활동을 위한 조언 | 성원숙

꿈이 없는 사람은 웅덩이에 고인 물과 같다 • 371
역차별을 당한 명문대 출신 | 김현빈

여섯 번째 미스매칭

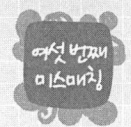

당신의 손을 잡아줄 누군가가 있습니다

: 나 홀로 취업족과 당신의 의지 표명을 기다리는 사람들

세상을 당신 편으로 만들어라 • 378
가족을 당신 편으로 만들어라 • 383
학교가 당신의 씨앗을 틔워줄 것이다 • 386
세금을 냈다면 당당히 혜택을 누려라 • 390
달리고 싶은 택시 기사 아저씨 • 394

그들의 행복 취업 이야기 6

뿌연 안개 속에서 길을 잃은 당신에게

당신의 엉덩이가 발갛게 익었습니다 20대 경력단절 여성 | 조연화 • 398
차는 달리고 꿈은 멀어지고 창업을 꿈꾸는 직장 여성 | 구미라 • 404
죄라면 열심히 일한 것밖에 50대 후반의 실직자 | 오상훈 • 410
실패도 되풀이되면 경력이 된다 전역장교 | 김남호 • 414

맺음말 연탄 한 장의 행복 | 이영웅 • 421
부록 1 나는 회사가 원하는 사람에 얼마나 가까울까? • 429
부록 2 32인의 취업컨설턴트에게 물었습니다 • 431
"구직자들에게 가장 필요한 것은 무엇입니까?"
부록 3 취업컨설턴트 31인이 밝히는 성공 취업을 위한 최후의 조언 • 435
31인의 취업컨설턴트 프로필 • 447

첫 번째 미스매칭

서류에서 번번이 떨어지는 이유

| 과거를 담으려는 구직자와 미래를 보려는 인사담당자 |

바꿀 수 있는 것, 바꿀 수 없는 것

"자기소개서 열심히 쓰면 뭐 해요. 쳐다보지도 않을 텐데. '스카이' 아래 '인서울' 있고 그 다음이 '지잡대'니 저한테 기회가 오기나 하겠어요?"

졸업을 앞둔 28세 김 씨의 한탄이다. 그는 60번의 서류전형에서 모두 탈락하자 무기력에 빠지고 말았다. 김 씨는 학교도 그저 그렇고, 학점도 어학성적도 변변치 않다며 구직을 포기하고 싶다고 말했다.

김 씨의 말대로 학교 서열은 기업 서류전형에 지대한 영향을 끼친다. 너무 당연한 얘기라서 단 한 번도 의심해 본 적이 없을지 모르지만 따져보면 학교 서열이 중시되는 이유는 우리가 생각하는 것처럼 그렇게 비합리적인 것은 아니다.

학창시절 벼락치기를 해본 경험이 있을 것이다. 나 역시 시험을 하루 앞두고 밤을 꼴딱 새웠던 기억이 생생하다. 그런데 그때 외우고 또 외웠던 내용을 지금 떠올려보면 머릿속이 하얘진다. 벼락치기의 한계이다.

기업은 사람을 뽑을 때 벼락치기 성향보다 꾸준함을 선호한다. 벼락치기가 늘 처음부터 다시 쌓아야 하는 모래성이라면 꾸준함은 어제까지 쌓은 데서 출발하여 더 높은 곳을 향해 쌓는 탑이다. 그래서 벼락치기를 하는 사람은 같은 성과를 거두기 위해 늘 일정한 시간이 걸리는 반면 꾸준히 노력해온 사람은 똑같은 성과를 거두는 데 걸리는 시간이 갈수록 단축된다.

이제 당신의 이력서를 바라보자. 이력서에 적혀 있는 여러 항목 가운데 무엇이 지원자의 꾸준함을 증명할 수 있을까.

학벌은 10년 이상 노력한 결과물이다. 학점과 어학성적, 자격증도 오랫동안 공을 들이고 정성을 쏟은 열매다. 학교 레벨과 학점, 어학성적, 자격증 등의 항목은 꾸준함을 평가하는 현실적인 잣대다. 그러니 기업으로서는 이러한 요소들을 비중 있게 볼 수밖에 없다.

그렇다면 우리는 어떤 작전을 짜야 할까?

우리가 할 수 있는 건 우리의 위치를 객관적으로 점검한 뒤 바꿀 수 없는 건 받아들이고 바꿀 수 있는 건 바꿔가는 거다.

국내 굴지의 중공업 회사에 다니는 한 인사담당자는 얼마 전 이런 이야기를 들려주었다.

"공채를 하면 만여 명 정도가 입사지원을 합니다. 보통 60~70%의 자기소개서는 그 밥에 그 나물이고, 변수는 30~40%에 있습니다. 똑같은 자기소개서를 평가할 이유는 없지 않겠습니까. 30~40% 중 절반은 한숨이 나올 만큼 엉망이지만 나머지 절반은 만나고 싶을 만큼 감동적입니다. 결국 서류전형에서 부족한 이력을 자기소개서로 뒤집을 수 있는 지원자는 20% 이내에 해당됩니다."

물론 모든 기업이 위 회사처럼 서류전형을 하는 것은 아니지만 대규모 공채를 진행하는 기업일수록 자기소개서의 비중은 커진다. 만일 당신이 앞서 이야기한 28세 김 씨처럼 이력서 때문에 좌절감을 느꼈다면 당신은 더욱 더 자기소개서에 목숨을 걸어야 한다.

자신에 대한 충분한 관찰이 좋은 자기소개서를 만든다

구직자들의 자기소개서를 읽다 보면 자기소개서의 쓰임을 정확히 모르는 경우가 허다하다. 어떤 이는 일기처럼, 어떤 이는 수필처럼 쓴다.

우선 일기형 자기소개서는 자신의 치부나 비밀을 미주알고주알 풀어놓는 경우다. 남에게 자기소개서 보여주기를 꺼린다면 십중팔구 이런 유형에 속한다. 봉사활동을 시작한 목적이 봉사활동 확인서를 받기 위해서였다는 사실을, 도망치듯 입대를 결정했다는 사실을, 초중고 시절 내내 단골 지각생이었다는 사실을, 공부가 너무 싫어 전문계 고등학교에 진학했다는 사실을 굳이 방방곡곡 알릴 필요는 없다.

한편 수필형 자기소개서는 장식이 많아 부담스럽다. 자기소개서 절반을 명언을 비롯한 남의 말로 채우거나 쓸데없는 생각과 자랑으로 아까운 지면을 낭비한다.

잘 쓴 자기소개서가 담백한 아메리카노라면, 일기형 자기소개서는 진한 에스프레소를 닮았다. 우유나 캐러멜을 넣어 희석시켜주고픈 충동이 생긴다. 수필형 자기소개서는 우유거품이 풍성한 카푸치노를 닮았다. 두꺼운 우유 거품층을 걷어내면 인사담당자가 원하는 자기소개서에 한발 더 가까워질 수 있다.

사람들은 자기소개서의 성패가 문장력에 달렸다고 믿는 경향이 있다. 그러나 인사담당자가 중시하는 것은 다름 아닌 소재다. 나는 문예창작을 전공하고 동화작가로 활동하고 있는 40대 여성의 자기소개서 작성을 도운 적이 있었는데 그녀의 자기소개서는 기대와 달리 별다른 감동이 느껴지지 않았다. 전형적인 수필형 자기소개서였다. 그런데 자동차학을 전공하고 있는 19살 남학생의 오타투성이 자기소개서에서는 살갗에 닿는 진한 감동이 느껴졌다. 자기소개서의 감동은 문장력에서 오는 것이 아니다. 소재, 다시 말해 자신만의 철학과 경험에서 온다.

인터뷰 기사를 읽을 때도 그렇다. 기자의 문장력도 중요하지만 그보다 더 감동적인 것은 인터뷰이(interviewee)의 경험과 철학, 즉 소재다. 얼마 전 신문기사를 통해 18년 영업의 달인 황미영 교보

생명 영업교육팀 파트장의 이야기를 접했다. 황 파트장은 1992년 교보생명 재무설계사로 시작해 18년간 영업현장에서 지점장, 지원단장을 두루 거친 영업전문가로 2005년 지원단장 발탁 당시부터 최초의, 유일의 여성 지원단장으로 유명세를 탔다. 그런데 내 눈길을 끈 것은 화려한 이력이 아니라 그녀의 특별한 경험이었다.

그녀는 청와대 춘추관에 들어간 최초의 보험설계사였다. 그때가 1993년이었다. 김영삼 정부는 청와대 춘추관 등 일부 개방 방침을 정했고, 당시 종로지점에서 근무하던 황 파트장은 청와대도 개척해 보자는 생각에 보험설계사 가운데 가장 먼저 청와대에 발을 내디뎠다. 그리고 춘추관에서 4만5천 원짜리 계약을 하나 따냈다. 황 파트장은 이 계약을 '450만 원보다 가치가 큰 계약'이라고 말했다. 액수나 실적이 문제가 아니라는 뜻이다. 이 경험은 황 파트장의 추진력과 열정을 보여주는 최고의 업무경험 아닌가.

당신이 자기소개서를 쓰기 위해 의자에 앉았다면 '어떻게 잘 쓸까'가 아니라 '어떤 이야기를 꺼낼까'를 고민하라. 인사담당자는 '빨간펜 선생'이 아니다. 얼마나 작품성 있는 글을 써낼지, 얼마나 매끄러운 문장력을 구사할지 두 눈 크게 뜨고 살펴보지 않는다.

인사담당자가 읽고자 하는 것은 당신의 미래를 유추해볼 수 있는 당신만의 경험이다. 남에게 이야기하기 껄끄러운 당신의 개인사나 인터넷에서 떠도는 이야기를 적지 말고 인사담당자가 듣고 싶어 하는 당신의 경험담을 풀어놓자. 이를 위해서 가장 절실한 것이 자기 관찰이다. 나는 어떤 사람인지 스스로 돌이켜 보아야 한다.

몇 해 전 내가 운영하는 온라인 카페에서 회원들을 대상으로 10시간짜리 오프라인 특강을 열었다. 그때 30대 주부가 전라도 광주에서 새벽 버스를 타고 강의에 참석했다. 나는 이른 아침부터 멀리서 와준 그녀가 고마웠다. 그런데 그녀는 자기소개서를 작성하는 첫 시간부터 '쓸 내용이 없다.'며 소리 내어 울기 시작했다. 그녀가 안타까웠지만 뾰족한 수가 없었다. 답은 스스로 찾아야 한다. 그녀가 회계를 좋아하는 이유를 내가 대신 말해줄 수는 없지 않은가. 나는 그녀에게 계속해서 생각을 주문하고 생각을 돕기 위한 질문을 던졌다. 그렇게 몇 시간이 흘렀을까. 그녀는 자신도 놀랄 만큼 근사한 자기소개서를 썼다.

"신기해요. 계속 생각해보니까 떠오르는 거 있죠. 저는 어릴 때부터 계산하는 것을 좋아했어요. 결혼하기 전부터 오랫동안 가계부도 써왔고 영수증도 7년 동안 모았어요. 5년 전 남편 친구들과 만들었던 여행 동아리 회계 장부도 아직 갖고 있어요. 돈을 아껴 재테크를 하기도 했죠. 회계교육을 받고 자격증을 취득한 것이 전부인 줄 알았는데, 저에게 이렇게 관련 경험이 많다는 걸 처음 알았어요. 업무에 임하는 자세도 사칙연산으로 생각해 보았는데 보실래요?"

처음 그녀의 포부는 "최선을 다해 열심히 일하겠다." 그 이상도 이하도 아니었다. 그런데 몇 시간 만에 그녀는 이렇게 달라졌다.

> "꼼꼼한 성격으로 증빙서류를 정리하고 탁월한 시간 개념으로 제때 부가세신고를 할 것입니다. A사의 예산은 덜어드리고(-) 이윤은 더하고(+) 자산은 배가 될 수 있도록(×) 신속하고 정확하게 회계처리를 하여 목표 달성 기쁨을 나눌 수 있도록(÷) 노력하겠습니다. 수·출입 관리, 부가세, 급여 업무 모두 자신 있습니다."

당신에게 부족한 것은 당신 자신에 대한 관찰이다. 당신이 수많은 직무 가운데 그 직무를 선택했다면 이유가 있을 것이다. 당신은 분명 관련 경험으로 칭찬받았고 행복했던 기억이 있다. 이 순간 치열하게 당신의 과거를 해부하라. 속살을 열심히 파헤치다 보면 당신은 광주의 30대 주부처럼 자신을 사랑하게 될 것이다.

하이닉스 인사담당자는 홈페이지 칼럼을 통해 이렇게 말했다.

"비싼 돈 들여 책을 사지도 말고, 취업 카페에 누가 합격했다고 하면 그 밑에 '자기소개서 좀 제 이메일로 보내주세요.'라고 애절하게 댓글을 달지도 말라. 그 시간에 내 장점이 무엇인지, 어떻게 하면 그것을 좀 더 적절하게 표현할 수 있는지 고민하자."

당신도 몇 시간만 고민하면 달라진다. 아니 30분만 고민해도 달라진다. 다만 세상을 향했던 시선을 당신 자신에게로 돌리는 일, 이 익숙하지 않은 일에 도전할 용기가 필요하다.

불행했던 기억이 아니라 꿈을 키워온 내 모습을 떠올려라

구직자들의 자기소개서를 보면 인생 고백이 참 많다. 부모님이 돌아가시거나 이혼하신 이야기, IMF 때 살림이 어려워져서 고생한 이야기, 학창시절 왕따 당한 이야기, 시험 볼 때 커닝했던 이야기, 대입 실패하고 자살을 시도한 이야기, 부모님 말 안 듣고 반항했던 이야기, 남편과 사별한 후 홀로 아이를 키운 이야기, 조폭 외삼촌 이야기, 호주에서 불법 대리운전 사업한 이야기…….

나는 그 이야기들을 접할 때마다 숨이 턱 막힌다. 내가 만난 그들은 너무도 착해서 자기소개서의 질문에 곧이곧대로 답한다. 그들은 죽고 싶을 만큼 힘들었던 개인사를 주절주절 늘어놓는다. 특히 인생에서 가장 힘들었던 일을 적으라는 질문에는 더욱 기가 막힌 이야기를 늘어놓는다. 마치 취조 당하는 범행 용의자처럼 말이다.

"저는 지금까지 살면서 힘들었던 게 세 가지 정도 있었는데요. 부모님 이혼해서 청소년기에 방황했던 거랑 술 마시고 행패 부리다가 경찰서에 끌려가 수갑 찬 거, 군대 시절 돈 횡령 혐의로 누명 써서 조사받았던 거…… 이 중에서 어떤 걸 쓰는 게 좋을까요?"

이런 대답은 학력과 연령에 상관없이 나온다. 20대 대학생도, 40대 주부도, 50대 아저씨도 비슷하다. 그들은 A4 종이를 펴들면 왜 그렇게 솔직해지는지 모르겠다. 밤 12시를 넘긴 야심한 시간에 자기소개서를 쓰는 구직자들이라면 더하면 더했지 덜하지는 않다.

불경기일수록 사람들은 남의 아픔에 관심을 기울이지 않는다. 자신도 지금 죽을 만큼 아프기 때문이다. 자, 스스로에게 질문해 보라. 자신에게 걱정을 나눠줄 사람과 자신의 걱정을 나눠가질 사람 중 당신은 어떤 사람과 시간을 보내고 싶은가? 답은 너무도 명쾌하지 않은가. 기업 인사담당자도 마찬가지다. 그들은 자신의 아픔을 회사에 나눠줄 것 같은 '민폐형 구직자'보다는 회사의 아픔을 나눠가질 '문제해결형 구직자'를 선호한다.

내가 이렇게 말하는 것은 여러분의 아픔이 사소한 문제라고 여겨서가 아니다. 나라고 왜 아픈 일이 없었겠나. 케케묵은 과거로 추억여행을 하면 상처라는 큰 보따리가 똬리를 틀고 목을 빼고 있다. 어떤 일은 승화되어 추억으로 남았지만 어떤 일은 아직도 송곳처럼 내 가슴을 후빈다.

잠시 내 과거로 독자를 초대하겠다. 그간 수많은 강의나 상담에서 한 번도 이야기하지 않았던 '자기 고백'이다. 케케묵은 이야기가 싫은 독자는 건너뛰어도 좋다.

다른 아이들보다 좀 더 조숙했던 나는 국민학교 3학년에 사춘기를 겪었다(우리 때는 초등학교가 아니라 국민학교였다.). 어떤 날은 어디로 튈지 모르는 럭비공처럼 밝았다가, 어떤 날은 세상의 고민을 모두 짊어진 사람처럼 우울하기도 했다. 특히 봄 학기가 시작되는 3~4월에는 반 아이들 눈치를 많이 살폈다. 친구들 이름이 다 예쁜 것도 불만이었다. 알다시피 내 이름은 참 촌스럽다. 신길자! 20대의 나이에 취재차 독일 태생의 관광공사 수장인 이참 씨를 만났는데 그도 내 이름이 70년대 풍이란 것을 알고 당황하면서도 한편 반가워했던 기억이 난다. 어쨌든 내 이름은 가난과 참 잘 어울렸다.

따뜻한 봄날, 나는 아침부터 운동장 벤치에 앉아 펑펑 울었다. 발단은 노트 한 권. 전날 선생님은 내일 등교할 때 노트 한 권씩 가져오라고 했다. 형편이 좋은 친구들은 두세 권씩 가져와도 된다는 말씀도 친절하게 덧붙였다. 아이들은 하굣길에 노트를 몇 권 가져올 건지 이야기를 나눴다. 누군가 두 권 가져온다고 했더니 그 옆 친구는 세 권 가져온다고, 또 다른 친구는 네 권 가져온다고 자랑하듯 떠들었다.

다음 날 나는 알록달록한 하늘 그림이 그려져 있는 노트를 한 권 마련해서 들고 갔다. 칠판에는 '책상 위에 노트를 올려놓으세요.'라는 글씨가 적혀 있었다. 선생님 책상을 보니 이미 먼저 온 친구들의 노트가 내 키만큼 높게 쌓여 있었다. 나는 책상 위에 노트를 얹어 놓고 자리에 앉았다. 아이들은 한 아름 쌓여 있는 노트를 보며 수군거렸다.

"저 노트 누가 가져가는 거야?"

"영세민 애들 주는 거 아냐?"

"영세민이 뭔데?"

"왜 있잖아, 가난해서 밥도 못 먹고 추운데 연탄불도 못 피우는 애들. 그런 애들 도와주는 거 같은데."

"밥도 못 먹는다고? 설마 우리 반에 그런 애가 있는 건 아니겠지?"

시끄럽게 조잘대던 아이들은 선생님이 문을 밀고 들어오자 금세 조용해졌다. 선생님 손에는 예쁘게 포장된 선물상자가 들려 있었다.

"와, 노트 많이 가져왔네. 착하다, 착해. 이 노트는 우리 반 친구 세 명에게 나눠줄 거야. 세 친구는 가정형편이 어려운데도 공부를 열심히 해서 모범이 되는 친구들인데 앞으로 더 잘하라고 격려해 주자. 선생님도 작은 선물을 준비했다. 자, 그럼 이름 부를 테니 다른 친구들은 크게 박수쳐라, 알았지?"

선생님의 이야기를 들으며 내 심장은 쿵쾅쿵쾅 고동쳤다. 설마,

설마…….

"자, 이영호, 신길자, 김민수 앞으로 나와."

왜 슬픈 예감은 틀린 적이 없나. 선생님의 호명에 나는 그만 몸이 굳고 얼굴이 화끈 달아올랐다. 내가 주춤거리는 사이 이영호와 김민수는 성큼성큼 앞으로 걸어 나갔다. 선생님은 다시 나를 호명하셨다.

"신길자, 앞으로 나오라니까. 노트 받아가야지."

그때, 초등학교 3학년인 나는 자리에서 벌떡 일어나 뒷문으로 뛰쳐나갔다. 나는 정말 억울했다. 노트 몇 권 받는 대가로 반 아이들에게 한겨울에 연탄불 걱정해야 하는 사회적 약자임을 강제로 고백해야 하다니. 내 자존심과 노트 몇 권은 초등학교 3학년 때도 절대 바꿀 수 없는 것이었다.

그 후로도 나는 '가난'이라는 두 글자 때문에 가슴에 숱한 멍을 안고 살았다. 그런 상처들 때문에 어린 시절 내가 무엇을 잘하고 좋아하는지 별 관심이 없었다. 그런 내게 꿈을 꾸고 꿈을 지키고 싶은 계기가 생겼다.

17살, 여고에 입학한 나는 반 아이 중 한 아이를 특히 좋아했다. 그 친구는 얼굴이 하얗고 웃는 모습이 참 예뻤다. 점심시간이면 그 친구의 인기는 하늘을 찌를 듯했다. 줄줄이 비엔나소시지와 동그랑땡, 잡채, 돈가스 등 그 친구는 사춘기 여고생들이 좋아할 법한 반찬을 한가득 싸왔다. 그 친구는, 숟가락만 들고 왔다 갔다 하는 친구들에게 자신의 밥과 반찬을 모두 나눠주었다. 정작 자신은 밥 한술 뜨지 못해 배에서 꼬르륵 소리를 달고 살면서도 말이다.

나는 그 친구의 행동을 이해하기 어려웠다.

"야, 천사도 좋고 다 좋은데, 너는 어쩜 밥과 반찬을 다 퍼 주냐. 너부터 먹고 나눠줘야지. 그리고 유리 걔는 어쩜 그러냐. 집도 잘 산다며 숟가락만 들고 다니고. 완전 짜증이야."

그 친구는 내 말에 특유의 환한 미소를 지었다. 나는 그런 '멍충이 천사'를 좋아했다. 하루는 친구가 나를 집으로 초대했다. 머뭇거리다 그 친구를 따라갔다. 방안 곳곳에는 정성스럽게 키운 근사한 화분이 놓여 있었고, 거실은 너무 넓어 축구공을 차도 될 정도였다. 천사를 낳은 엄마도 천사였다. 친구 엄마는 방금 막 미용실에서 나온 것처럼 드라이를 곱게 한 단발머리에 긴 드레스를 입고 과일과 수제 과자를 내왔다.

"맛있게 먹고, 자주 놀러 와요."

친구 집에 다녀온 후 나는 가슴앓이를 했다. 볼품없는 나와 눈부시게 화려한 친구, 그 애가 내 곁을 떠날까 봐 두려웠다. 나는 상처받고 싶지 않아 그 애와 거리를 두었다. 친구는 인기가 많았기에 나를 쉽게 잊어가는 듯했다. 그렇게 몇 개월이 지났다. 눈이 내리는 어느 겨울날, 막내 동생이 예쁘게 포장된 선물을 들고 왔다.

"누나, 이거."

"야, 기특한데. 누나 생일도 기억하고?"

"누나 오늘 생일이었어?"

"뭐야, 생일인 줄도 모르고 선물을 사온 거야."

"아니, 방금 전에 집 앞에서 어떤 사람을 만났는데 누나한테 주라고 하던데. 근데 그 사람 누구야? 천사같이 생겼더라."

나는 서둘러 선물을 뜯었다. 거기엔 손수 뜬 하얀 목도리가 들어있었다. 메모지에는 내가 좋아하는 그 애 이름이 적혀 있었다. 아, 나는 신발도 짝짝이로 신고 밖으로 뛰쳐나갔다. 친구, 그 아이가 거기 서 있었다. 그 친구는 처음으로 외박을 했다. 쥐 오줌 흔적이 곳곳에 묻어 있는 우리 집에서.

"길자야, 나는 네가 정말 좋아. 말도 잘하고, 글도 잘 쓰고. 너는 작가가 되고 싶다고 했잖아. 그것도 부러워. 나는 아직 꿈도 없고 잘하는 것도 없거든. 너는 꼭 멋진 작가가 될 거야. 미리 사인 받아둬야지."

졸업 후 나는 친구 말처럼 작가는 못 되었지만 내 마음 속에 작가에 대한 열망이 꿈틀대는 걸 종종 발견할 수 있었다. 내 가슴에 작가라는 두 글자가 살아있는 건 그 애의 기대심에 부응하고픈 마음인지도 모른다.

그때부터였을까. 나는 과거로의 마음여행을 할 때 예전과 달리 부정적인 기억들을 떠올리지 않게 되었다. 전교생 앞에서 글쓰기 대회 상을 받으면서 자랑스러워했던 기억, 웅변학원 한 번 가본 적 없었는데 말하기 대회에 참여해서 포스터물감을 선물로 받았던 기억처럼 행복한 일을 먼저 생각할 수 있게 되었다. 구직활동을 하고 자기소개서를 쓸 때도 마찬가지였다. 나는 내가 얼마나 가난했었는지, 그 가난 때문에 얼마나 상처를 받았었는지 전혀 언급하지 않는다. 다만 내가 글쓰기를 얼마나 좋아했고 글쓰기 역량을 키우기 위해 어떤 노력을 기울였는지 담았다.

나는 구직자들을 만날 때마다 내 얘기를 들려주고 싶었다. 당신 앞에 앉아 있는 나도 당신만큼은 아니더라도 감당하기 힘든 일을 겪었노라고. 그런데 '꿈'을 찾기 위해 내 삶을 가지치기하다보니 훨씬 더 긍정적인 모습으로 변하게 되었다고.

사람들은 과거를 바꿀 수 없다고 말한다. 이미 지나간 일을 어떻게 바꾸는가? 그러나 나는 당당히 주장할 수 있다. 기억은 어떤 마음으로 환기하는가에 따라 얼마든지 다르게 기억된다. 기억을 왜곡하는 것이 아니라 그 순간을 바라보는 눈높이가 달라진 것이다. 어렸을 때는 그토록 무서웠던 미끄럼틀이 지금은 어떤가? 10살짜리 꼬맹이에게 상처가 되었던 일은 17살의 눈에 더 이상 상처가 아니다. 우리는 그 사이 두려움을 이겨낼 만큼 자랐다. 단지 내 키가 자란 것을 스스로 깨닫지 못할 뿐이다.

부정적인 글을 쓰는 구직자들이여. 자기소개서는 내가 얼마나 힘들게 살았는지, 내가 얼마나 할 줄 아는 게 없는지 고백하는 문서가 아니다. 당신이 우울함을 토해낼 때 당신의 경쟁자는 김연아처럼, 지소연처럼, 박지성처럼 꿈을 키워온 과정을 쓴다. 우리는 365일, 24시간 내내 불행하게만 살아온 것은 아니다. 우울하고 슬펐던 기억 말고 당신이 행복했던, 당신이 자랑스러웠던, 당신이 꿈꾸었던 순간의 기억을 자기소개서라는 그릇에 담아내자.

끌리는 자기소개서의 3가지 공통점

끌리는 자기소개서에는 세 가지 공통점이 있다. 특별하고, 연관성 있고, 예의바르다는 점이다.

훌륭한 자기소개서는 살아 숨 쉰다. '어쩜 이렇게 살아왔지.' 싶을 만큼 생명력 강한 경험이 팔딱팔딱 뛰어오르며 읽는 이를 그의 삶으로 초대한다. 이런 자기소개서를 읽으면 울림이 전해지기 때문에 당장 그 사람을 만나고 싶어진다. 특별한 경험을 한 사람은 서류전형에서도 '특별대우'를 받을 수밖에 없다. 당신은 언제 어떤 특별한 경험을 했는가. 당신의 인생에서 손꼽을 수 있는 베스트 5 경험은 무엇인가. 당신이 어떤 경험을 이야기할 때 사람들의 눈동자가 커지는가.

취업특강을 진행할 때였다. 한 여학생이 강의 시간 내내 딴짓을 했다. 마침 쉬는 시간이 되어서 잠시 이야기를 나눴다. 다행히 그녀는 나에게 마음을 열었고, 자기소개서를 검토해 달라고 부탁했다. 그런데 웬일인가. 그녀의 자기소개서는 누구보다 특별한 경험으로 빛이 났다.

그녀는 6살 때 논밭에 볏짚이 쌓여 있는 걸 보고 빗자루를 만들어서 500원에 판 것을 시작으로 10살 때는 손재주가 뛰어난 사촌동생과 함께 비즈공예를 해서 팬시 가게 사장에게 판매했다. 고등학교 때는 석가탄신일에 오이와 얼린 물을 들고 사찰 앞에서 판매를 했고 해돋이를 보러 간 간절곶에서는 한자리에서 김밥 200개를 팔기도 했다. 이외에도 군고구마 장사, 도시락 장사, 구제 의류 인터넷 쇼핑몰 운영 등 그녀가 지금까지 해온 판매 경험은 수없이 많았다.

"어릴 때부터 장사에 관심이 많았어요. 장사 비결이요? 제가 불편함을 느끼거나 필요하다고 생각한 것이 바로 장사 아이템이었죠."

나는 이렇게 '장사 사랑'을 외치는 여학생은 처음 보았다. 내가 유통회사 인사담당자라면 이런 그녀를 놓치고 싶지 않을 것이다. 아니나 다를까. 그녀는 롯데, GS, 이랜드 등 유통회사 8곳 서류전형에서 모두 합격한 상태였다. 그날 나는 수업 시간 내내 딴전을 피우던 한 여학생에게 내 마음을 빼앗겨 버렸다.

자기소개서를 보면서 감동받을 때가 많다. 그들의 특별한 경험과 인생철학이 담겨 있기 때문에 한 편의 자기계발서를 보는 듯한 감동이 전해진다. 아래 자기소개서는 손이 불편한 한 남학생을 만났을 때 그가 그 자리에서 직접 펜을 들고 작성한 자기소개서다. 나는 그가 자기소개서를 써내려 가는 모습을 보면서 내내 부끄러운 마음을 감출 수 없었다. 그보다 더 건강한 나는 그보다 더 움츠러든 모습으로 학창시절을 보내왔으니 말이다.

"저는 네 손가락 피아니스트 이희아 씨처럼 왼손이 불편합니다. 하지만 불편한 왼손보다는 건강한 오른손을 바라보며 살아왔습니다. 고등학생 때 마술의 매력에 빠져 마술동아리에 가입했습니다. 마술이란 현란한 손놀림을 통해 사람들에게 기쁨을 주는 놀이인데, 왼손의 불편함은 큰 장벽으로 다가왔습니다. 하지만 반복적인 연습을 통해 카드마술을 자연스럽게 구사할 수 있게 되었고 동아리 축제기간 동안 사람들에게 기쁨을 선사할 수 있었습니다. 또한 저는 다양한 아르바이트를 경험하였습니다. 왼손이 불편한 저로서는 간단한 편의점 아르바이트도 구하기 어려웠지만 이에 굴하지 않고 다양한 분야의 아르바이트를 지원했습니다. 그 결과 야구장 진행요원, 기아자동차 연말정산, 대학병원 설문조사, 지역아동센터 선생님 등을 경험할 수 있었습니다. 근무기간이 끝났을 때 제가 항상 들었던 말은 "조금만 더 일해주면 좋겠다."였습니다. 저는 불편한 왼손보다는 건강한 오른손을 바라보며 살아왔습니다. A사의 영업마케팅 부서에 입사한 후에도 불가능보다는 가능을 외칠 수 있는 자세로 성실히 일하겠습니다."

끌리는 자기소개서의 공통점 두 번째는 연관성이다. 기업이 자기소개서를 볼 때 중시하는 것 중 하나가 직무와 관련이 있느냐 없느냐 하는 점이다. 인사담당자는 다른 우물을 판 사람에게 관심이 없다.

반도체 개발자를 뽑는 자리에서 학창시절 가장 기억에 남는 활동은 기타 동아리에서 4년 동안 활동한 것이라고 목소리 높이는 구직자는 인사담당자의 눈 밖에 나려고 작정한 것과 다름없다.

한번은 IT회사 마케팅을 꿈꾸는 27세 남학생이 계속 서류전형에서 떨어진다며 나를 찾아왔다. 그의 자기소개서를 살펴보았더니 웬일인가. 그는 자기소개서에서 '음악은 내 삶의 전부'라고 부르짖고 있었다. 자기소개서 4가지 항목 모두 음악을 소재로 삼았고 소제목마저도 '마케팅=음악'이었다. 그 남학생이 정말 원하는 것은 마케팅이 아니라 음악이라는 것을 초등학생도 쉽게 눈치 챌 수 있을 정도였다.

그렇다. 그 남학생은 19살 때 기획사와 계약을 맺고 음반을 준비하다 키가 작다는 이유로 데뷔 직전 고배를 마셨다. 음악을 잊고 새로 출발하고 싶었지만 그의 자기소개서는 너무 솔직한 게 탈이었다. 서류전형에서 연전연패했다.

이 학생처럼 관련 직무 경험이 없는 경우에는 어떻게 해야 할까? 방법을 알고 싶다면 귀를 가까이 대라.

비법은 거짓말이다.

이게 무슨 해괴망측한 말이냐고? 거짓말은 목에 칼이 들어와도 하기 싫다고? 그렇다면 당신은 당신의 진심을 알아주는 몇 안 되는 인사담당자를 만나기 위해 오랫동안 독수공방해야 할지 모른다.

나는 때로 구직자들에게 선의의 거짓말을 권한다. 예를 들어 이런 것이다.

그 회사가 보수가 세고 복리후생이 좋다는 이유로 끌렸다고 해도 그 사실을 솔직하게 말하지 말라. 그 회사를 오늘 처음 알게 되었다 할지라도 적어도 오늘 처음 알게 되었다고 말하지 말라. 그 직무에 대해 잘 모른다고 해도 적어도 그 직무를 전혀 모른다고 말하지 말라. 앞으로의 계획이 없더라도 없다는 말은 하지 말라.

당신은 이것이 거짓말이라고 생각하는가. 자신에게 엄격한 사람에게는 거짓말처럼 보일지 모르지만 내게는 이게 하나의 약속이라고 생각된다. 우리는 면접관 앞에서 과거에 대해서만 이야기해서는 안 된다. 앞서 밝혔듯이 면접관은 우리의 과거가 아니라 미래를 보고 싶어 한다. 다만 면접관은 어제까지 10시에 일어나던 사람이 내일부터 7시에 일어나겠다고 하면 잘 믿지 않는 경향이 있다. 그래서 우리는 미래의 다짐을 들려줄 필요가 있다. 물론 이것은 스스로 지켜야 하는 약속이다. 잘하겠다는 다짐도 없이 입에 발린 말만으로 자기소개서를 작성하는 것이 도리어 나쁜 심보이다.

'그렇다면 다른 우물을 파온 사람들은 어떻게 해야 할까?' 다시 이 질문으로 돌아가 보자. 당신이 그 회사나 해당 직무에 전혀 무관심했다는 사실을 곧이곧대로 이야기하면 안 된다. 당신은 적어도 지원하고자 하는 분야에 관심이 있었던 것처럼, 그 우물이 아니라면 그 우물 근처라도 가본 것처럼 이야기를 풀어내야 한다. 당신의 과거가 그렇지 않았더라도 당신의 진심은 현재 그곳에 있지 않은가(이 질문에는 최소한 진실해야 한다! 이것마저 거짓이라면 나는 당신이 그 회사에 지원하는 것을 말리고 싶다!).

그렇다면 어떻게 풀어야 하나. 푸는 방법은 간단하다. 당신이 파온 우물을 이야기하고 그 경험을 통해 무엇을 배웠는지 이야기하라. 마지막으로 그것을 입사 후 업무에 활용하겠다고 덧붙이면 된다. 다른 우물에서 쌓은 경험일지라도 그 경험을 통해 배운 철학이 당신이 일하고자 하는 회사나 직무와 연관성이 있다면 유리하다. 만일 연관성이 없다면 연관성을 찾기 위해 노력한 흔적이라도 보여야 한다. 당신은 이를 거짓말이라고 생각하는가? 다시 한 번 말하지만 이건 거짓말이 아니라 구직자로서 인사담당자에게 가져야 하는 예의다. 끌리는 자기소개서의 공통점 세 번째는 바로 예의다.

샘표식품 인사팀 이성진 차장은 구직자들에게 가장 아쉬운 것

중 하나가 형식적인 자기소개서 작성이라고 했다.

"자기소개서는 짝사랑하는 사람에게 연애편지를 쓰듯이 취업하고자 하는 기업에 대한 간절함을 표현해야 합니다. 또한 지원하는 회사에 대한 지원동기와 지원직무에 대하여 얼마만큼 준비를 철저히 했는지 표현해야 하는데, 그런 부분이 취약해서 많이 안타깝습니다."

당신이 왜 선의의 거짓말을 해야 하는지, 당신의 장래를 두고 왜 진심을 다해 약속을 해야 하는지 이성진 차장의 목소리를 통해 다시 한 번 확인할 수 있었을 것이다.

요체는 이것이다. 마음을 하나로 만들 것! 두 개의 마음을 품고 있는 사람은 그의 말이 사실이어도 곧 그와 어긋나는 행동을 할 것이고, 하나의 마음을 품고 있는 사람은 그의 말이 단지 내일의 약속에 불과하여도 이를 곧 실제로 구현하려고 노력할 것이다.

무조건 '열심히'만 외치지 말고 우선 '공부'하라

"지원 동기랑 입사 후 포부 쓰기가 제일 힘들어요."

나는 지금껏 구직자들로부터 이런 푸념을 많이 들어왔다. 자기소개서 항목은 보통 〈성장과정〉, 〈성격의 장단점〉, 〈학창시절〉, 〈지원 동기〉, 〈입사 후 포부〉 등으로 구성되는데, 많은 구직자들이 〈성장과정〉에서부터 〈학창시절〉까지는 잘 쓰다가도 〈지원 동기〉와 〈입사 후 포부〉 항목에서는 앞이 막막하다고 호소한다.

그런데 왜 '지원 동기' 항목 쓰기가 어려운 줄 아는가? 그건 바로 그 회사를 간절히 원하지 않았기 때문이다. 물론 아니라고 손사래를 칠 수도 있다. 하지만 내 이야기를 들어보라. 당신이 정말 원하는 것이 그 회사인가, 아니면 연봉 3천만 원 주는 기업인가.

당신은 마음에 두고 있는 이성이 자신의 어떤 모습에 매료되기를 바라는가. 당신의 직업? 당신의 외모? 당신의 돈? 당신의 차? 만일 당신이 변호사이고 잘 생겼고 돈이 많고 BMW를 몰고 있다는 이유로 그/그녀가 당신에게 접근한다면 어떤 기분이겠는가.

기업도 마찬가지다. 기업도 그 회사의 인지도, 연봉, 복리후생 등 겉으로 드러난 요소 때문에 그 회사를 택한 지원자를 원하지 않는다. 회사는 그 회사의 본질을 알고 회사가 추구하는 가치철학을 함께 공유하고자 하는 지원자를 선호한다. 창업주는 자신만의 철학과 개성을 갖고 기업을 세웠다. 다른 기업의 짝퉁을 표방하는 기업은 없다. 삼성그룹 입사를 희망한다면 적어도 삼성그룹 창업주인 호암 이병철의 '호암어록'을 구해서 읽어보아야 한다.

호암의 경영철학을 잘 나타내는 어록은 다음과 같다.

> "자기만 잘살아보겠다는 것이 기업의 목적이 될 수는 없다. 국가와 사회가 먼저 있고 그 다음에 기업이 있는 것이다. 국가관, 사회관이 없는 사람을 기업인이라고 할 수 없다. 고리대금업을 하는 사람, 매점매석을 하는 상사꾼, 두기를 일삼는 사람, 사기행각으로 돈을 비는 사람들이 어떻게 기업가가 될 수 있겠는가? 돈만 벌겠다는 사람은 기업인이라 할 수 없다. 기업을 부실하게 만들어 국민경제에 피해를 주는 사람은 기업인의 자격이 없다고 할 수 있다."

당신이 이처럼 창업주의 경영철학을 찾아보고 사사(社史)나 경영자의 자서전 등을 통해 그 회사가 걸어온 길을 살펴본다면 당신은 최소한 그 회사가 어떻게 흘러왔는지 파악할 수 있다.

이렇게 감을 잡은 뒤에는 각 회사를 비교하는 방법으로 접근하는 것이 바람직하다. 와인레스토랑 WINE&FRIENDS를 운영하는 구덕모 사장은 이렇게 말한다.

"와인 맛은 아무리 글로 보고 말로 들어도 알 수 없다. 가장 좋은 것은 품종별로 한 병씩 산 뒤 비교하면서 맛을 느껴보는 것이다. 그러면 품종별로 맛을 이해할 수 있게 되고 그 다음부터는 대화를 이끌어갈 수 있다."

구덕모 사장의 이야기는 지원회사의 매력을 발견할 수 있는 방법을 알려준다. 바로 경쟁사와의 비교다. 당신이 그 회사뿐 아니라 경쟁사에 대해 공부한다면 당신은 그 회사가 무엇이 어떻게 좋은지, 혹은 무엇이 어떻게 나쁜지 저절로 알게 된다.

한 홈쇼핑 MD는 판매할 제품의 자료 수집을 위해 직접 제품을 써보거나 지인들에게 제품 사용을 부탁하거나 고객반응을 살핀다고 했다. 당신도 이렇게 그 회사의 장단점을 알기 위해 발로 뛰어라. '지원 동기'에 쓸 말이 없다던 당신이 쓸 말이 넘쳐서 무엇부터 써야 할지 도리어 헷갈릴 지경에 이른다.

〈지원 동기〉와 함께 또 하나의 복병은 〈입사 후 포부〉다. 흔히 구직자들은 머리를 굴려서 입사 후 포부를 쓰려고 하는데 그것이 바로 문제의 발단이다. 입사 후 포부는 아이큐로 쓰는 게 아니라 공부해서 써야 한다.

"요즘 사람들이 모두 스마트폰을 따라가자고 난리인데, 제가 볼 때는 스마트폰은 'One of them(여러 가지 중 하나)'입니다. 전 스마트폰도 아직 스마트하지 않다고 봐요. IT를 더 선도하려고 해야지, 스마트폰을 갖고 '이게 IT의 파이널이다.' 이러면 안 되죠. 더 연구해서 새로운 4세대 5세대 IT를 만들어야죠."

연세대 교수로 변신한 이기태 전 삼성전자 부회장의 목소리다. 이런 목소리를 내려면 IT업계의 트렌드를 꾸준히 연구해야 한다. 기업이 원하는 포부는 바로 이런 것이다. 당신이 해당 업계와 기업, 직무에 대해 꾸준히 관심을 기울여왔다면 시장을 바라보는 당신만의 안목이 있을 테고, 그렇다면 시장 흐름에 맞춰 5년 후, 10년 후 계획도 세워두지 않았을까? 기업은 바로 그 계획을 묻는 것이다.

그런데 이런 질문에 당신은 언제 결혼할 것이고 언제 아이를 낳을 것인지 자신의 인생 계획을 순신하게 딜어놓는다. 인사담당자는 당신 애인이 아니다. 인사담당자가 궁금해할 만한 내용을 써라. 그는 당신이 걸어갈 일대기가 아니라 당신이 어떤 방법으로 회사에 돈을 벌어다줄 것인지 묻고 싶다. 어떻게 회사에 공헌하고 어떻게 성과에 기여할 수 있는지 어필하라.

당신이 건설회사 입사를 꿈꾸고 있다면 대형화에 기여할지, 고층화에 기여할지, 지하화에 기여할지, 비대칭 기술에 기여할지 '공부'하라. 당신이 '누에' 전문가가 되고 싶다면 비단실을 뽑기 위한 '입는 누에' 전문가가 되고 싶은지, 건강식품의 원료가 되는 '먹는 누에' 전문가가 되고 싶은지, 누에를 활용한 화장품·비누처럼 '바르는 누에' 전문가가 되고 싶은지 뚜렷이 구분해야 한다. 그냥 누에여서는 안 된다.

이 책을 읽는 구직자라면 더 이상 '업무를 빠르게 익힐 것이고 지각하지 않을 것이며 팀원들과 조화를 이룰 것'이라는 이야기를 〈입사 후 포부〉에 담지 않기를 바란다. 그것은 '포부'가 아니라 직장인이라면 누구나 갖는 기본자세이다.

〈입사 후 포부〉에 묘수는 없다. 나는 여러분에게 '공부'할 것을 요청한다. 공부(工夫)란 달군 쇠를 두드리는 사람이다. 쇠는 두드릴수록 불순물이 빠지면서 강철로 거듭난다. 그만큼 열심히 두드린 사람이 좋은 쇠를 얻을 수 있다. 공부는 정직하다. 자신에 대해서, 직무에 대해서, 회사에 대해서, 산업에 대해서 두드리고 또 두드려라. 그렇게 망치를 내리치다 보면 당신은 인사담당자가 깜짝 놀랄 만한 자기소개서를 완성할 수 있을 것이다.

마음으로부터 쓸 얘기가 가득 차오를 때까지 기다려라

이 책을 쓰기 전 심한 부담감 때문에 며칠 동안 불면증에 시달린 적이 있었다. 같은 문장을 수십 번씩 쓰다 지우기를 반복하던 중 출판사 편집팀장에게 부탁을 했다.

"참고할 만한 책 좀 추천해 주세요."

내 말에 편집팀장은 밝게 웃으며 이렇게 말했다.

"구직자들도 선생님과 같은 마음이셨네요."

자기소개서를 쓰는 구직자나 책을 쓰는 저자나 뭔가를 쓴다는 것은 참으로 어려운 일이다. 글쓰기를 본업으로 삼고 있는 작가들조차 '쓴다는 것'에 대한 부담을 안고 있는데, 글쓰기 비전문가인 우리가 쓰기에 대한 부담을 갖고 있지 않다면 그게 더 이상한 노릇인지도 모르겠다. 오늘도 자기소개서 때문에 잠 못 이루고 있는 구직자들이여! 인정하자, 받아들이자! 글쓰기가 부담스러운 것은 아주 아주 자연스러운 일이다.

한번은 내가 '쓰기'에 대한 부담과 두려움으로 힘겨워하자 출판사 편집팀장이 메일을 보내왔다. 이 글이 '쓰기'를 두려워하는 당신에게도 힘이 되어줄 것이다.

> "제가 들어온 바로는 글 쓰는 재주는 따로 있지 않습니다. 무한한 열등감과 끊임없는 노력만이 유일한 재주라고 합니다. 다행히 다른 재주가 없어서 글쓰기와 인연이 닿았으니 펜을 놓는 그날까지 계속 부족함을 느끼는 것은 얼마나 아름다운 일인지요. 글은 생각처럼 어려운 것이 아닙니다. 어깨 힘 빼고, 느끼는 대로, 생각한 대로 쓰면 됩니다. 글이란 마음을 담는 그릇입니다. 시간에 쫓겨서 쓰지 마시고, 마음에서 차오를 때 그때 써도 충분합니다."

편집팀장의 메일을 받고 한동안 '쓰기'보다는 '마음을 채우는 일'에 신경을 썼다. 하루에도 수십 번씩 나 자신에게 물었다.

나는 이 책을 왜 쓰려고 하는가? 나는 독자에게 무슨 말을 하고 싶은가? 내가 쓰고 싶은 글은 독자가 읽고 싶은 글인가? 꼭 이 책을 써야만 하는 이유가 있는가?

이러한 질문이 내가 이 책을 쓰는 데 많은 도움이 되었다. 당신도 자기소개서 쓰기가 두렵다면 지금 펜을 놓고 당신의 마음에 질문하라.

나는 자기소개서를 왜 쓰려고 하는가.

나는 인사담당자에게 무슨 말을 하고 싶은가.

내가 쓰고 싶은 글은 인사담당자가 읽고 싶은 글인가.

이렇게 몇 번이고 자신에게 질문하다보면 당신의 마음에 하고 싶은 말이 하나둘씩 생길 것이다. 하고 싶은 말이 가득 차서 넘쳐흐르면 당신은 놀라운 일을 경험할 것이다. 어떤 일이 생길지 궁금하다면 당장 당신 마음에 질문을 던져라.

한 우물을 판 이력서가 승리한다

지금까지는 자기소개서를 중심으로 이야기를 풀어보았다. 이력서에는 바꿀 여지가 거의 없기 때문이다. 그러나 손 댈 여지가 아주 없는 것은 아니다. 다만 대부분의 구직자들이 인사담당자가 이력서를 통해 무엇을 보려고 하는지 잘 모르고 있기 때문에 이력서에 손을 대지 못한다.

이력서는 발로 걸어온 기록이다. 당신이 어디에서 태어났고 그동안 무엇을 배웠으며 어떤 경험을 쌓아왔는지 고스란히 담겨 있다. 지금 이력서를 꺼내보라. 당신의 이력서에는 어떤 삶의 그림이 그려져 있는가.

이력서에는 과거와 현재가 담겨 있다. 하지만 기업 인사담당자가 이력서를 통해 알고자 하는 것은 과거와 현재가 아닌, 미래다. 한 분야에서 일관성 있게 이력을 쌓은 지원자의 이력서를 보면 그의 미래가 한눈에 그려진다. 반면 방향 없이 우왕좌왕하고 있는 이력서에는 미래가 보이지 않는다.

경영 컨설턴트 신시아 샤피로는 〈회사가 당신을 채용하지 않는 44가지 이유〉에서 "이력서는 당신이 과거에 어떤 사람이었는가 하는 것보다 장차 당신이 어디로 가고자 하는가를 잘 뒷받침할 수 있어야 한다."고 말했다.

상담을 하다 보면 참으로 많은 이력서를 보게 된다. 다양한 사람들의 인생과 그들의 발자취가 이력서 한 장에 녹아 있다. 이렇게 수많은 사람들의 이력서를 살펴볼 수 있는 건 이 직업의 보너스다. 나는 타인의 이력서를 보면서 자극받고 감탄한다. 특히 한 우물을 판 이력서는 내 가슴까지 뛰게 만든다.

한번은 호텔조리사 이민 씨의 이력을 접하게 되었다. 21살 그녀는 한국조리과학고등학교를 졸업하고 재능대학에서 호텔조리학을 전공했는데, 그 사이 한·중·일·양식 조리와 제과·제빵, 케이크장식 등 7개 분야의 자격증을 취득했다. 이뿐 아니라 전국 연요리경진대회 대상, 중국 양생약선요리대회 대상 등 12개 대회에서 우수한 실력을 인정받았으며, 밀레니엄 힐튼호텔 일식당과 씨푸드 전문레스토랑에서 현장실습을 하면서 조리숙련도와 현장적응력을 키웠다. 이처럼 '요리'라는 한 우물을 깊게 파온 그녀의 뚝심과 열정은 7성급 호텔인 두바이버즈알아랍호텔의 정규조리사 취업이라는 결실로 이어지면서 수많은 후배들의 롤모델이 되었다.

나는 만나본 적도 없는 그녀에게 반해 몇 번이나 강의장에서 흥분하며 그녀의 발자취를 소개했다. 21살 이민 씨가 이렇게 한 분야에서 자신의 이력을 써가고 있을 때, 나는 그리고 당신은 어디에서 무엇을 하고 있었는가?

당신이 홍보담당자를 꿈꾸고 있다면 인사담당자가 당신의 이력서를 보았을 때 "흠, 홍보 업무를 맡기면 쓸 만하겠는걸."이라고 말할 수 있어야 한다. 그런 이야기를 들으려면 당신의 이력서에는 홍보와 연관된 지식과 경험의 흔적이 담겨 있어야 한다. 만일 이력서에 회계와 인사, 홍보, 마케팅, 생산 관련 경험이 종합선물세트처럼 섞여 있다면 당신의 이력서를 본 사람들은 이렇게 말할 것이다.

"이 친구는 정체가 뭐야? 뭘 하고 싶은 거야."

어떤 일이든 잘할 수 있다고 외치는 구직자는 한 명의 인사담당자도 사로잡을 수 없다.

면접관을 아리송하게 만드는 경험은 이력서 제출 전 가지치기를 하는 것이 좋다. 이리저리 오락가락한 흔적은 당신의 발목을 잡을 수 있기 때문이다. 면접관은 이렇게 질문할 것이다.

"이 경험은 왜 한 거죠? 그 경험이 우리 회사 직무와 무슨 연관성이 있죠? 당신은 지금 딴 맘이 있는 거 아닙니까?"

우리가 이력서를 쓰는 이유는 면접을 보기 위함이다. 면접관이 좋아하는 이력서는 한 우물을 판 이력서다. 만일 당신이 자신만의 우물을 파지 않았다면 당장 이력서 쓰기를 멈추고 당신만의 우물을 파기 위해 노력하라. 이력서는 손으로 쓰는 것이 아니라 발로 쓰는 것이다.

얼마 전 한 고등학교에서 열린 직업체험 프로그램에 참가하여 학생들을 대상으로 강의를 한 적이 있었다.

"왜 직업체험 프로그램에 참여하게 되었나요?"

내 질문에 이유다운 이유를 말하는 학생은 없었다. 그들은 모두 자신의 휑한 이력서를 한 줄 더 채우고자 직업체험을 하게 되었다고 이야기했다.

우리는 쉽게 '이력서 한 줄 채운다.'라고 말한다. 하지만 '이력서 한 줄'에는 생각보다 많은 의미가 담겨 있다. 우리는 같은 시간에 다른 경험을 할 수 있다. 무언가를 배울 수도 있고 추억을 쌓을 수도 있고 돈을 벌 수도 있다. 그렇기에 당신이 채운 이력서 한 줄은 당신의 가치관과 적성, 흥미, 성격을 모두 보여준다. 당신이 이력서 한 줄을 채우기 위해 시간을 투입했다면 그 이유는 좀 더 논리적이고 가치 있어야 한다.

물론 호텔조리사 이민 씨처럼 자기 인생을 100% 계획적으로 살아가는 사람은 매우 드물다. 하지만 우리는 무의식중에 어떤 일관된 선택과 경험을 하기 마련이다. 〈학문의 즐거움〉의 저자 히로나

카 헤이스케는 특이점 해소 연구를 통해 수학의 노벨상인 필드상을 수상한 수학자이다. 그는 자신의 삶을 회고하는 과정에서 특이점 해소 문제를 처음부터 염두에 두고 연구한 것이 아니라 무의식 중에 이 분야와 관련된 연구를 하며 조금씩 특이점 해소로 다가가게 되었다고 고백한다. 즉 나중에 뒤돌아보니 자신이 이 골치 아픈 문제와 연관된 분야를 연구해왔더라는 얘기이다.

처음부터 뚜렷한 목적의식을 갖고 사는 사람은 희귀하다. 그러나 어떤 끌림은 있다. 그 끌림이 무엇이었는지 우리는 찾아야 한다.

그러므로 우리는 자신의 과거를 돌이켜보아야 한다. 뚜렷한 목적의식은 찾을 수 없더라도 기업 인사담당자에게 내 삶의 일관성을 말할 수 있어야 한다. '그냥, 어쩌다 보니'라는 무책임한 답변은 당신을 '생각 없는 사람'으로 오인하게 만든다. 만일 그게 싫다면 지금부터 당신이 쓴 이력서를 꼼꼼히 들여다보자. 그리고 윗줄부터 하나씩 질문하자.

> 왜 그 학교와 전공을 선택했는가. 왜 학점이 낮은가. 왜 휴학을 자주 했는가.
>
> 왜 아르바이트를 했는가. 왜 군대를 다녀오지 않았는가.
>
> 왜 취미가 독서인가. 왜 자격증은 취득하지 않았는가.
>
> 왜 경력이 단절되었는가. 왜 자주 회사를 옮겼는가.

사실 이런 질문은 이력서를 쓰기 전, 그러니까 이력서 한 줄을 남기기로 결정한 그 순간마다 했어야 옳다. 하지만 많은 구직자들이 이력서를 쓰는 지금에서야 과거의 흔적을 꺼내어 '왜?'라는 생각을 짜 맞춘다. 참으로 안타까운 노릇이다. 그런 점에서 당신이 위 질문에 막힘없이 술술 이야기보따리를 풀어낸다면 당신은 주체적인 삶을 살아왔다고 말할 수 있다. 나아가 위 질문에 대한 답이 취업하고자 하는 회사나 직무와 연관성이 있다면 당신은 곧 합격의 기쁨을 맛보게 될 것이다.

이력서 작성 TIP

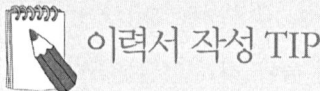

어르신채용박람회에 참여해서 상담할 때의 일이다. 60대 어르신 한 분이 상담 의자에 앉으시더니 점퍼 안쪽 주머니에서 흰 봉투를 꺼내셨다. 그 봉투 안에는 문방구에서 판매하는 이력서가 몇 번 구겨진 채로 얼굴을 내밀었다. 어르신은 얼마 전 대기업에서 정년퇴직을 한 후 20년 만에 처음 구직활동을 하게 되었다고 말씀하셨다. 마음가짐을 위해 정장도 한 벌 장만했단다. 그런데 아저씨의 옷은 바뀌었지만 아저씨의 또 다른 얼굴인 이력서는 아직도 20년 전의 옷을 입고 있었다.

최근 몇 년 동안 이력서는 몇 차례 그 모습이 바뀌었다. 규격화된 '문방구 이력서'는 많이 자취를 감추었고 대신 자유 형식 이력서, 포트폴리오 이력서, 동영상 이력서 등이 그 자리를 차지했다. 얼마 전에는 QR(Quick Response)코드가 삽입된 이력서가 있어서 스마트폰으로 스캔해 보았더니 자료집과 홍보 영상 등을 볼 수 있었다. 바야흐로 문서와 사진, 영상이 하나로 연결된 이력서 시대가 찾아왔다. 시대가 이렇게 흘러가고 있는데 난데없이 '문방구 이력서'를 내민다면 아마도 눈에는 띄겠지만 마음을 파고들지는 못할 것이다.

이력서 작성에 관한 몇 가지 팁을 소개한다.

첫째, 공란이 없는 이력서를 작성하자

많은 구직자들이 인터넷에서 떠도는 이력서 양식을 다운받아 그대로 작성한다. 그러다 보니 어학성적이나 자격증, 공모전, 어학연수, 수상경력처럼 자신에게 해당되지 않는 항목을 빈 칸으로 남겨두는 경우가 허다하다. 이력서 작성의 기본은 공란을 만들지 않는 것이다. 자신의 이력에 맞는 이력서 양식을 새롭게 만들어서 불리한 것은 삭제하고 유리한 것은 강조하자.

둘째, 이메일 아이디(ID)에 주의하자

내가 만약 인사담당자라면 이메일 아이디를 꼼꼼히 살펴볼 것이다. 무심코 적은 이메일 아이디를 보면 그 구직자의 성격이 드러난다. 상당수 구직자들은 아이디에 생년월일과 전화번호, 자신의 이름을 넣는다. 이런 경우는 의미도 없고 별 다를 것도 없고 '생각'도 없어 보인다.

아이디는 직무와 연관된 내용이 좋다. 'PR Pro, Good-Designer, SuperSalesman' 처럼 아이디에 관심 직무를 나타내는 구직자들도 있다. 너무 전략적이라고 생각하는가? 'Bad Friend'처럼 부정적인 어감이나 'DancingQueen'처럼 개인적인 취향을 반영하거나 '족발보쌈'이라는 한글을 영타로 바꿔 쓰는 등 장난기 가득한 아이디보다는 훨씬 낫다. 나는 심지어 'rum-dum(바보)'이란 아이디를 본 적도 있다. 〈상추 CEO〉 저자이자 유기농 상추로 매출 100억을 일군 장안농장 류근모 대표의 이메일 아이디는 '6262ssam'이다. 유기농 상추에 대한 그의 열정이 센스 있게 담겨 있다. 이처럼 사소한 이메일 주소 하나에도 당신만의 색깔과 열정을 담을 수 있다.

또한 이직을 꿈꾸는 사람이라면 현재 다니는 회사의 이메일을 써서는 안 된다. 당연한 소리 같다고? 한 인사담당자가 받은 이력서 중 10%에는 현재 몸담고 있는 회사 이메일이 적혀 있었다. 이력서에 적은 것은 토씨 하나까지도 판단의 대상이 된다는 사실을 잊지 말자.

이메일 주소와 함께 체크해야 할 것은 주소 옆에 병기되어 있는 '보낸 사람' 표기명이다. 보통은 보낸 이의 이름이 적혀 있다. 그러나 나는 '머라그하까', '삐리리', '이쁜돼지', '보라공듀', '배트맨'과 같은 표기명을 쓰는 구직자들로부터 상담메일을 받은 적이 있다. 이런 사소한 표기 하나가 당신의 당락에 영향을 끼친다.

셋째, 회사 로고를 붙이고 제목에 신경 쓰자

당신은 어떤 방법으로 이력서에 애사심과 열정을 담고 있는가? 가장 쉬운 방법은 회사 로고를 이력서 상단에 붙이는 것이다. 3분도 채 걸리지 않는 이 과정

덕분에 인사담당자의 호감을 산 구직자들이 꽤 많다. 이력서 상단 중앙에 '이력서'라는 글자 대신 회사에 대한 충성심과 직무에 대한 열정을 나타낼 수 있는 제목을 넣어도 좋다. 너무 긴 제목보다는 10글자 내외로 임팩트 있는 문장을 생각해보자.

넷째, 잘 찍은 사진이 합격률을 높인다

이력서에서 사진의 중요성은 두말하면 잔소리다. 한 일자리지원센터에서 취업강사 간담회를 열었는데 그 자리에서도 이력서 사진의 중요성에 대한 이야기가 나왔다.

"상담을 하다보면 증명사진을 들고 오는 구직자들이 드물어요. 어르신들이나 주부는 물론이고 학생들도 새롭게 사진을 찍으라고 요청하면 부담스러워하죠. 그래서 이력서 사진을 촬영할 수 있는 즉석서비스를 도입했어요."

서비스 실시 후 높아진 것은 구직자들의 만족도뿐이 아니었다. 취업성공률도 덩달아 뛰었다. 몇 개월 전만 해도 이 센터는 이력서를 제출할 때 신분증 사진을 복사해서 써왔다. 그런데 신분증 사진 복사에서 이력서 즉석 사진촬영으로 바꾸자 취업성공률도 높아졌다.

그들의 행복 취업 이야기 ①

첫걸음을 주저하는 당신에게

사례1 기면증 환자

구하라, 찾으라, 두드리라

: 김동우 취업컨설턴트

따끔한 회초리를 맞은 느낌. 나는 몰랐다, 상연이가 자신도 모르게 잠이 드는 기면증 환자임을.

상연이는 조별상담이 진행되는 내내 전혀 집중하지 않았다. 웃지도 않았다. 간단한 질문에도 답변을 회피하기 일쑤였고 급기야 대화 도중 불쑥 일어나 화장실로 달려갔다. 상담 분위기는 흐려졌고 학생들의 집중력은 떨어졌다.

이럴 때 발휘되는 컨설턴트의 노련함이란 적극적으로 호응하는 학생을 중심으로 분위기를 이끌어가는 것이다. 내가 이렇게 분위기를 수습하며 강의를 이어가는 동안 상연이는 얼마나 힘들었을까. 상연이가 기면증을 앓고 있다는 사실은 조별상담이 끝난 뒤 알게 되었다. 어딘지 모르게 불안해 보이는 모습이 마음에 걸려서 어디

몸이 불편한 것은 아닌지 물었다. 나의 질문에 그의 몸은 바위처럼 굳어 버렸다. 뭔가 감추는 게 있었다. 조용한 곳으로 자리를 옮겼다. 그가 꺼내는 이야기에 이번에는 내가 바위가 되어 버렸다.

기면증 환자에게 잠은 두려움 그 자체다. 원치 않게 잠이 들고 눈을 뜨면 의도하지 않은 일들이 벌어져 있다. 일전에 상연이가 면접을 보러 갔을 때 네 사람이 함께 면접장에 들어섰다. 앞서 세 사람이 자기소개를 마치고 드디어 상연이 차례가 돌아왔다.

"안녕하십니까. 전문 프로그래머를 꿈꾸는 이상연이라고 합니다. 저는 프로그래머가 되기 위해 다양한 준비를 해왔습니다. 특히……."

여기까지다. 상연이에게는 이후의 기억이 없다. 눈을 떴을 때는 응급실 침대였다고 한다. 늘 그렇듯이 뜻하지 않게 잠에 빠져 버렸고 깜짝 놀란 회사 측에서 구급차로 급히 실어 날랐다. 당연히 합격은 기대할 수 없었다. 애초에 상연이는 합격보다는 단 한 번만이라도 면접을 무사히 마치게 해달라고 기도했는지 모른다.

평소 상연이의 증상을 알고 있는 지인이라면 그의 이런 행동을 충분히 이해할 것이다. 하지만 그 사실을 아는 순간 함께 일할 사람에서 제외시킨다. 그런 점에서 기면증 환자에게 가장 큰 두려움은 잠이 아니라 쓸모없는 사람이 되는 것이다.

'나는 쓸 데가 없다. 그래서 선택받지 못한다.'

취업 준비과정에서 이러한 두려움이 그의 어깨를 짓눌렀다. 그래서 상연이는 솔직할 수 없었고, 잠을 쫓기 위해 화장실로 달려갔다. 그의 이마에서 흘러내리던 땀방울이 뒤늦게 뇌리를 스친다. 열이 많은 체질이라 여기고 무심히 넘겼는데 상연이로서는 잠을 물리치기 위해 몸부림을 치고 있는 순간이었다. 웃을 여유도 없었다. 자신과 싸우고 있었으니까.

또 한 번 그의 이마에서 땀이 주르르 흘러 내렸다. 침묵의 목소리가 들렸다.

'선생님, 너무 힘들어요.'

순간 무슨 말을 해야 할지 몰랐다. 하지만 절대 '힘내세요.'라는 말을 입 밖에 내지 않겠다고 결심했다. 그 말을 내뱉는 순간 상연이의 상황이 비관적임을 인정하는 꼴이 되어 버릴 것 같았다. 환자의 생명을 소중히 여기는 의사라면 불치병 환자라도 함부로 포기를 선언하지는 않으리라. 내가 비록 상연이의 병을 고칠 수는 없을망정 마음에 상처를 입도록 내버려두지 말아야겠다고 결심했다. 무엇보다 취업을 포기하지 않고 교육에 참가하는 그에게 컨설턴트로서 최선을 다하고 싶었다. 어쩌면 그렇게라도 나의 삐딱했던 시각에 대해 사죄하고 싶었는지 모른다.

"괜찮아요, 상연 씨."

나는 이렇게 말하고 한동안 그의 눈을 들여다보았다. 그리고 말을 이어갔다.

"몸이 건강한 사람도 세상을 비관하며 취업을 포기하는 경우가 많아요. 그런데 상연 씨는 그렇지 않아요. 상연 씨처럼 늘 자신과의 싸움을 피하지 않는 사람이 진정 삶을 주체적으로 살아가는 사람입니다."

나는 상연이에게 혹시나 도움이 될까 하고 희귀병을 앓은 스타들의 이야기를 들려줬다. 유년시절 혈관 계통의 희귀병을 앓았던 탤런트 김지영, 척수염으로 오랜 시간 고통을 겪은 힙합 뮤지션 타이거JK, 달팽이관 문제로 평형감각을 잃어 중심을 못 잡거나 두통 및 어지러운 증상을 호소하는 메니에르 증후군 환자 배우 한지민과 유지태, 그리고 상연이처럼 기면증을 앓았던 그룹 태사자 출신 탤런트 박준석. 이들 모두 오랜 시간 고통을 겪었지만 꾸준한 운동과 치료를 병행해 회복했다. 그리고 각자 자신의 분야에서 최선을 다함으로써 우리에게 감동을 선사하고 있지 않은가.

나는 그간의 취업준비 과정을 묻고, 마땅히 칭찬받아야 할 점들을 짚어 주었다. 상연이는 컴퓨터 프로그래밍 수업과제에서 가장 우수한 점수를 받았다. 비록 학점이 높은 편은 아니지만 그와 유사한 과목에서는 늘 좋은 점수를 받았다. 프로그래밍 언어를 익히기가 벅차지 않았느냐는 질문에 상연이는 오히려 혼자 하는 공부라서 제일 쉬웠다고 답했다. 반면 팀프로젝트가 끼어 있는 과목은 늘 성적이 저조했다. 그에게 가장 어려운 일은 사람들과 함께하는 일이었다. 프로그래밍이 어려워 경영학부로 전과를 한 경험이 있는 나로서는 상연이가 대단해 보였다. 누구나 납득할 만한 건강상의 문제가 있음에도 불구하고 최선을 다하는 그에게 칭찬을 아낄 수 없었다. 처음으로 상연이가 웃었다.

나는 이때야 비로소 깨달았다. 컨설턴트인 내가 관찰자가 아니라 당사자로서 고뇌할 수 있어야 함을. 그래서 혼자 달리기를 하는 것이 아니라 서로의 발을 하나로 묶어 동시에 골인지점에 도착해야 하는 이인삼각 달리기를 해야 한다는 사실을 깨달았다.

내가 상연이라면 취업도 취업이지만 그 이후의 직장생활이 더 걱정될 것 같았다. 취업에 성공하더라도 직장에서 잠이 드는 일이 빈번해지면 그간의 노력은 물거품이 되기 때문이다. 그래서 상연이에게 일방적으로 협조를 구했다. 그것은 다름 아닌 적극적인 치료활동과 소극적인 구직활동 병행하기.

적극적인 치료활동이란 병원을 다녀오고 처방전에 따른 약을 복용하는 일 이외에 평소 심신을 치료하기 위해 시간을 투자하는 것이다. 상연이의 경우 평소 학업 외의 모든 시간을 구직활동으로 보낸다고 했다. 나는 이 점이 오히려 스트레스를 가중시켜 병을 악화시키는 근본적인 원인이라고 판단했다. 그리고 구직활동을 중단하고 치료 시간을 늘리는 것이 '스트레스 가중 → 병세 악화 → 구직활동 불가'의 악순환을 끊는 지름길이라고 설득했다. 뒤늦게 안 사실이지만 실제 기면증은 신체적 요인이 아닌 심리적 요인에서 발생한다고 한다.

소극적인 구직활동이란 입사지원을 하지 않는 범위 내에서의 구직활동이다. 입사지원을 하지 않더라도 프로그래밍 언어를 공부하거나 어학성적을 향상시키는 것은 가능하다. 그리고 반드시 전문기관에서 교육받을 것을 권했다. 남과 달리 하루를 온전히 활동적으로 보낼 수 없는 상연이의 상황을 감안할 때 이 방법이 제일 효과적이라고 생각했다. 무엇보다 전문교육기관은 면접을 보지 않는다.

이 두 가지 방법이라면 스트레스를 최소화한 상태에서의 구직활동이 가능할 것 같았다. 그러다 나이를 더 먹으면 오히려 취업이 어려워지지 않겠느냐는 물음에 한 치의 망설임도 없이 상연이니까 따라 잡을 수 있다고 답해 주었다. 또 한 번 상연이가 웃었다.

"……누구나 어른이 되지만 혼자 일어설 줄 아는 사람은 많지 않단다……"

_안소니 퀸과 찰리 〈Life itself will let you know〉

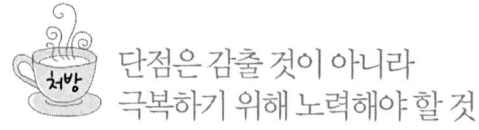

처방 단점은 감출 것이 아니라 극복하기 위해 노력해야 할 것

첫 만남 이후 두 달 정도가 지났을 무렵 상연이에게서 연락이 왔다. 어찌나 반갑고 궁금하던지 말까지 더듬으며 안부를 물었다. 반가움도 잠시. 인사가 끝나자마자 우리는 침묵해야 했다. 면접에서 또 한 번 예전과 같은 일이 벌어졌단다. 처음 한 달간은 나의 조언대로 적극적으로 치료에 임했다고 한다. 상태가 호전되었고 2개월간의 프로그래머 양성과정도 무사히 끝마쳤다. 그러던 중 발생한 일이기에 충격이 클 수밖에 없었다. 그는 잦아드는 목소리로 한계에 부딪친 것 같다고 말했다. 한마디로 방전 상태였다.

정신을 바짝 차려야 했다. 나는 이럴 때 힘을 발휘하는 것은 공감이 아니라 태연함임을 직감했다. 상연이의 계속되는 신세 한탄을 묵묵히 들었다. 그런 다음 의연하게 말했다.

"건강한 사람도 긴장하고 때때로 눈물까지 보이는 것이 면접인걸요. 사전 준비 없이 갑자기 면접을 보니까 몸이 놀란 것뿐입니다."

그리고 건강도 되찾아가고 전문교육까지 받았으니 면접에 익숙해지는 일만 남았다고 덧붙였다.

다음 날, 우리는 면접 준비를 위해 만남을 가졌다. 또 한 번 한데 발이 묶이는 순간이었다. 나는 상연이와 함께 패인을 분석해 보았다. 가장 큰 문제는 지나친 완벽주의였다. 사람들의 기대감이 고조

될수록 상연이는 점점 자신의 치부를 은폐하려고 한다. 이는 내적인 갈등의 원인이 되고 스트레스가 된다. 기면증의 원인이 무엇인지는 정확히 모르지만 우리의 뇌는 자신을 보호하기 위해 스스로의 의식을 단절시키기도 하고 잠과 같은 방식으로 상황을 회피하게도 만든다.

사람은 누구나 완벽해 보이려고 노력한다. 반대로 말하면 사람은 누구나 약점을 갖고 있다. 화려함의 상징인 공작도 항문을 앞으로 드러내지 않고서는 깃털을 활짝 펼칠 수 없다고 한다. 자신의 치부를 그대로 인정할 때 여유가 생기고 그 여유 안에서 자신감이 싹트는 것이다. 나는 상연이에게 자신의 모습을 받아들일 것을 권했다. 기면증조차 상연이의 일부이고, 그것을 인정하고 받아들일 때 오히려 평화가 찾아올 것이라고 생각했다. 우리는 약점 없는 사람이 아니라 약점을 이겨내기 위해 노력하는 사람을 존경한다. 나는 상연이가 그런 사람이 되기를 원했다.

상연이와 나는 반나절을 고민한 끝에 긴장을 최소화하는 것이 최선이라고 결론짓고 두 가지 대안을 세웠다.

첫째, 예상 질문을 다양하게 만들 것.

가족사항, 전공지식, 프로젝트 경험, 교육사항, 회사의 연혁과 제품 등 다양한 예상 질문을 만들었다. 만일에 대비해 기면증에 관한 질문까지 포함시켜 총 100개의 질문을 만들고 답변을 준비했다.

둘째, 예상치 못한 질문이 나왔을 때는 솔직해지기.

보통 사람이라면 재치를 발휘하여 상황을 모면할 수도 있겠지만 상연이에게는 긴장감만 고조시킬 뿐이었다. 그래서 예의를 갖추고 솔직히 모른다고 답하기로 했다.

"아는 것을 안다고 하고 모르는 것을 모른다고 하는 것, 이것이 참으로 아는 것입니다."

나는 상연이에게 공자가 자로에게 한 말을 들려주었다.

그 후 한 달이 지났다. 상연이는 총 세 차례의 면접을 보고 세 곳 모두에서 합격통보를 받았다. 놀라운 사실은 사전에 준비한 답변을 거의 하지 않았다는 점이다. 본인도 어리둥절해하며 이유를 모르겠다고 했다. 그러나 나는 그의 표정에서 그의 강한 의지를 읽을 수 있었다.

나에게 가장 취업이 힘든 구직자 유형을 꼽으라면 자기파괴형을 꼽겠다. 서류전형이나 면접전형에서 몇 차례 떨어지다 보면 스스로를 못난이로 몰아세운다. 그러다 보면 자신감이 온데간데없이 사라지고 스스로 부족한 면을 들추어내기 시작한다. 마치 자기 입으로 살 가망이 없다고 말하는 환자와 같다. 이러한 패턴이 반복되면 취업 문제를 넘어 인생 자체가 파국으로 치닫기 쉽다.

그러나 내가 본 상연이는 스스로 바위에 부딪칠지언정 자포자기하는 친구는 아니었다. 당시 상담을 희망하는 20명의 학생들에게 이력서와 자기소개소 작성 과제를 주었는데 상연이가 유일하게 숙제를 해왔다. 거기에는 살아오면서 경험한 모든 일들이 마치 한 편의 자서전처럼 정리되어 있었다. 그것도 빼곡하게. 의지라는 것은 이처럼 먼 데 있는 것이 아니라 일상의 작은 데서 발휘되는 것이 아닐까.

나는 구직자들이 자신을 대하는 태도에서 잠재력의 크기를 엿볼 수 있다고 생각한다. 번번히 서류전형에서 탈락해도 금방 털어내고 다시 도전하는 사람은 큰 잠재력을 갖고 있다. 반면 낙심한 채 상대방과의 비교에서 자신의 단점만을 찾는다면 이는 자신의 잠재력을 부정하는 사람이다. 그에게는 더 이상의 발전이 없다. 세상이 나에게 기회를 주기 전에 우선 나부터 스스로에게 기회를 주어야 한다.

상연이에 대해 유달리 여운이 남는 이유는 그의 특이한 병 때문만은 아니다. 돌이켜 보면 상연이는 나에게 큰 가르침을 주었다. 부족한 것은 부족한 대로 받아들인 후 그것을 뛰어넘기 위해 노력해야 한다는 사실이다. 지금도 많은 구직자들이 자신의 약점을 감춘 채 완벽해 보이기 위해 노력한다. 그러다보니 엄마 구두를 신은 여자 아이처럼 부자연스럽다. 심지어 약점을 들킬까 봐 두려워한 나머지 방어적, 회피적, 공격적 자세를 취하는 사람도 있다.

누구나 단점은 있다. 단점이 없다고 부르짖는 구직자보다 단점을 인정하고 받아들이는, 그리고 그 단점을 극복하기 위해 노력하는 구직자가 더 매력적이다. 바로 상연이처럼 말이다.

사례 2 무無스펙의 대학 졸업생

“미친 강사 김미성입니다.”

: **김미성** 관계기술 컨설턴트

나는 두 달 일찍 세상에 태어났다. 시아버지의 장례를 치르느라 무리를 하셨던 어머니는 8개월 만에 나를 낳으셨다. 병원에서는 아이의 생명이 위태로울지 모른다며 두 달가량 입원을 권고했다. 그러나 형편이 넉넉지 않았던 우리 부모님은 나를 포대기에 싸서 집으로 돌아왔다.

부모님은 생각 끝에 솜이불을 뜯어 핏덩이를 감쌌다. 눈, 코, 입만 빠끔히 내민 채 힘겨워 울지도 못하는 나를 위해 어머니는 2시간마다 바닥에 몸을 누이며 내게 젖을 물리셨다. 손이 귀한 집안에 딸로, 그것도 둘째로 태어난 나는 참으로 많은 사랑을 받고 자랐다. 그래서 성격도 밝았고 공부도 곧잘 했다.

대학교 4학년 때 나는 취업보다는 전업주부를 꿈꾸고 있었다. 당시 사귀던 남자친구와의 결혼을 한 치의 의심도 없이 받아들이고 있었다. 지금 돌이켜 보면 참 당돌한 아이였다. 그 어린 나이에 어쩌면 그렇게 겁 없이 결혼을 계획했는지 말이다.

여하튼 대학시절의 나는 사회생활 따위는 염두에 두지 않았다. 나의 미래는 곧 주부였다. 지금의 대학생들과는 참으로 다른 생활이었다. 그 흔한 토익 시험 한 번 안 봤고, 동아리 활동, 봉사활동도 관심 밖이었다. 한 살 많은 남자친구 역시 ROTC 제대와 함께 곧 결혼식을 올리는 데 동의했다. 우리는 장밋빛 결혼생활을 노래했다.

그러다 남자친구가 사고로 세상을 떠났다.

나는 충격에 빠졌다. 보아도 믿기지 않았고, 만져도 인정할 수 없었다. 나는 온몸으로 그의 죽음을 거부했다. 내 마음 속의 시계는 그대로 멈추고 말았다. 음식이 목구멍으로 넘어가지 않았다. 눈을 뜨고 있는 순간이 괴로웠다. 두 평이 안 되는 좁은 방안은 커튼을 쳐서 늘 컴컴했고, 시계의 째깍거리는 소리가 싫어서 건전지를 뺐다. 그 방에는 시간의 흐름도 없었고, 미래도 없었고, 희망도 없었다. 눈을 감으면 기억의 테이프가 무한 리플레이 되었고, 눈을 뜨면 세상은 하얀 재가 되었다. 그렇게 반년이 흘렀다.

그러던 어느 날이었다. 오랫동안 멈춰 있던 물레의 삐걱 움직이는 소리가 마음속으로부터 들려왔다. 그가 없는 텅 빈 황무지에 파릇한 싹이 하나 돋았다. 나는 이 불행으로부터 벗어나야 한다고 생각했다.

'만일 결혼한 뒤였다면? 만일 내게 아이가 있었다면? 아마 내 삶은 더욱 힘겨워지지 않았을까?'

그런 생각 끝에 정신이 번쩍 났다.

나는 이 좁은 공간에서 벗어나 세상 밖으로 나가기 위해 발버둥 쳤다. 다시 사람들 속에서 살아가고 싶었다. 하지만 미래는 두려웠다. 내 손에는 아무것도 들려 있지 않았다. 스펙이라고 할 만한 것이 하나도 없었다. 4년제 대학을 졸업한 25살의 여자라는 말밖에 나를 정리할 단어가 하나도 없었다.

이 암담한 터널에 한 줄기 빛이 비쳤다. 대학 재학 시절 에버랜드에서 아르바이트한 경험이었다. 나는 그 한 올의 실을 붙잡고 어둡고 깊은 나의 마음속으로 탐험을 시작했다. 나는 과연 무엇을 좋아하는 사람인가, 나는 과연 무엇을 잘할 수 있는 사람인가. 손으로 장면 장면을 더듬어 가다가 하나의 공통점을 발견하기에 이르렀다.

'그래, 난 사람들과 어울리는 것을 좋아했어.'

한 번 가닥이 잡힌 생각은 줄줄이 옛 기억들을 건져 올렸다. 수많은 사람들과 어울렸던 기억들, 그 순간들. 그렇게 기억을 떠올리던 중 에버랜드에서 친절교육을 담당한 강사의 모습이 불현듯 생각났다. 그곳에서 나의 탐색이 멈췄다. '바로 이 일이다!'

그런데 걸림돌이 있었다. 난 일명 '홍당무'였다. 사람들 앞에 설

때마다 얼굴부터 목, 귀, 손까지 붉어지는 '불치병'을 가지고 있었다. 참으로 밝고 명랑한 성격이었음에도 불구하고 고등학교 때까지 "김미성, 책 읽어 봐." 하는 선생님의 호명이 제일 싫었다. 그런 내가 강사를 꿈꾸다니…….

하지만 끌림은 힘이 세다. 불치병조차도 내 마음을 꺾지 못했다. 나는 홍당무가 되는 상상을 하면서도 강사 양성과정을 알아보기 위해 뛰어다녔고, 상담을 받았다. 난 그렇게 취업 컨설턴트 일을 처음 접하게 되었고, 지금까지 이 일에 열정을 쏟고 있다.

"……사그라지는 화로 속에서 작은 불씨 하나를 보았다."

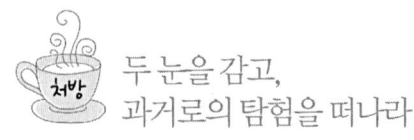

처방 두 눈을 감고,
과거로의 탐험을 떠나라

우리는 흔히 '적성에 맞다, 안 맞다'라는 말을 쉽게 한다. 그러나 내 경험에 따르면 그것은 적성이 아니라 바람인 경우가 많다. 적성, 즉 내가 어떤 일에 적합한지 조금 더 알기 위해서는 자기 마음의 소리에 귀를 기울여야 하고 더 많은 경험을 겪어야 한다. 나는 교육 프로그램 가운데 DISC라는 진단을 접하며 나를 보다 정확히 알게 되었다. 돌이켜 보면 인생의 터닝 포인트가 되었던 남자친구와의 이별도 나는 내 성격에 따라 대처했으며, 지금의 일도 나답게 하고 있다.

몇 해 전 기억에 남는 교육 의뢰를 받은 적이 있었다. '이미지 메이킹과 적성에 맞는 직업 찾기'가 주제였다. 여느 프로그램과 다를 바 없는 주제였지만 문제는 대상이었다. 졸업을 앞둔 70여 명의 장애인들이 강의 대상이었다. 1/3은 휠체어를 타고 있었고 1/3은 청각장애 그리고 나머지 1/3은 시각장애를 겪고 있었다. 아무리 힘든 교육이라도 거절 없이 강의를 맡았던 나는 습관적으로 '알겠습니다.' 하고 전화를 끊은 상태였다. 어떻게 진행해야 할지 방법을 강구하기 시작했다.

내가 강의하는 동안 속기사와 수화를 해주시는 선생님이 참석하여 도움을 주셨다. 강의시간이 어떻게 갔는지, 내가 무슨 말을 했는지 기억조차 나지 않았다. 잠시 쉬고 있을 때 밝은 표정의 한 학생이 진단지를 들고 내 앞에 섰다. 난 수화 선생님께 도움을 청해서 그 학생과 이야기를 나누었다. 학생은 비록 자신이 장애를 갖고 있지만 사람들과 어울릴 수 있는 일을 하고 싶다고 했다. 그 말을 듣는 순간, 나는 그 친구가 자기 내면의 소리를 들었다는 사실을 직감했다.

학교의 취업담당 선생님과 함께 그 학생이 할 수 있는 일이 무엇일까 고민했다. 그러다가 다른 청각장애인을 돕는 일, 즉 청각장애인으로 살아가는 이들을 위해 개인 상담을 할 수 있는 일을 권했다. 유치원이나 초등학교를 다니는 학생들을 보살펴주며 그들이 상처 없이 사회의 일원으로 씩씩하게 살아갈 수 있도록 상담해주는 역할이 그것이었다. 얼마간의 시간이 지난 후 나는 그 학생을 다시 만났다. 전보다 눈이 더욱 반짝반짝 빛을 내고 있었다.

청각에 문제가 있던 그 학생, 마음에 상처가 있던 나. 돌이켜 보면 거대한 파도에 휩쓸려도 우리가 다시 헤엄을 칠 수 있는 이유는 각자의 마음속에 숨어 있는 본성이 꿈틀거리기 때문이다.

누군가 사람은 동물, 즉 움직이는 생명체라고 했다. 한 곳에 고정된 채로 살아가는 식물과 달리 인간은 끊임없이 어딘가로 움직이는 동물이다. 그러나 우리는 모두 똑같은 곳으로 흐르지 않는다. 우리는 우리의 개성에 따라 각자의 길로 흘러간다. 강물을 거슬러 오르기는 힘들어도 강물을 따라 흘러간다면 우리는 미친 듯이 소리치며 열광하는 삶을 살 수 있다.

이 일을 처음 시작할 때부터 나는 사람들을 만나면 늘 이렇게 외치며 인사했다.

"안녕하십니까? 미친 강사 김미성입니다."

나는 '미쳤다'라는 말을 참 좋아한다. 나에게는 미쳐서 할 수 있는 일이 있고, 남편과 아이가 있고, 가족과 친구 그리고 동료가 있다. 내 마음은 화수분처럼 끝없이 나로부터 흘러나와 그들에게로 도달한다. 그래서 난 참으로 행복한 사람이다.

난 오늘도 내일도 "미친 강사 김미성입니다."를 외친다. 아니 이 일을 그만두더라도 내 목숨이 다하는 그날까지 미친 듯이 하루하루를 만들어갈 것이다. 그것이 내가 대학생 시절 나보다 먼저 보낸 그 친구에게서 배운 마지막 교훈이다. 하루하루를 자신의 것으로 만들자. 지금 이 순간은 그 누구의 것도 아닌 바로 당신의 것이다.

사례 3 뇌성마비 2급 장애인

바람에 꺾여도 싹을 틔우는 나무

: **신정숙** 고용노동부 인천북부센터 책임상담원

석일 씨를 처음 만난 것은 초록이 한창이던 5월의 이른 아침이었다. 그는 몸의 절반인 오른쪽을 못 쓰는 중증장애인이었다. 오른발을 심하게 절었고, 오른팔은 뒤틀려 있었다. 오른쪽 눈과 입의 근육이 심하게 경직되어 있어서 처음에는 무슨 말을 하는지 잘 알아듣지 못했다. 28살인 그는 어머니와 함께 근근이 살아왔으나 보조금 40만 원으로는 생활비가 턱 없이 부족했다.

장애인 구직자를 만난 것은 그때가 처음이었다. 한편으로 당황하기도 했으나 '포기만 하지 말자.'고 수십 번 되뇌며 그를 맞았다.

당시 노동부에서는 '구인개척세일즈'라는 사업을 벌였다. 구직자가 직접 지역 공단을 돌아다니며 일손이 부족한 사업장이나 사람이 필요한 업체를 찾아서 바로 면접도 보고 일자리도 구하는 사업이었다. 정부에서 3개월간 매달 60만 원을 지원해주므로 구직자 입장에서도 해볼 만한 일이었다.

교통비를 제하고도 한 달에 50만 원 벌이는 될 것 같아서 석일 씨를 아침마다 센터로 출근시켰다. 석일 씨는 하루도 빠지지 않고 아침 9시면 출근해서 하루 3군데씩 면접을 보러 다녔다. 전화상으로는 장애인에 대해 호의를 보이던 사장님들도 막상 석일 씨를 대하면 고개를 절레절레 흔들었다. 그나마 취업이 가능한 장애인은 청각장애인이거나 두 손이 자유로운 하반신장애인, 혹은 근력이 좋은 자폐증 환자에 국한되는 경우가 많았다. 석일 씨의 경우는 오른쪽은 거의 마비 상태였고 왼쪽 또한 생각만큼 근력이 강하지 못했다. 그러니 번번이 퇴짜를 맞았던 것이다.

그러기를 한 달, 더는 소개해줄 곳도 없었고 석일 씨를 만날 때마다 내 역할을 못하는 것 같아 마음도 무거웠다. 날은 점점 더워지고 불편한 몸을 이끌고 그렇게 돌아다니는 것도 석일 씨에게는 힘든 일이었다. 다른 방법을 찾았다. 장애인고용촉진공단에 의뢰했다. 생각보다 사업장 정보가 많지 않았으나 달리 방법도 없었다. 장애인 고용 업체의 목록을 들고 하루걸러 한 군데씩 2주 동안 동행면접을 다녔다. 물론 늘 빈손으로 돌아왔다.

그렇게 3개월이 허무하게 지났다. 적으나마 매달 나오던 지원금도 끊기고 취업에도 실패했다. 그 마지막 날은 불볕이 내리쬐던 7월의 어느 날이었다. 그날 석일 씨는 울었다. 사업장에서 '병신새

끼 꺼지라.'는 얘기를 듣고 온 날이었다. 늘 듣던 얘기였는데 그날 따라 너무 서러워서 혼자 울다가 왔는데 그만 또 눈물이 터졌다며 울었다. 그는 아픈 어머니 때문에 죽을 수도 없다고 했다. 나는 그에게 못할 짓을 한 것 같아 가슴이 아팠다.

우리는 이를 악물었다. 다시 3개월이라는 시간 동안 하루도 빠지지 않고 면접을 보러 다니며 세상을 향해 계속 계란을 던졌다. '최선이 안 된다면 차선을 선택하자! 이 길이 아니라면 또 다른 길을 알아보자!' 우리는 어딘가에 반드시 길이 있을 것이라는 믿음으로 수풀을 헤쳤다. 그러나 늘 막다른 절벽에서 발길을 되돌릴 수밖에 없었다.

한계에 이르렀다. 나는 마지막이라는 심정으로, 나 말고 석일 씨를 도와줄 수 있는 누군가를 찾아, 구청 사회복지사에게 그간의 일들을 적어 편지를 부쳤다. 우리가 지난 6개월 동안 얼마나 노력했는지, 이 사람이 얼마나 성실했는지, 그런데 현실은 어떠했는지, 시도해보지 않은 사람은 모르는 우리의 경험을 복지사에게 전했다. 이 사람은 이제 어떻게 해야 하는지 알려달라고 말이다.

얼마 후 남동구청 복지사에게서 전화가 왔다. 그는 믿지 못하겠다는 듯이 '여기 적힌 내용이 사실이냐'고 물었다. '하나도 빠짐없이 모두 사실'이라고 말해주었다. 복지사는 석일 씨의 가정 형편과 그간의 취업 활동에 대해 몇 가지 물은 뒤 일자리를 알아볼 테니 기다려달라고 말했다. 며칠 후 석일 씨가 찾아왔다. 그가 우는지 웃는지 모를 표정으로 이렇게 말했다.

"새로 귤현역이 개통하는데 그곳 지하철역에 제 자판기를 놓고 관리하는 일을 맡게 됐어요. 돈도 벌고 일도 할 수 있게 되었다고요."

나는 너무 기뻐 소리를 질렀다. 믿을 수 없었다. 이런 기적 같은 일이 일어나다니……. 이후 석일 씨는 교회에서 만난 장애인 친구와 결혼을 한다며 커피 잔 세트를 들고 인사를 왔다. 방 한 칸짜리 반지하에서 어머니와 함께 살던 그는 방 두 개짜리 2층집으로 이사했다며 고마워했다. 그렇게 몇 년 동안 그는 지나가는 길에 들르기도 하고 전화도 했다. 목소리에는 자신감이 넘쳤고, 외모도 점점 사장님다워졌다.

"선생님, 나 같은 바보 병신도 이렇게 노력하니까 할 수 있네요. 조금만 더 정상이었다면 이보다 더 많은 일을 할 수 있지 않았을까요?"

가끔 귤현역에 가면 어떤 것이 석일 씨의 자판기일까 유심히 살펴본다. 그러면서 그와 내가 이뤄낸 일, 아니 뇌성마비 2급 장애인이 자기 힘으로 성취한 그 일이 혹시 꿈은 아닐까 잠시 생각해 본다.

바람에 꺾인 나무는 꺾인 대로 다시 싹을 틔운다. 포기하지만 않는다면 말이다.

사례 4 **퇴직자와 무경력자**

프로는, 처음부터 프로다

: **진홍섭** 한국장애인고용공단 교육연수부 팀장
(사)한국직업상담협회 이사

"난 실업자가 아니야, 프로 구직자지!"

김 선생님과 처음 만난 것은 40~50대 가장들이 무더기로 해고되던 IMF 직후였다. 무더운 여름날, 김 선생님은 내가 몸담고 있던 노동부 고용지원센터의 문을 두드렸다. 40대 후반인 그는 중소기업의 영업상무로 있다가 회사가 부도나는 바람에 실직을 당한 상태였다.

김 선생님은 그때 삼중고를 겪었다. 평생직장으로 알고 지내던 회사를 떠나야 했고, 사장이 야반도주하는 바람에 직원들의 체불임금을 대신 감당해야 했고, 사장에게 보증을 서주는 바람에 채무까지 떠안아야 했다. 지금은 웃으며 얘기하지만 한강다리에도 수차례 갔었다고 한다.

그 당시는 하루에도 수백여 명이 고용지원센터를 찾아오던 시절이었다. 그러나 김 선생님은 여느 구직자들과는 달랐다. 대부분의 구직자들은 편한 복장으로 센터를 방문했지만 김 선생님은 항상 정돈된 헤어스타일과 말끔한 양복차림이었다. 구두는 늘 반짝거렸다. 그 때문에 종종 그는 실직자가 아니라 사업체 임원처럼 보였다.

김 선생님이 나를 찾아오는 시간은 매일 오전 9시 10분이었다. 나중에 안 사실이지만 사무실에 도착하는 시간은 8시 30분경인데 나에게 커피 한 잔 마실 여유를 주기 위해 일부러 사무실 밖에서 기다렸다고 한다.

"진 선생, 오늘은 내가 가볼 만한 곳이 있을까?"

"네, 잠시만요. 마침 어제 가볼 만한 곳을 두 곳 찾아서 연락을 해봤습니다. 선생님에 대해 간략히 설명을 드렸더니 오늘 면접을 보시자고 하네요."

"그래? 그럼 내 다녀와서 결과 보고 할게! 고마워."

그 당시 고용지원센터는 일손이 부족했다. 구직자들이 수시로 밀려오는 통에 인터넷에서 찾은 구인정보를 알려주기에도 벅찼다. 하지만 매일 아침 김 선생님이 방문한다는 사실을 잘 알고 있었기 때문에 저녁마다 야근 작업에 매달렸다. 분명 내일도 면접 볼 곳을 물을 게 뻔한데 아무 준비 없이 퇴근할 수는 없었다.

"아니 선생님, 날도 더운데 편한 차림으로 오시지 또 양복 입고 오셨어요?"

"어허, 그래도 진 선생이 좋은 곳을 알려주면 바로 면접을 볼 수 있도록 만반의 준비를 해야지. 다시 집에 가서 옷 갈아입고 오기도 그렇고. 그 시간에 한 곳이라도 더 면접을 보는 게 좋지. 한시라도 빨리 취업하는 것이 진 선생의 노고에 대한 보답이 아니겠나. 너무 걱정 말게. 나야 이렇게 구직 자리를 알아보고 면접 보는 게 직업이잖나. 난 실업자가 아니야, 프로 구직자지! 허허허."

TV에서 방송되는 '생활의 달인'을 보면 한 번에 엄청난 양의 구두를 수거해가는 분들이나 초밥에 들어갈 밥알의 양을 손대중으로 정확히 맞히는 분들이 등장한다. 그분들의 솜씨를 보면 달인 정도가 아니라 신의 솜씨라고 해도 과언이 아니다. 그런데 비법이 무어냐고 물으면 그들은 늘 이렇게 답한다.

"직업인데요, 뭘."

그렇게 말하고 끝이다. 어떤 일급비밀이 나올까 싶어 귀를 쫑긋하다가도 이런 답변을 들으면 나도 모르게 피식 웃음이 나온다. 그래, 그게 바로 '직업'이라는 말의 뜻일 터이다.

생활의 달인들은 자신의 일을 천직으로 생각한다. 그러니 일을 즐겁게 한다. 누군가 말하지 않았는가. 아는 것보다는 좋아하는 것이 낫고, 좋아하는 것보다는 즐기는 것이 낫다고. 그러므로 그들의 실력이 일취월장하는 것은 마치 여름에 풀이 자라는 것처럼 자명한 일이다.

김 선생님이 웃으며 가르쳐주신 직업의 의미를 다시 새긴다. 구직을 하는 자세에서도 그분은 생활의 달인으로서, 진정한 직업인으로서의 모습을 보여주셨다. 하루하루 밀려오는 구직자들과 일손이 부족한 노동부 시스템 때문에 '취업'의 의미를 생각할 겨를이 없었던 나에게 그분은 프로페셔널이 무엇인지 가르쳐주셨다.

김 선생님의 근황이 궁금한가? 그 후로도 약 1년의 구직기간이 있었다. 3개월 동안 죽어라고 일만 하다가 임금을 떼이기도 했고, 폐업한 회사의 영업이사로 가셨다가 공공근로사업에 참여하기도 하셨다. 결국 공공근로사업에 참여할 당시 그분의 열정과 프로의식을 높이 산 어느 노무법인에서 사무국장 자리를 맡겼다. 그 노무법인은 김 선생님의 영입으로 사업이 몇 배로 확장되었다고 한다.

인생의 전환점이 된 아르바이트

기말고사가 끝나고 방학이 시작되면 대학생들은 아르바이트 자리를 물색하기 위해 숨 가쁘게 움직인다. 취업과 마찬가지로 보수 넉넉하고 시간대 좋은 자리는 경쟁률이 치열하다.

나 역시 방학 때면 학비에 보태기 위해 주유소 주유원이나 호프집 서빙, 경마장 예상지 판매원 등 직종을 가리지 않고 열심히 일했던 기억이 있다. 방학이 끝나면 친구들은 아르바이트 경험담을 자랑삼아 이야기하곤 했다. 누구는 병원에서 시체를 닦아서 등록금의 두 배를 벌었다고 하고, 누구는 두 달 동안 소위 노가다를 뛰어서 등록금의 3배를 벌기도 했다며 침을 튀며 떠들었다.

그러나 이제는 '돈'을 따라가면 안 되는 시대다. 첫째, 너무 많은 시간을 빼앗길 염려가 있기 때문이고 둘째, 졸업 후 취업을 생각한다면 경력자를 선호하는 요즘 트렌드를 무시해서는 안 되기 때문이다. 말하자면 당장 입에 풀칠을 할 생각 때문에 자기계발의 기회, 경력 쌓기의 기회를 포기해서는 안 된다는 말이다.

경기도 소재 대학에 다니던 최 양은 시각디자이너가 목표였다. 전공은 경영학이었으나, 복수전공으로 시각정보디자인을 택했다. 최 양은 막상 4학년이 되자 막막했던 모양이다. 하루는 나를 찾아와 고민을 털어놓았다.

"교수님, 제가 디자인을 아무리 잘해도 관련 경력이 없으면 회사에서는 거들떠도 안 보잖아요. 신입을 뽑는 회사는 드물고요. 좋은 방법이 없을까요? 시간도 없고 답답해요."

"이번 방학 때는 무엇을 할 계획이니?"

"강남역에 있는 토익학원을 다닐 거예요. 틈틈이 아르바이트도 할 계획이고요."

"무슨 아르바이트?"

"예전에 일했던 패밀리레스토랑에서 할까 봐요."

최 양은 디자인 경력을 쌓고 싶다고 했지만, 정작 아르바이트는 서비스 경력을 쌓으려고 했다. 나는 그녀에게 아르바이트를 선택할 때 관련 업종의 경험을 쌓을 수 있는 곳을 최우선으로 선택하라고 조언했다. 오늘만 생각하지 말고 내일을 보라는 얘기였다. 돈을 내고서라도 다닐 각오가 필요한 세상이다.

"우선 자네가 관심 있는 업종에서 아르바이트를 찾아 봐. 원하는 업종에서 일하는 것을 이번 방학의 최대 목표로 삼는 거지. 그리고 자신을 절대 아르바이트생이라고 생각하지 말고 신입사원이라고 생각해야 해. 또 어떻게 하면 직원들에게 좋은 이미지를 심을 수 있을지 고민하라고. 분명 좋은 결과가 있을 거야. 내가 자신하지."

새로운 학기가 시작될 무렵, 그 친구가 다시 나를 찾아왔다. 우연찮게 관련 업종에서 아르바이트를 할 수 있었고, 정말 열심히 일했다는 이야기, 그리고 자신을 각인시키기 위해 감동이벤트까지 선사했다는 얘기를 봇물 터지듯 쏟아냈다.

최 양이 전한 감동이벤트는 이랬다. 직원들이 커피나 차를 타 마시는 탕비실이 너무 지저분해서 사비를 털어 새롭게 꾸몄다고 한다. 직원들 개개인의 이름을 적은 머그컵을 사서 배치해놓고 편지와 함께 드리고 왔다는 것이었다.

몇 개월 후 최 양에게서 희소식을 들었다. 아르바이트했던 회사의 과장님이 동종업계의 더 좋은 업체에 자신을 추천했다는 이야기였다. 그 회사에서도 함께 일하고 싶어 했지만 아쉽게도 당장 인원충원 계획이 없었다고 한다. 나는 그녀가 단지 컵을 선물하고 탕비실을 청소했기 때문에 취업에 성공했다고 생각하지 않는다. 아르바이트 학생이지만 직원처럼 일하는 사람을 만난다면 누구나 탐내기 마련이다.

직업이란 무엇인가? 대다수의 대학생들은 자신의 당면과제를 취직으로 생각하면서도 정작 직업에 대해서는 무심하다. 이는 취직을, 직업이 아니라 직장을 구하는 일로 여기기 때문이다. 직장과 직업, 이 둘은 생각보다 큰 차이가 있다. 특정 기업의 입사에 초점을 맞춰놓고 구직활동을 하면 훗날 흥미와 적성이 맞지 않아 퇴직을 고민하게 된다. 이를 사전에 예방할 수 있는 가장 좋은 방법이 아르바이트를 해보고 직업을 고민하는 것이다.

그렇게 자신에게 맞는 일을 찾을 때 비로소 쇠똥구리처럼 자신의 일을 힘들다는 내색 없이 부지런히 굴릴 수 있게 된다.

사례 5 실업계 고등학생

세상을 원망하지 마라

: 성명숙 취업컨설턴트

한번은 실업계 고등학생을 대상으로 하는 청년직업지도프로그램 CAP에 강의를 나간 적이 있었다. 그날 참석한 학생들은 유난히 산만했다. 그들은 나를 보자마자 '내 스타일이 아니야.' 짓궂은 말을 늘어놓으며 딴전을 피우고 있었다. 반평생 살며 산전수전 다 겪은 나는 세상 겁날 것도 없고 놀랄 것도 없는 아주 단단한 사람이 되었다. 녀석들 덕분에 참 분주해졌다. 활동시간에 꾸벅 조는 녀석을 깨우고 어떤 때는 학생부장이 되어 "휴지 버리지 마라. 화장실서 담배 피우지 마라."고 잔소리하기도 하고, 어떤 때는 아이들 수준에 맞는 언어로 수다를 떨었다.

그러자 녀석들이 친근하게 질문해 온다.

"그런데 선생님, 제 친구가 회사 출근했는데 월급이 처음에 약속했던 거랑 다르대요. 어떻게 해야 돼요?"

"근데요 선생님, 처음부터 월급이 얼만지 어떻게 알고 가요? 이력서에다가 그런 거 막 써도 돼요?"

아이들은 궁금했지만 딱히 물어볼 데가 없어 가슴에 묻어 두었던 질문들을 끄집어내었고, 나는 하나씩 차근차근 대답을 했다. 그렇게 질문과 답변이 오가는 사이 아이들의 눈빛에 호기심과 신뢰감이 깃들인다. 이제 본격적으로 직업 탐색을 시작할 시간이었다. 나는 아이들의 장점을 찾고 그들이 어떤 미래를 꿈꾸는지 마음의 여행을 떠나도록 했다. 〈괜찮은 나 발견하기〉, 〈자랑스러웠던 기억 찾아보기〉, 〈내가 하면 정말 행복할 것 같은 일 찾아보기〉 등의 프로그램은 아이들이 참 좋아하는 활동이다.

"어렸을 때 칭찬받았던 기억을 한번 생각해보자."

"없어요. 어렸을 때 엄마가 형이랑 저를 버리고 집을 나가셨어요. 칭찬받았던 기억이나 행복했던 기억이 없어요."

"에이, 학교에서 달리기 잘해서 칭찬받았던 거 있었잖아."

"아, 할머니가요. 제가 빵을 만들면 되게 맛있다고 칭찬하셨어요."

아이들은 이렇게 자신의 과거를 돌아보면서 자신에게도 꽤 괜찮은 구석이 있음을 알아간다.

아이들이 '내 꿈의 변천사'를 그리는 활동을 둘러보면 나도 모르게 입가에 미소가 번진다. 나도 2008년 노동부 프로그램 진행자 연수를 받으면서 내 기억 속 꿈을 돌아본 적이 있었다. 그때 나는 참으로 가슴이 쿵쾅거리는 감격의 순간을 맞이했었다.

시골 촌 동네에서 자란 꼬질꼬질한 나를 늘 칭찬해주고 환한 미소로 대해주신 예쁜 선생님을 보며 선생님이 되고 싶었던 나는 초등학교 5학년이 되면서 판사가 되기로 마음을 바꿨다. 해마다 받았던 성적 우수상 대신 '판단상'이라는 참 희한한 상장을 받았던 게 계기였다. 사춘기가 찾아왔던 것일까. 이상하게 공부도 선생님도 싫었고, 괜한 반항심에 일탈해보고 싶던 시절이었다. 그해 선생님은 나에게 판단상이라는 이름의 격려상을 주셨다. 상장에는 이러한 문구가 적혀 있었다.

"위의 어린이는 평소에 사리판단 능력이 다른 어린이보다 뛰어나므로 이 상장을 드립니다."

그 상 덕분에 나는 이미 판사가 된 것처럼 뿌듯한 착각에 빠졌다. 이후로는 멋있는 여 판사로 성장하기 위해 더욱 정의롭고 바르게 살려고 노력했다.

하지만 딱 하나 공평치 못한 것이 있었다. 난 늘 가난했고 부족했고 모자랐다. 그래서 슬펐다. 내가 판사가 되면 나와 같이 정의롭고 똑똑한 아이가 어깨 펴고 살아갈 수 있는 세상을 만들고 싶었다.

중학교에 진학했더니, 이번에는 참 흥미로운 세상이 펼쳐졌다. 처음 공부하는 영어가 왜 그렇게 재미있던지. 때마침 학교에 배치된 평화봉사단 미국인 선생님 덕분에 새로운 문화에 눈을 뜨고 영어에 대한 관심도 커졌다. 그때 친구가 이렇게 말했다.

"너는 외교관을 해도 되겠다."

이 한마디 말에 나의 꿈은 판사에서 외교관으로 바뀌었다.

'그렇지, 이 좁디좁은 한국 땅에서 판사를 하는 것보다는 외국을 두루 다니며 외교 문제와 국익을 위해 힘을 쓰는 것이 더 의미 있고 멋지지 않겠어?'

하지만 우리 집은 가난했다. 외교관은커녕 고등학교에 진학할 형편도 아니었다. 가족과 친척들은 5남매의 장녀인 내가 '아산방적'에 들어가 돈을 벌어야 한다고 말했다. 동생들의 학비를 보태라는 뜻이었다.

몇날며칠을 곰곰이 생각해 보았다. 결론은 '그럴 수 없다.'였다. 내가 왜 내 삶을 포기하면서까지 동생들을 위해 살아야 하는지 그 이유를 찾을 수 없었다. 가족은 저밖에 모른다며 나를 이기적인 딸로 몰고 갔다. 우울한 나날이었다. 어떻게 살아야 할지 홀로 고민했다.

이대로 10년쯤 산다면 나는 어떻게 변해 있을까? 나는 지금보다 훨씬 멋지고 당당한 모습으로 가족과 선생님, 친구들 앞에 나타나고 싶었다. 그러나 나에게는 아무런 힘도 없었다. 가정 형편은 나아질 기미가 없었고, 나는 늘 눈물을 달고 살았다.

그때 나는 이런 생각을 했다. 나처럼 힘들어하는 청소년의 고민과 아픔을 나눠주고 이끌어주는 누군가가 있었으면 좋겠다고. 그리고 바로 내가 그 역할을 해야겠다고 다짐했다. 나는 청소년에게 자기 삶을 포기하지 않고 더 나은 내일을 향해 오늘을 참고 기다릴 수 있는 힘을 길러주고 싶었다. 설령 내 힘이 미약하더라도 말이다. 그들 곁에서 상담과 조언과 격려를 아끼지 않는 '청소년 카운슬러'가 된다면 비록 생계는 힘들고 어렵더라도 보람 있는 일생을 마칠 수 있을 것 같았다.

그 후 24년이 지난 지금, 나는 직업상담사가 되어 학생들 앞에 서 있다. 꿈과 진로로 고민하는 학생들을 보며 옛날의 나를 떠올린다. 나는 그들과 함께 아파한다. 한바탕 눈물을 쏟고 나면 그 아이는 내 친구가 된다.

오늘 만난 학생들은 가난과 부모님의 부재로 삶의 기회를 박탈당한 아이들이었다. 하지만 환경 때문에 자신의 꿈마저 잃는 것은 어리석지 않은가.

성경 말씀에 이런 얘기가 있다.

"한 농부가 들에 나가 씨를 뿌렸다. 그런데 어떤 씨는 길가에 떨어져 지나가는 사람들의 발에 밟히고 새들의 먹이가 되었다. 또 어떤 씨는 바위에 떨어져 싹이 났으나 물기가 없어서 말라 죽었다. 또 어떤 씨는 가시떨기 속에 떨어졌는데 가시가 자라면서 씨의 기운을 막는 바람에 싹을 틔우지 못했다. 그러나 어떤 씨는 좋은 땅에 떨어져 백배의 결실을 맺었다."

이 말씀을 들을 때마다 제일 먼저 드는 생각은 이랬다. '세상 참

불공평하다. 누구는 좋은 땅에 떨어지고, 누구는 길가에 떨어지다니. 나는 왜 하필 안 좋은 땅에 떨어진 것인가.' 오늘 만난 학생들도 대개 이런 불만을 품고 있다.

그런데 예수님은 사실 이런 뜻으로 이 비유를 든 것이 아니다. 여기서 '길가, 바위, 가시떨기, 좋은 땅'은 '마음'을 비유한 말이다. 같은 말이더라도 어떤 마음으로 듣느냐에 따라 달라진다. 요컨대 '너 이래서 앞으로 잘 되겠어?' 하고 말을 던질 때, 우리는 이 충고가 그 아이의 마음에서 자라서 그를 변화시키기를 바란다. 그러나 아이의 마음이 '길가'와 같다면 아무리 좋은 말을 해주어도 새의 모이가 되고 만다. 길가, 바위, 가시떨기는 '분노와 증오'를 의미한다. 그런 마음으로는 아무것도 싹틔울 수 없다.

기회를 박탈당했다고 여기는 사람은 세상을 향해 원망과 분노, 증오를 품고 산다. 이는 오늘 만난 고등학생들만 그런 것이 아니다. 그들은 자신의 마음에서 피어오른 그 부정적인 생각 때문에 세상으로부터 오는 모든 것을 튕겨낸다. 자신을 파괴의 수렁으로 몰고 간다.

행복은 환경이 아니라 마음에 달린 것이다. 좋은 환경에서 태어난 사람 중에도 불행한 사람은 많고, 남보다 힘겨운 환경에서도 현명한 선택을 하는 이들도 있다. 서점에 가보라. 수많은 이들이 환경의 제약을 극복하고 또 다른 희망을 이야기한다.

팔다리 없이 태어났지만 전 세계인에게 꿈과 용기를 선사하는 호주 청년 닉 부이치치. 그는 8세 이후 세 번이나 자살을 시도하였으나 부모의 전폭적인 지원과 사랑 아래 자신의 한계를 뛰어넘었다. 그는 일반인이 다니는 중고등학교를 다니며 학생회장을 지냈고, 오스트레일리아 로건그리피스대학에서 회계와 경영을 전공했다. 그는 스케이트보드를 타고 서핑을 하고 드럼을 연주하고 골프공을 치고 컴퓨터를 한다. 19세 때 첫 연설을 시작한 이래 학생, 교사, 청년, 사업가, 여성, 직장인 및 교회 성도 등 다양한 청중을 대상으로 연설해 왔으며, 현재 미국에서 LIFE WITHOUT LIMBS(사지 없는 삶) 대표로 있다.

나는 우리 학생들이 닉 부이치치처럼 행복하기를 바란다. 그에게는 많은 것이 없지만 행복 하나만큼은 확실히 갖고 있다.

프로그램을 모두 마치고 그동안의 사진과 전하고 싶은 말을 모아서 한 번도 해보지 않은 동영상 편집을 했다.

'CAP과 함께한 5일간, 나는 여러분이 있어서 행복하고 즐거웠습니다. 앞으로 여러분의 인생에 영향을 끼친 작은 한 사람으로 기억되기를 기대하면서 여러분의 앞날에 하나님의 은혜가 함께하시기를 기도합니다.'

동영상 재생이 끝나갈 무렵 아이들의 표정이 사뭇 진지해진다. 누가 시킨 것도 아닌데 박수를 치며 "선생님 감사해요. 고마워요." 라고 말한다. 집단 프로그램을 진행하고 나면 그 녀석들 이름과 얼굴을 함께 떠올리며 보고서 내용을 정리한다. 그러나 기록을 위한 것이 아니라 그 녀석들의 얼굴을 하나하나 머릿속에 새기고 싶어질 때가 많다. 정말 귀하고 사랑스럽고 내 인생에 의미 있는 녀석들이기 때문이다. 내가 살아가고 내 인생을 지탱하는 이유 중의 하나가 되어준 그들에게 고마움을 전한다.

"……어린이들이 내게 오는 것을 막지 말라.
하늘나라는 이런 어린이와 같은 사람들의 것이다……"
_예수

사례 6 **취업인터뷰**

용기 있는 자가 만족스런 직종을 얻는다

: **이혜영** 취업컨설턴트

요즘 취업생들은 궁합은 묻지도 따지지도 않은 채 50군데, 100군데 무작정 넣어보고, 걸리는 데가 있으면 입사하는 경우가 흔하다. 이런 행태는 일부 나이 많은 농촌 총각이 얼굴만 보고 동남아 처녀와 결혼하는 것과 별반 다르지 않다. 농촌 총각과 동남아 여성의 성급한 결혼은 종종 불행한 결말로 이어진다.

이 불행한 사태를 막기 위한 방법으로, 나는 직업인터뷰를 추천한다. 이 방법은 짧은 시간 안에 직업을 가상 체험하게 해준다는 장점이 있다.

문제아에서 쇼핑몰 CEO를 꿈꾸는 아이로

직업인터뷰에 관심을 갖게 된 계기가 있다. 한번은 국립 청소년

쉼터에서 중학생을 대상으로 진로탐색 프로그램을 진행했다. 이곳에 참석하는 학생들은 일명 문제아들로 자퇴나 퇴학 대신 몇 주간 인성교육을 받게 된다. 그날도 예상대로 수업은 진행이 쉽지 않았고 장래 꿈에 대해서 이야기해보라고 했더니 삐끼(호객꾼), 레이싱 모델, 나이트클럽 웨이터 등을 시시덕거리며 얘기하는 학생들이 대부분이었다.

그중 한 아이가 CEO가 되어 사업을 해보고 싶다고 진지하게 말했다. 학교에서 친구를 때려서 이곳에 오게 된 중학교 3학년 남학생이었는데 프로그램을 끝내고 그 학생을 따로 불러 꿈에 대해서 자세히 물어봤다. 아이는 부모님이 이혼하고 아버지와 단 둘이 사는데 아버지가 공사장 일을 하셔서 집안형편이 좋지 않고, 하고 싶고 배우고 싶은 게 있어도 가정 형편 때문에 엄두를 못 낸다고 했다. 이 아이는 사업가가 되어 돈을 많이 벌면 자기 자식에게 날개를 달아주고 싶다고 했다. 자신의 초라한 처지에 열등감을 느꼈던 이 아이는 폭력을 통해 세상에 대한 불만을 표출했던 것이다. 이 학생에게 뭔가 도움을 주고 싶었다. 그때 불현듯 떠오르는 사람이 있었다.

"아빠가 일밖에 모른다고 생각하니? 하지만 아빠는 너희가 배우고 싶은 거 다 배우고, 하고 싶은 거 다 할 수 있게 해 주려고 그러는 거야. 아빠는 그렇게 못 자라서 내 자식만큼은 늘 최고의 환경에서 키워주고 싶었단다."

나의 아버지는 늘 입버릇처럼 이렇게 말씀하셨다. 아버지는 무역업을 하고 계셨고 궁핍한 환경에서 자라 자수성가한 분이라 이 아이와 잘 통할 것 같았다.

"너 사업가로 성공하고 싶다고 했지. 요즘 대박 터트린 10대 CEO들도 종종 나오잖아. 그럼 어떻게 사업을 시작하는지, 사업을 하려면 어떤 능력이 있어야 하는지, 뭘 준비해야 하는지 직접 사업가한테 들어보지 않을래? 대기업은 아니지만 그래도 이쪽 분야에서는 꽤 이름이 알려진 분인데 어쩌면 너한테 사업 노하우를 알려주실지도 몰라."

아이는 귀찮아하면서도 한번 만나보겠다고 했다. 아이와 함께 아버지 사업장으로 갔다. 아버지는 사연을 들으시더니 어렸을 때 자기 모습을 보는 것 같다고 말씀하셨다. 그리고 아이에게 당신도 어릴 때 불우한 환경에서 자랐지만 빨리 성공해서 떳떳한 사람이 되겠다는 오기 하나로 여기까지 왔음을, 사기도 많이 당했지만 사업규모가 이 정도로 커질 수 있었던 것은 나를 믿어주고 물건을 사준 사람들이라며, 사업의 성공노하우는 거창한 것이 아니라 사람 사이의 신뢰임을 강조하셨다.

아이는 아버지의 성장환경이 자신과 비슷하다는 점에서 용기를 찾는 듯했다. 아버지는 아이에게 숙제를 내주셨는데 먼저 학교 선생님, 부모님 또는 친구들과 약속을 지켜보는 연습부터 해보라고 하셨다. 그리고 옥션이나 지마켓 같은 데서 팔아보라며 판매 중인 소금램프 몇 개를 내어주셨다. 게다가 아이가 약속을 잘 지키고 물건을 잘 팔면 더 줄 수도 있다고 하셨다. 집에 돌아가는 길, 아이는 램프를 가슴에 꼭 껴안고 이렇게 말했다.

"선생님, 저 목표가 생겼어요. 사업을 하려면 아무래도 경영이론을 미리 배워두는 게 좋잖아요. 성적 올려서 A산업고등학교 경영정보과에 지원해 볼래요. 그리고 온라인 판매에 대해서도 공부해서 물건들 잘 팔아볼래요. 고등학교 시험까지 몇 달 안 남았는데 오늘부터 밤새워서 공부해야겠다. 히히."

그때 그 아이의 얼굴을 보면서 깨달았다. 진로상담에 있어서 내담자를 움직이도록 만드는 방법은 백 가지 직업정보를 주는 것보다 한 번이라도 자기가 관심을 갖고 있는 직업을 직접 체험해 보는 것임을 말이다. 이 아이는 성적 차이로 A산업고등학교에 입학하지는 못했지만 다른 학교 유통정보과에 진학했고, 인터넷 쇼핑몰 CEO를 꿈꾸며 B대학 경영학과를 목표로 공부하고 있다.

욕을 하던 아이가 원하던 업체의 인턴으로

아이의 변화를 경험한 후 대학 수업 때마다 중간고사로 직업인터뷰 과제를 내준다. 자신이 관심 있는 직업에 종사하는 실무자를 만나서 그들이 하는 일과 자신이 궁금한 점에 대해 인터뷰를 해오는 과제다. 학생들은 이 과제를 받을 때마다 누굴 인터뷰해야 할지, 섭외는 어떻게 해야 할지, 무엇을 질문해야 할지 막막해한다. 한 전문대학에서는 먹던 과자를 나에게 던지며 욕을 하는 학생도 있었다.

"××, 다른 레포트도 ×× 많은데 귀찮게 저딴 걸 다 시켜."

하지만 한 학기 강의가 끝나고 강의평가를 보면 직업인터뷰가 가장 기억에 많이 남고, 진로 결정에 큰 도움이 되었다는 의견이 지배적이었다.

직업인터뷰를 통해 취업 제의를 받은 학생들도 몇 있었다. 그중 한 명이 바로 나에게 과자를 던지며 욕을 한 학생이다. 이 학생을 수업 후 따로 불러 대화를 시도했다. 전문대 시각디자인과 1학년에 재학 중인 학생이었는데 수능점수가 생각보다 낮아서 본의 아니게 이 학교에 입학한 사연을 안고 있었다. 전공은 원하던 것이었지만 학교 때문에 심한 열등감을 앓은 나머지 재수와 편입 사이에서 고민하고 있었다. 마침 다음 학기도 휴학을 결정한 상태였다.

"들어가고 싶은 회사나 이쪽 분야에 존경하는 사람이 있니?"

"존경하는 사람은 없고요. 가고 싶은 회사는 있어요. 웹디자인 회사인데 굉장히 근무환경이 좋고 대우도 좋다고 들었어요. 근데 그 회사 들어가려면 지금 다니는 학교 나와서는 어림도 없을걸요."

"그 회사에 아는 사람은 있니?"

"아뇨, 전혀 없는데요."

"거기 홈페이지 있지. 실무자와 연락을 하는 방법은 두 가지야. 전화로 직접 하던가 이메일을 보내던가. 만약 이메일을 선택했다면 먼저 자기소개를 하고, 메일을 보내게 된 경위와 메일주소를 알게 된 경로 등을 쓴 뒤, 이 분야에 정말 열정이 있고 전문가로 크고 싶은데 무엇을 어떻게 준비해야 할지 모르겠다고 말씀드려. 만일 점심시간 단 10분만이라도 시간을 내주셔서 조언을 주신다면 앞으로의 진로 결정에 대단히 큰 도움이 될 거라고 말이야. 그리고 인터뷰를 허락하신다면 편하신 장소, 시간에 맞춰서 가겠다고 해. 그런데 네가 얼마나 열정과 진심을 다해 메일을 쓰느냐에 따라 답변이 올 수도 있고 안 올 수도 있어."

"열심히 썼는데 답변을 못 받으면 어떻게 해요?"

"못 받을 수도 있지. 그렇다고 포기하지 말고 한 번 더 보내 봐. 많이 바쁘신 것 같은데 혹시 이 일을 하는 다른 분을 소개시켜주실 수 있는지 간절하게 요청해 봐. 내 경험상 열에 두세 명은 다른 사람 소개시켜주더라. 그래도 답변을 못 받으면 그때는 안타깝지만 다른 회사의 실무자를 알아봐야겠지. 비록 그 회사는 아니지만 하는 일이 비슷하니 네가 원하는 정보를 얻을 수 있을 거야."

그 학생은 자의반 타의반 내가 시키는 대로 했고, 다행히 실무자가 인터뷰 요청을 수락했다. 처음에는 바쁘다고 간단하게 이메일이나 전화로 인터뷰해주겠다고 했는데 이 학생이 하도 간절하게 애원하는 통에 점심시간에 짬을 내 10~15분 정도 만나주기로 했다는 것이다. 그러나 실제 인터뷰는 두 시간 동안 진행되었고, 이 학생이 얻은 가장 큰 수확은 그 실무자로부터 인턴 제의를 받은 것이었다. 이 학생은 현재 학력보다는 실력과 경험이 중요하다는 실무자의 조언에 따라 편입이나 재수 결정을 뒤로 하고, 인터뷰했던 업체에서 인턴으로 경력을 쌓는 중이다.

막연한 환상을 깨뜨려준 직업인터뷰

직업인터뷰는 위 사례에서 볼 수 있듯이 그 직무에 대한 실제 정보를 얻을 수 있을 뿐 아니라 인맥을 쌓는 좋은 기회도 된다. 또한 자신과 코드가 잘 맞는 멘토를 만나면 인턴이나 취업제의를 받을 수도 있다. 그러나 직업인터뷰를 통해서 자신이 꿈꾸던 직업이 단지 환상이었음을 깨닫는 경우도 종종 있다.

여대생들 상당수가 전공 불문하고 항공기 승무원을 꿈꾼다. 내 수업에서 반장을 맡았던 학생도 객실승무원을 준비하고 있었는데 목소리가 쩌렁쩌렁하고 수업시간에 떠드는 학생이 있으면 내가 안 볼 때 자기 볼펜을 던져서라도 휘어잡는 여장부 스타일이었다. 수업에 아주 열심히 참여하는 학생이었는데 직업인터뷰 레포트를 보니 달랑 1장 성의 없게 제출해서 불러다 물었다. 그랬더니 하는 말이 인천공항에서 기다리고 있다가 퇴근하는 여승무원 중 인상 좋아 보이는 사람을 무작정 따라가면서 인터뷰를 시도했다고 했다.

"용기 참 대단하다. 근데 인터뷰이가 대답을 건성으로 해주었니?"

"아뇨, 인터뷰는 성실히 해주셨는데 직접 얘기를 듣고 나니 제가 좀 혼란스러워서요."

"어떤 점이 혼란스러운데?"

“승무원이라는 직업을 제가 잘할 수 있을지 모르겠어요. 승객들에게 서비스하는 게 정신적으로나 육체적으로 상상을 초월하는 막노동인 것 같아요.”

승무원을 꿈꾸는 다른 학생들한테도 얘기해줄 거리가 되겠다 싶어 어떤 점 때문에 환상이 깨졌는지 자세히 물었다.

“객실승무원은 비행기 이착륙할 때 빼고는 계속 서있어야 하고 10시간 넘게 비행해도 실제 잠자는 시간은 1시간 정도래요. 또 기내 카트가 100Kg이 넘어서 허리병도 많고 전자파 때문에 불임도 많대요. 선생님 혹시 알고 계셨어요? 비행을 3년 이상 한 사람이면 법정에서 누군가의 증인으로 설 수 없고, 장기기증도 못한대요. 이런 건 둘째 치고 손님이 욕하거나 성희롱해도 무조건 웃어야 하고 죄송하다고 해야 해요. 얼마 전에는 승객 중에 마음에 드는 음식이 없다며 직접 만들어오라고 고래고래 소리치던 사람도 있었대요. 한 중국인이 인터뷰한 언니 엉덩이를 몰카로 찍었는데 화도 못 내고 정말 비행기 밖으로 뛰어내리고 싶더래요. 전 그런 상황 절대로 웃으면서 못 넘길 것 같아요. 제 잘못도 아닌데 죄송하다는 말을 할 수 있을지도 모르겠고요. 제가 좀 욱하는 성질도 있어서요. 어느 정도 힘들다는 것은 알았는데 이 정도일 줄은 몰랐어요.”

후에 이 학생은 힘들게 승무원 됐어도 금방 그만두었을 것이라며 감사의 메일을 보내왔다. 그리고 지금은 여군교육원에 다니며 여군사관 시험 준비를 하고 있다.

▶ 직업인터뷰를 하면 좋은 점

1 짧은 시간 안에 그 직업에 대한 생생한 정보를 얻을 수 있다.

2 직무가 내 적성과 성격에 맞는지 객관적으로 확인해볼 수 있다.

3 어떤 조건을 가진 사람을 선호하고 채용하는지 미리 파악할 수 있다.

4 해당 직종의 비전과 직무에 대한 세부적인 정보를 얻음으로써 입사지원서 작성과 면접 준비에 많은 도움이 된다.

5 해당 분야의 인맥을 쌓을 수 있을 뿐 아니라 취업까지 연계될 수 있다.

▶ 직업인터뷰, 어떻게 시도할까?

1 마음에 두고 있는 직업을 선택, 적어도 3~4명의 사람들과 인터뷰하는 것이 객관적 시각을 확보하는 데 도움이 된다.

2 전화가 불편하면 이메일로 연락을 취하고 언제 연락할 것인지 날짜를 기입한다.

3 아는 사람이 없다면 그 직업의 실무자들이 만든 온라인 카페 게시판을 이용하거나 블로그 주인에게 메일을 보낸다.

4 인터뷰이가 거절을 하더라도 포기하지 말고, 다른 사람을 소개해줄 수 있는지 도움을 요청한다.

5 메일이나 전화 인터뷰보다는 직접 만나서 인터뷰하는 것이 훨씬 더 많은 정보를 얻을 수 있을 뿐 아니라 인맥을 만드는 기회가 될 수 있다.

6 근무지에서 만날 준비를 한다. 근무 환경이나 직장 분위기를 파악하는 데 도움이 된다.

7 일자리를 구하는 것이 아니라 직업정보를 요청하는 것임을 잊지 말아야 한다.

8 용기가 나지 않는다면 직업인터뷰를 하기 전에 친구나 가족을 상대로 연습한다.

9 인터뷰를 할 때 필기가 어려우면 동의를 구하고 녹음기를 사용한다.

10 인터뷰 후에는 즉시 감사의 글을 보낸다.

두 번째 미스매칭

그들이 당신의 말에 귀를 기울이지 않는 이유

| 표현에 집중하는 면접자와 마음에 집중하는 면접관 |

면접이 두려운가?

면접을 한마디로 표현하면 다음 중 어떤 것에 가까울까?

'달변가 경진대회, 스펙 경연대회, 외모 짱 선발대회, 국회인사청문회'

자, 위 질문을 보고 당신은 코웃음을 칠 것이다. 당신도 알고 나도 안다. 면접은 단지 말 잘하는 사람을 가리기 위함도 아니요, 스펙이 뛰어난 사람을 찾는 것도 아니요, 외모가 출중한 사람을 뽑는 것도 아니다. 게다가 잘잘못을 따지는 국회인사청문회도 아니다. 그럼에도 불구하고 구직자들은 면접을 두려워한다. 그 이유가 뭘까?

"말을 잘 못해서, 스펙이 부족해서, 외모가 별로라서, 속마음을 들킬까 봐."

면접은 많은 구직자들에게 두려움의 대상이다. 그런데 구직자들이 두려워하는 것은 '면접' 그 자체가 아니라 '여러 사람 앞에서 말을 잘해야 하는 상황'이다. 로빈슨 교수는 〈정신의 형성〉이라는 저서에서 "공포증은 무지와 불안의 사생아"라고 말했다. 면접이 부담스러운 이유는 바로 경험하지 않았기 때문이다. 타고난 면접의 달인은 없다. 유사한 상황에서 수차례 연습을 되풀이하는 게 유일한 방책이다.

얼마 전 도청에서 행정인턴 취업가이드 사업을 담당하는 지인을 만났다. 그는 수십여 명의 행정인턴 앞에서 강의하는 게 곤혹스럽다고 고백했다. 그러던 그가 며칠 전 반가운 목소리로 전화를 걸어왔다.

"글쎄, 내 강의가 재미있다지 뭐야. 처음에는 시선을 어디에 둬야 할지도 모르겠고, 손이 떨려서 마이크를 떨어뜨릴 정도였다니까. 불치병인 줄만 알았는데 몇 번 무대에 서니까 다 낫더라. 요즘은 강의하는 날이 기다려질 정도야."

낯선 사람 앞에서 긴장하는 것은 매우 자연스러운 반응이다. 그렇지만 면접 시간 내내 덜덜 떨다 정작 준비해온 말을 충실히 전달하지 못한다면 결국 당신 손해다. 면접장에서 강심장이 되고 싶은가? 연습만이 살길이다.

'넥타이 매고 면접이라도 봤으면 소원이 없겠다.'며 한숨을 쉬는 구직자도 있지만 '한 번만이라도 면접에서 내가 하고 싶은 말을 속 시원하게 하고 싶다.'며 한숨을 쉬는 구직자도 있다. 바로 내 사촌 동생이 그랬다.

사촌 동생은 지난해 일자리를 구하고 있었다. 동생은 평소 좋은 인성과 능력을 갖추고 있었지만 한 번 긴장하면 말을 심하게 더듬는 바람에 6차례 면접에서 고배를 마셨다. "한 번만이라도 제가 하고 싶은 말을 속 시원하게 해 보고 싶어요." 나는 동생의 소원을 들어주고 싶었다. 그래서 두 가지 방법을 제안했다. 이 방법은 참 쉽고 돈 한 푼도 들지 않는다. 다만 용기가 몇 갑절 필요하다.

첫 번째 방법은 가족과의 모의면접이다. 사실 부모님이나 형제 앞에서 진지하게 자신의 의견을 말하기는 쉽지 않다. 사촌 동생도 처음에는 피식 웃었지만 나의 진지한 표정을 보더니 그 제안을 받아들였다. 일주일 후 동생은 한 톤 높아진 목소리로 내게 전화를 걸어왔다.

"부모님과 형의 눈을 바라보며 자기소개를 하는데 정말 민망했어요. 가족 앞에서도 말을 더듬는 제 모습을 보니까 너무 초라하더라고요. 하지만 여기서 제대로 못하면 실전에서는 더 어렵겠다는 생각에 진지하게 연습했어요. 면접 중에 어머니께서 눈물을 보이셨는데 그 모습을 보니 결심이 더 굳어지더라고요."

동생의 변화된 모습을 보고 나는 두 번째 제안을 했다. 바로 사람들이 많이 모여 있는 곳에서 자기소개 하기다. 찜질방이든, 지하철이든, 광장이든 상관없이 낯선 사람들의 시선 앞에서도 당당해지는 연습을 하는 것이다. 나의 제안에 동생의 표정은 잠시 굳어졌지만 이내 도전해 보겠다고 했다. "이번 미션을 잘 통과하면 면접 때도 잘할 수 있겠죠? 벌써 설레는데요." 나는 동생의 말을 듣고 성공을 예감했다. 며칠 후 동생이 나를 찾아와 핸드폰 동영상 파일을 보여줬다. 명동 한복판에서 스케치북을 넘기며 자기소개 하는 모습이었다. 이 역사적인 순간을 기록하고 싶어서 친구와 동행했단다.

2주 후 사촌 동생이 흥분한 목소리로 전화를 했다. "합격했어요. 와, 정말 신기해요. 처음으로 제가 하고 싶은 말을 모두 했거든요. 면접관이 제 말을 자르지 않고 다 들어줬어요. 이런 적 처음이에요." 그는 합격 사실보다 자신이 하고 싶은 말을 당당히 했다는 사실에 더 감동한 듯 보였다.

단 한 번만이라도 하고 싶은 말을 속 시원하게 털어놓고 싶다던 사촌 동생, 나는 그에게 실전과 같은 연습을 권했고 그 결과는 합격이었다. 상담을 하다 보면 면접을 두려워하지 않는 이들이 있다. 그들의 공통점은 살아오는 동안 면접에 버금가는 연습을 했다는 사실이다. 세상은 공평하다. 충분히 연습한 사람은 더 이상의 연습이 불필요하고, 연습하지 않은 사람은 연습이 필요하다. 지금껏 단 한 번도 이성과 손을 잡고 길을 걸어본 경험이 없다면 소녀시대 윤아가 나타나도, 2PM의 닉쿤이 나타나도 당신은 그들을 놓칠 수밖에 없다. 사랑에도 연습이 필요하고 면접에도 연습이 필요하다.

당신 마음은 진짜인가, 가짜인가?

면접의 공포를 벗고 새 옷으로 갈아입은 당신, 이제 본격적으로 면접 준비를 해보자. 일주일 후 면접날짜가 잡혔다면 당신은 무엇을 어떻게 준비할 것인가? 면접은 질문에서 출발한다. 여기 세 가지 질문이 있다.

1. 당신은 왜 우리 회사에 지원했나?
2. 당신은 어떻게 그 일을 잘할 계획인가?
3. 당신은 그래서 무엇을 준비했나?

위 세 가지 질문에 제대로 답할 수 있다면 자기소개나 지원 동기, 입사 후 포부, 학창시절 활동 등의 질문은 걱정 없다. 그런데 내가 만난 구직자들 중 상당수는 이렇게 기본적인 질문에도 쩔쩔 매며 당황한다. 심지어는 '이런 질문은 생각조차 못했다.'며 나에게 '어떻게 답해야 하느냐?'고 묻기도 한다. 어떻게 답하느냐고? 그 회사를 지원한 사람은 내가 아니고 당신이다. 마음의 문을 열어보라. 당신이 그 회사를 지원한 이유와 들어가서 하고 싶은 일이 있지 않은가. 그리고 그 회사에서 직무를 잘 수행하기 위해 준비한 것도 있지 않은가. 그것을 부담 없이 이야기하면 된다.

그런데 문제가 있다. 상당수 구직자들의 마음이 '가짜'라는 사실이다. 그 회사를 지원한 이유는 '어쩌다 보니'이고, 입사 후 포부는 '들어가서 시키는 일 적당히 하면서 잘리지 않고 버티는 것'이고, 그 회사 입사를 위해 준비한 것은 '따로 없다'이다. 그러니 면접 때 무슨 말을 할 수 있겠나. 나는 상담을 하면서 이렇게 '가짜 마음'을 가진 구직자를 많이 만났다. 그들은 내게 말한다.

"이렇게 취업이 어려운데 이것저것 따질 여유가 없죠. 우선 걸쳐 놓는 거예요. 취업이 어려우니까."

취업이 어렵다. 세상 모두가 다 아는 사실이다. 그렇다고 해서 '아무 회사', '아무 직무'를 선택하기에는 생각보다 회사가 많고 직무가 많다. 당신만의 이유 있는 목적지를 선택해야 한다.

40~50대 주부들을 대상으로 몇 차례 모의면접 프로그램을 진

행한 적이 있었다. 자기소개를 주문하면 주부들은 학생들보다 더 큰 부담을 느낀다. 보통 순서대로 자기소개를 하면 이렇게 이야기를 풀어간다.

"안녕하세요. 신림동에 사는 박순홍입니다. 저는 20년 전에 결혼해서 딸 하나, 아들 하나를 두었습니다. 자식들 다 크니까 여유 시간도 많고 해서 지원했습니다. 뽑아주시면 회사 사람들과 잘 지내고 엄마의 마음으로 회사 살림도 살뜰하게 잘 챙기겠습니다."

이렇게 신변잡기적인 내용을 전달하지 말고, 자신만의 이유 있는 회사와 직무를 정해 자기소개를 하라고 요청하면 한숨 소리만 깊어간다. 그런데 이런 분위기를 깨고 모두의 박수를 받은 숍마스터 지원자가 있었다. 나는 1년이 지난 지금도 그 40대 주부의 자기소개를 생생하게 기억한다.

> "안녕하십니까. 골프웨어 판매왕을 꿈꾸는 김혜자입니다. 저는 골프웨어를 판매하는 데 있어 가장 중요한 것은 고객의 마음을 이해하는 것이라고 생각했습니다. 그래서 1년 전부터 골프에 관심을 갖고 골프 전문 잡지를 구독했습니다. 인도어 골프연습장에서 스윙에 눈을 뜨고 몇 달 전에는 필드를 뛰어 보았는데, 캐디를 통해 많은 고객들이 A브랜드 옷을 선호한다는 사실을 알게 되었습니다. 고객이 홍보하고 자랑스러워하는 A브랜드 골프웨어, 자부심을 갖고 더 많은 고객들에게 A브랜드 골프웨어의 장점을

알리고 싶습니다. 고맙습니다."

'어쩜 이렇게 자기소개를 잘하느냐'는 질문에 그녀가 이야기했다.

"평소 생각을 말한 거예요. 따로 준비한 것은 없어요."

〈판매의 다섯 가지 원칙〉의 저자인 퍼시 H. 화이팅은 세일즈맨들에게 자신이 취급하는 제품에 관해서 열심히 공부해야 한다고 강조한다. 화이팅은 좋은 제품에 관해서 많이 알수록 강한 애착을 느끼게 마련이라고 말했다. 우리가 입사하고자 하는 회사와 직무에 관해서 많이 알면 알수록 한층 더 진지해지고 정열적인 모습으로 바뀔 것이다. 40대 주부처럼 면접 당일을 위해 공부하는 것이 아니라 자신의 미래를 위해 미리 미리 준비하라. 나의 노력에 내가 먼저 감동받을 때 인사담당자도, 다른 구직자도 감동시킬 수 있다.

그 자리는 '면접장'이다

학생이든, 주부든, 경력자든 상관없이 면접을 앞둔 구직자들에게 꼭 당부하는 말이 있다. 면접 보는 자리가 '면접장'임을 잊지 말라는 이야기다. 나는 수많은 구직자를 만나고 모의면접을 진행하면서 그들이 '지금 이곳이 어디인지' 망각하는 모습을 자주 보았다. 그들은 마치 친구나 가족을 상대로 대화를 나누듯이 면접에 임했다.

비즈니스 매너 중 하나가 T.P.O.를 지키는 것이다. T.P.O.는 Time, Place, Occasion의 머리글자로, 때와 장소와 경우에 따라 복장이나 행위, 말씨 등에 변화를 주는 것을 말한다. 구직자 역시 면접이라는 시간과 장소, 상황에 맞게 이야기를 전개해야 한다.

자, 민호 씨가 면접을 치르는 장면으로 초대하겠다. 민호 씨는 지금 A식품회사 영업관리직 면접을 보고 있다.

Q1 학교 다닐 때 식품공학과 대표를 했는데 이유가 있었나요?

A 취업할 때 도움이 될 거라고 생각했습니다. 장학금도 받을 수 있고 스스로의 능력을 높일 수 있는 기회도 되고…….

Q2 면접을 보러 오기 전까지 오늘 하루를 설명해 보세요.

A 이력서와 자기소개서를 꼼꼼히 읽어봤습니다. 말솜씨가 부족하다고 생각하기 때문에 평소 즐겨 보던 화술 관련 책도 다시 한 번 훑어봤습니다.

민호 씨는 면접 T.P.O.에 맞춰 답변을 잘한 것일까? 보통 이렇게 답변하면 떨어진다. 완전 무개념 구직자는 드물다. 다만 민호 씨처럼 면접의 목적을 잊어서 탈락하는 경우가 흔하다.

첫 번째 질문에서 민호 씨는 지나치게 자기중심적인 답변을 했다. 언뜻 자기만 아는 '욕심꾸러기' 인상을 준다. 이 자리는 A식품회사 면접 자리다.

"A식품회사에 취업해서 영업관리를 하려면 리더십이 필요할 거라 생각했습니다. 조직을 위해 헌신한 경험이 입사 후 업무에 도움이 될 거라고 생각해 과대표를 했습니다."

이처럼 '내'가 아니라 '회사'를 중심에 놓고 이야기를 풀어가야 한다.

두 번째 질문도 마찬가지다. 오늘 하루를 설명하라는 질문에 민호 씨는 자신의 입장에서만 답변을 풀어갔다. 이 자리는 A식품회사 면접 자리다. 그렇다면 그 회사에 대한 관심을 보여주는 게 기본 예의다. 예를 들면 이렇다.

"식품업계 동향에 관한 신문 기사를 읽고 나왔습니다. 특히 A식품회사의 어떤 기사를 읽었습니다. 그에 대해 평소 이러한 생각을 갖고 있습니다."

이제 어느 정도 감을 잡았는가? 그렇다면 '당신의 취미는 무엇인가'라는 질문에 답해 보자. 당신의 취미가 등산이라면 "제 취미는 등산입니다. 일주일에 한 번씩 산을 오르며 체력 단련을 하고 있습니다."라고 말할 것이다. 하지만 이 역시 면접 T.P.O.를 고려한 것이 아니다. 다음 답변을 참고하라. 그리고 T.P.O. 감각을 익혀라. 이것이 예의고 센스다.

"제 취미는 등산입니다. 일주일에 한 번씩 산을 오르며 체력단련을 하고 있습니다. 특히 눈꽃이 핀 겨울산행의 맛을 잊지 못합니다. 며칠 전 영업관리팀 인원에 맞춰 6개의 아이젠을 사두었습니다. 부서 선배님들과 겨울 산을 오르면서 업무와 인생에 필요한 조언을 듣고 싶습니다."

면접은 대화다. 대화에 능한 사람은 자신이 하고 싶은 말보다 상대방이 듣고 싶어 하는 말에 초점을 맞춘다.

지금까지는 세상이 자신을 중심으로 공전을 하고 있었을 것이다. 그러나 지금부터 필요한 것은 각자가 자전을 하는 세상임을 깨닫는 것이다. '나 중심'을 버리고 '각자 중심'의 세계로 나아가면 왜 T.P.O.가 필요한지 알게 된다. 특히나 그 자리는 면접장이다.

이를 자신의 감정에 충실하지 못한 '거짓말'이라고 여길 필요는 없다. 자신의 감정에 입각해 대화를 나누는 것은 정직이 아니라 남을 배려하지 못하는 독선이다. 다시 한 번 말하지만 세상은 나를 중심으로 돌지 않는다. 면접 T.P.O.에 맞춰 예의바르게 말하는 방법을 익히자.

이왕이면 다홍치마

EBS 다큐프라임에서 이색적인 실험을 했다. 주인공은 33세 총각이자 유명 신문사 마케팅 디렉터인 안 씨. 실험은 간단하다. 안 씨를 명동 거리 쇼윈도에 세워두고 거리를 지나가는 여성들에게 그의 첫인상을 물었다.

안 씨가 줄무늬 셔츠를 입고 있을 때, 지나가는 여성들은 그가 공장에서 기계 수리를 하거나 만두가게를 운영할 것 같다고 추측했다. 1년 수익은 1,200만 원 정도로 예상했고, 남자로서의 매력지수는 10점 만점에 2점을 매겼다.

안 씨가 정장차림의 말쑥한 모습으로 같은 가게의 쇼윈도에 서

있자 그에 대한 평가가 바뀌었다. 지나가는 여성들은 그의 직업을 변호사나 의사, 대기업 직원으로 추정했다. 1년 수익도 1,200만 원에서 1억 2천만 원으로 10배 올랐다. 매력지수 또한 놀랄 만큼 껑충 뛰어 9.5점을 넘었다. 옷이 날개라더니 그를 바라보는 시각은 하늘과 땅 차이였다.

실험을 마친 안 씨는 '신선한 충격'이었다고 밝혔다. 방송을 보는 나도 깜짝 놀랐다. 겉모습이 바뀌었다고 이렇게 인식이 달라지다니 말이다. 이 실험을 통해 나는 이미지 메이킹의 중요성을 새삼 깨달았다. 면접을 볼 때 자신의 멋진 내면을 어필하려면 먼저 면접관의 눈에 거슬리는 사람이 되어서는 안 된다. 면접관이 당신의 외모에서 호감을 느낀다면 당신은 점수를 따고 들어가는 셈이다.

앤드루 새먼 더타임스지 서울특파원은 한 기고문에서 한국인 여행자들의 행동과 외양에서 강렬한 인상을 받았다고 이야기했다. 그는 파리 드골공항에서 인천행 비행기를 기다리는 동안 20대와 30대 한국인 여행자들을 보았는데, 거의 모든 사람이 최소한 조금씩은 영어와 불어를 하고 모두 잘생기고 잘 차려입고 매너가 좋았다고 했다. 그는 이러한 인상 때문에 한국 이미지가 더욱 좋아졌다고 이야기했다. 우리가 외국어를 하고 잘생기고 잘 차려입고 매너가 좋으면 자기 자신뿐 아니라 우리나라 이미지까지 좋게 만들 수 있다. 이미지를 가꾸고 관리해야 하는 이유는 참 많다.

흔히 막걸리를 '싸구려 술'이라고 생각하는 경우가 있다. 그런데 생산원가만 따지면 소주, 맥주, 막걸리 가운데 막걸리가 가장 비싼 술에 속한다. 주세법에 따라 모든 술에는 세금이 붙는데 막걸리가 세율이 가장 낮다. 막걸리 등의 탁주에는 5%, 소주와 맥주는 72%나 되는 세율이 붙는다. 쉽게 말해 1,000원짜리 술을 한 병 마실 때 막걸리의 원가는 950원, 소주와 맥주는 280원인 셈이다. 막걸리는 원가가 가장 비싼 술이다. 그럼에도 왜 막걸리는 싼 술이라는 이미지를 갖게 됐을까? 일단 막걸리는 맥주나 소주처럼 대기업이 만들지 않고 영세업자들이 만들어서 유통시킨다. 톱모델을 기용하지 않고 광고도 거의 하지 않는다. 용기 또한 유리병이 아닌 플라스틱 통에 담아 유통되는 점이 그런 이미지를 강화시켰다.

사람도 마찬가지다. 사람들은 실제 가치를 떠나서 겉모습을 보고 상대를 판단한다. 그런데도 유리병이 아닌 플라스틱 통에 자신을 담아 면접 자리에 나서면 원하지 않는 모습으로 내 모습을 인식시킬 수 있다. 면접관은 당신을 모른다. 다만 당신이 보여주는 이미지를 가지고 판단한다. 면접을 앞두고 있다면, 혹은 면접에서 좋은 성과를 거두고 싶다면 당신의 평소 이미지가 어떤지 파악하고 좀 더 호감을 주기 위해 노력해야 한다. 면접에서는 내 속마음이 '나'가 아니다. 보이는 내가 '나'다.

진심이 곧 이미지 메이킹이다

이미지 메이킹을 소홀히 해서는 안 되지만 그보다 더 중요한 것이 있다. 그것은 진심이다. 포장지가 마음에 든다고 해서 무턱대고 내용물까지 만족스러워할 사람은 없다. 면접관이 더 관심을 기울이는 것은 리본 달린 포장지가 아니라 그 안에 든 내용물이다. 면접관은 본능적으로 포장지를 벗기려고 애쓴다. 그들이 확인하고 싶은 것은 내용물이기 때문이다.

웃고 있는 당신의 얼굴 아래는 어떤 표정이 숨어 있는가? 당신의 진심은 무엇인가? 면접관의 마음을 사로잡고 싶다면 포장지보다 진심에 관심을 기울여라.

자, 당신의 진심을 찾아 질문의 항해를 시작해보자.

당신은 인사담당자에게 자신의 불만을 드러내고 싶은가? 그렇지 않다면 웃어라.
당신은 인사담당자에게 소심해 보이고 싶은가? 그렇지 않다면 어깨를 펴고 큰 목소리로 당당하게 말하라.
당신은 인사담당자에게 긴장하고 있다는 인상을 주고 싶은가? 그렇지 않다면 불필요한 동작은 삼가라.
당신은 인사담당자에게 거만해 보이고 싶은가? 그렇지 않다면 겸손하게 행동하라.
당신은 인사담당자에게 상식이 안 통하는 사람으로 인식되고 싶은가? 그렇지 않다면 상식선에서 말하고 행동하라.

한때 귀여운 미소를 짓고 있는 민물 게 사진이 인터넷에서 눈길을 끌었다. 일본 혼슈 구마노 고도에서 한 여행객이 촬영해 인터넷 사이트에 공개한 이 사진 속 민물 게는 마치 만화 속에서 튀어나온 장난감 같았다. 껍질의 무늬가 맑은 눈빛과 조화를 이루며 웃는 모습을 만들어 수많은 네티즌들에게 '사랑스럽다'는 평을 얻었다. 게도 웃으니 사랑스럽다는 평을 듣는다. 당신도 긴장하지 말고 웃어라. 면접관에게 '사랑스럽게' 보일 수 있다.

회사에 들어서는 순간 면접이 시작된다. 대부분 면접장소와 대기실은 CCTV가 설치돼 있거나 대형 유리창을 통해 내부를 들여다 볼 수 있다. 다리를 떨거나 긁는 지원자, 거만하게 의자에 몸을 기대거나 화장을 고치는 지원자, 습관적으로 헛기침을 하거나 안경에 자주 손이 가는 지원자, 문자를 보내거나 쉼 없이 핸드폰을 만지작거리는 지원자에게는 좋은 평가를 내리지 않는다. 면접 대기실이 덥다고 넥타이를 느슨하게 풀고 손부채질을 하는 사람도 있는데, 차분히 땀을 식히고 회사에 들어오거나 대기실이 더워도 잠시 참는 게 좋다. 면접은 기껏해야 15~20분 정도 걸린다. 짧은 시간에 모든 걸 보여줘야 하므로 첫인상, 말투, 목소리 등 어느 것 하나도 소홀해서는 안 된다.

누구에게나 '비호감' 캐릭터는 있게 마련이다. 면접관도 마찬가지다. 면접관들이 공통적으로 말하는 비호감 1호는 면접 시간에 지각하는 지원자다. 특별한 경우를 제외하고는 이유 불문하고 탈락이다.

한 국회의원의 자신을 낮추는 인사가 화제가 된 적이 있다. 콘셉트이든 뭐든 그의 겸손한 태도는 여러모로 실효를 거뒀다. 자세 하나만 낮춰도 환영받는 시대다. 그런데도 면접관에게 '대드는' 구직자가 있다. 면접관은 한 달 후 내게 월급 줄 사람이다. 그들에게 예의 바른 태도를 보여야 한다는 것은 초등학생들도 아는 상식이다.

한 인사담당자가 사적인 자리에서 혀를 끌끌 찼다. 이유를 물었더니 연봉이나 복리후생, 퇴근시간부터 챙기는 지원자들에 대해서 이야기했다.

"입사하겠다는 지원자가 벌써 합격한 것처럼 행동하는 건 예의가 아니죠. 예비 며느리나 사위가 '결혼하면 뭘 해줄 거냐?'고 묻는 거랑 다를 바 없어요."

그는 이런 지원자들을 한마디로 '되바라졌다'고 꼬집었다. 되바라진 모습을 보이는 불량 구직자는 자동 탈락이다.

돌이켜보자. 밝고 자신감 있고 당당하게 보이고 싶은 게 당신의 진심 아닌가. 그렇다면 그 생각이 자연스럽게 행동으로 구현되도록 노력하라. 이미지 메이킹의 기본은 바로 진심어린 당신의 마음을 말과 행동, 즉 겉모습에 담아 정성스럽게 보여주는 것이다.

입으로 말하는 사람 VS 가슴으로 말하는 사람

인간관계에 필요한 것은 '논리'가 아니고 '정서'다. 미묘한 감정선이 인간관계를 좌우한다. 면접에서도 마찬가지다. 정서를 공유하면 승리는 머지않다. 정서를 나눌 수 있는 가장 좋은 방법은 마음을 말에 담는 것이다.

면접관은 말만 번지르르한 지원자는 좋아하지 않는다. '말만 번지르르하다'는 말 속에는 들을 만한 내용이 없다는 뜻이 숨어 있다. 면접관들은 듣기 좋은 달콤한 말과 책임감 어린 말을 구분할 줄 안다.

면접관은 회사생활을 하면서 '말만 번지르르한 직원' 때문에 곤

혹을 치른 사례가 꽤 있다. 실제로 회사마다 그런 사람들이 꼭 한 명씩 있게 마련이다. 그럴싸한 말로 남의 아이디어를 자기 것인 양 포장하는 사람 말이다. 혹은 세상 짐을 자기가 다 떠안을 것처럼 말하면서 결국은 다른 사람에게 일을 떠넘기는 사람도 있다. 말의 본질은 결코 번지르르함에 있지 않다. 자신의 마음을 전해 남의 마음을 움직이는 것이 소통의 기본이다. 그러려면 진심이 필요하다.

서울의 한 대학교에서 만난 남학생은 말이 청산유수였다. 그는 동아리 대표, 학과 대표 등을 거치면서 말할 기회를 많이 접했다. 그런데 그가 최근 불합격한 회사에 불만을 터뜨렸다.

"어떻게 저처럼 말을 잘하는 사람이 면접에서 떨어질 수 있죠? 게다가 저보다 스펙이 낮은 친구는 붙었어요."

나는 흥분한 그에게 물었다.

"그 회사 정말 좋아했나 봐요. 붙었으면 갔을 거예요?"

그는 딱 잘라 말했다.

"아니요. 붙어도 안 갈 회사였어요. 대타라고 해야 하나? 그러니까 더 화가 나요. 별로 좋은 회사도 아니면서."

나는 그의 얘기를 들으면서 그가 왜 떨어졌는지 알게 됐다. 그에게는 '말'은 있었으나 '진심'은 없었다. 그가 떨어진 것이 참 다행이란 생각이 들었다. 회사를 위해서도, 그를 위해서도.

내게는 7살 난 아이가 있다. 그 녀석이 난생처음 눈병에 걸렸다. 핏줄 서고 덕지덕지 눈곱 끼고 두 눈덩이가 퉁퉁 부었다. 눈병이 잘 옮는 나는 아픈 아이와 한 침대에서 잠도 잘 수 없었다. 갑자기 몇 개월 전 인연을 맺은 한 주부의 모습이 떠올랐다. 그녀는 면접 전날 심하게 눈병이 났지만 면접을 포기할 수 없었다. 한참을 고민하다 보호용 안경을 끼고 면접을 보러 갔다. 그녀는 마지막으로 하고 싶은 말을 묻는 면접관의 질문에 이렇게 말했다.

"제 시력은 1.5입니다. 오른쪽은 더 좋아서 2.0입니다. 그런데 제가 안경을 쓴 이유는 눈병이 심하게 났기 때문입니다. 잠시 면접에 참석해야 하나 고민했지만 저는 왔습니다. 왜냐하면 이곳을 놓치면 제 인생 최대의 실수가 될 테니까요."

그녀의 진심은 통했고 결국 합격했다.

또 이런 남학생도 있었다. 그 학생은 면접 내내 여러 가지 질문에 답변을 제대로 하지 못했다. 어눌한 자신이 원망스러웠지만 회사에 대한 애정만큼은 꼭 전달하고 싶었다. 면접관이 면접이 끝났다고 알리자 그는 손을 들고 말했다.

"마지막으로 한 말씀 드려도 되겠습니까?"

면접관의 허락을 구한 그는 가슴에서 그 회사 배지를 꺼내며 이렇게 말했다.

"저는 채용설명회에 참석한 후부터 이 회사 입사를 간절히 희망하게 되었습니다. 입사 의지를 다지고자 회사를 다니고 있는 학교 선배에게 부탁해 회사로고가 새겨져 있는 배지를 한 달 동안 빌리게 되었습니다. 이 배지를 달고 싶었지만 입사 전이기에 가슴에 품고만 다녔습니다. 저는 한 달 동안 이 회사를 정말 짝사랑해 왔습니다. 회사를 알면 알수록 이 회사에 입사해서 열심히 일하고 싶은 마음이 강렬해졌습니다. 이 배지를 당당하게 가슴에 달 수 있는 그날을 손꼽아 기다리겠습니다."

2주 후 그 남학생은 합격했다. 그리고 원하던 회사 배지를 당당히 가슴에 달게 되었다.

세계 최고 회사인 제너럴 모터스의 약진에 큰 공헌을 했던 찰스 F. 케터링은 가슴을 훈훈하게 하는 연설가로 유명했다. 한번은 누군가 그에게 원고를 작성해서 연설을 하느냐고 물었다. 그는 이렇게 대답했다.

"제가 이야기하고자 하는 내용은 매우 중요한 것이어서 종이에 적을 수가 없습니다. 저는 제 전부를 내던져서 청중의 마음이나 감정에 직접 써주는 것을 좋아합니다. 저와 청중 사이에 종이쪽지는 필요하지 않습니다."

진심은 준비된 사람에게서 나온다. 진심은 절박한 사람에게서 나온다. 그러므로 갑작스런 질문에도 이처럼 멋들어진 말로 답변할 수 있는 것이다.

나는 일요일이면 KBS 2TV 스포츠 버라이어티 '출발 드림팀' 프로그램을 꼭 챙겨본다. 이 프로그램의 모토는 '승리를 위해 최선을 다하고 결과에 승복할 줄 아는 사회를 만들기 위해!'다. 참 깔끔하다. 나는 면접을 앞둔 당신도 이 프로그램의 모토와 같은 마음이었으면 좋겠다.

구직자들이여, 승리를 위해 최선을 다하고 결과에 승복하자!

그들의 행복 취업 이야기 ②

자신의 경력에 나이테를 새기고 싶은 당신에게

사례1 이력 관리를 위한 조언

자신만의 이력시스템을 구축하라

: **이현애** 한림대 취업지도사

요즘 대학생들은 '공한족(恐閑族)'이다. 한가로운 것을 두려워한다. 잠시도 쉬지 않고 뭔가를 해야 직성이 풀린다. 하고 싶은 일이 많기 때문이 아니다. 남들이 하니까, 친구가 하니까 나만 혼자 가만히 있을 수 없다. 자신을 반추하기를 두려워하고 무작정 불안감에 쫓긴다. 강박관념이다.

내가 대학교 1~2학년에게 제일 먼저 묻는 질문은 '왜 이 전공을 선택했느냐'이다. 많은 학생들이 내 시선을 회피하며 "부모님께서 이쪽 분야가 취업이 잘된다고 하셔서요."라고 답한다. 자신의 의지대로 전공을 선택하지 않은 학생은 그렇지 않은 학생에 비해 학과에 대한 애정과 열정이 모두 떨어진다.

한번은 경제학을 전공하는 2학년 남학생을 만났는데 자신은 글

쓰는 게 좋고 국어교사가 되고 싶었지만 부모님의 반대로 진로를 변경했다고 한다. 자신의 뜻이 배제된 선택이었기 때문에 그 다음 과정 역시 주체적으로 준비하기가 어려웠다.

그럼 이제 어떻게 해야 할까? 좋은 대학이라면 무작정 지원하고 봤던 그 방식 그대로 취업 전선에 뛰어들어서는 안 된다. 더 늦지 않도록 나의 목표를 명확히 잡고 차근차근 준비해야 한다. 학생들은 목표라고 하면 거창하게 생각하는 경향이 있다. 그러나 취업에 필요한 목표란 그렇게 거창한 것이 아니다. 예컨대 목표란 인형을 꾸미고 싶어 하는 마음과 흡사하다. 어렸을 때 우리는 어떠했는가? '나 이거 갖고 싶어, 나 이거 하고 싶어.' 이렇게 단순하게 접근하지 않았는가. 바로 그게 목표다.

"……배는 항구에 있을 때 가장 안전하지만 그것이 배의 존재 이유는 아니다."

_괴테

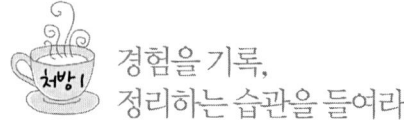

처방 1 경험을 기록, 정리하는 습관을 들여라

요즘에는 취업전형뿐 아니라 외부장학금을 신청하거나 봉사활동에 참여하거나 직업체험을 신청할 때도 이력서와 자기소개서를 제출해야 한다. 그들이 서류를 통해 확인하려는 목적은 명확하다. 후보 학생에게 어떤 목표가 있고 실행력이 있는지, 나아가 이 학생이 꾸준히 함께 성장할 수 있는 인재인지 살펴보려는 것이다. 이런 추세는 계속 강화되고 있다.

그래서 필요한 것이 바로 자신만의 이력시스템을 갖추는 것이다. 이력시스템은 포트폴리오처럼 이력들을 폴더화해서 정리하는 것을 말한다.

어렵게 생각할 필요 없다. 미니홈피든 블로그든 워드프로그램이든 자기 방식대로 이력시스템을 관리하면 된다. 다만 평소 미니홈피나 트위터를 관리하는 것처럼 꾸준히 업데이트하는 것이 중요하다.

4학년 졸업반 학생들 중에는 자기소개서 쓰기를 두려워하는 친구들이 있다. 그들은 이 빈칸을 어떤 내용으로 채워야 할지 모르겠다고 말한다. 요즘은 기업마다 자기소개서 질문 문항이 천차만별이지만 한 가지 공통점이 있다. 바로 경험을 기술해야 한다는 점이다. 일례로 LG디스플레이와 CJ제일제당 자기소개서 항목을 살펴보면 다음과 같다.

LG디스플레이

1. 도전적인 목표를 정하고 열정적으로 일을 추진했던 경험을 구체적으로 기술해 주십시오. 특히 일을 추진해 나가는 데 있어서 어려웠던 점과 그 결과에 대해서 중점적으로 기술해 주시기 바랍니다.
2. 부족한 지식이나 역량, 또는 새로운 기술을 개발하기 위해 노력을 기울였던 사례를 기술해 주십시오. 그러한 노력을 기울이게 된 계기와 그 결과에 대해서 중점적으로 기술해 주시기 바랍니다.
3. (학창 생활, 사회 경험 등을 통해) 상대의 어려움을 지나치지 않고 도와주었던 경험을 기술해 주십시오. 당시의 상황 및 그 결과에 대해서 중점적으로 기술해 주시기 바랍니다.
4. 상황을 보는 시각과 견해의 차이가 많았으나 상대방의 의견을 존중하면서 원만한 결론을 도출하였던 경험을 기술해 주십시오. 당시 의견 차이가 발생한 원인은 어떤 사항이었고 어떠한 방법으로 결론을 도출하였는지 중점적으로 기술해 주시기 바랍니다.

CJ제일제당

1. 입사지원 동기와 지원하신 직무를 잘 수행하기 위하여 어떤 준비를 했는지 본인의 경험과 관련하여 기술해 주세요.
2. 입사 후 이루고 싶은 목표는 무엇이며, 목표를 이루기 위하여

어떠한 계획이 필요하다고 생각하는지 기술해 주세요.

3. CJ의 인재상 중 자신과 가장 잘 부합하는 것을 한 가지 선택한 후 팀(조직) 경험과 함께 기술해 주세요.
4. 약속과 원칙을 지켜 신뢰를 형성/유지했던 경험에 대해 기술해 주세요.
5. 새로운 환경이나 팀(조직) 내에서 어려운 과제(또는 목표)에 직면했던 경험은 무엇이었으며, 어떻게 해결(또는 달성)했는지 행동중심으로 기술해 주세요.
6. 창의성을 발휘하여 기존 틀을 깨고 추진했던 성취감 컸던 경험은 무엇이며, 이를 시작하게 된 동기와 적극적인 노력에 대해 기술해 주세요.

여기만 그런 게 아니다. LG전자, GS칼텍스, SK텔레콤 등 나열하기 힘들 정도로 많은 기업들이 자신만의 성취 경험, 도전 경험 등을 요구한다.

따라서 자기소개서를 기술하려면 기억에만 의존해서는 안 된다. 평소 메모를 꾸준히 하며 자료를 정리하지 않으면 나중에 '그게 뭐였더라?' 하며 혼자 끙끙 앓게 된다. 나는 떠오르지 않는 기억 때문에 머리를 짓찧었던 4학년 학생들을 많이 알고 있다. 그들과 똑같은 실수를 범하지 않으려면 지금부터라도 기록하고 정리하는 습관을 들여야 한다.

처방 2 자기소개서, 1학년부터 써라

얼마 전까지 같은 부서에서 근무했던 사수의 목소리가 지금 내 마음에 작은 불씨가 되어 발간빛을 내뿜는다. '1학년 학생들을 만나서 그들의 4년을 함께하고 싶다.' 나 역시 저학년부터 그들과 고민을 나누고 싶다는 생각이 들 때가 많다. 진로라는 것은 시간에 쫓겨서 결정하는 것이 아니라 많은 탐색과 신중한 고민 끝에 결정되어야 한다.

그래서 권하는 것이 1학년 때부터 자기소개서를 써보는 것이다. 자기소개서의 기본 항목인 성장과정, 학창시절, 성격의 장단점, 지원동기, 입사 후 포부 등은 길고 긴 인생의 로드맵을 작성하는 것과 같다. 시험 하루 앞두고 당일치기 하는 것과는 차원이 다르다.

자기소개서의 각 항목을 1년에 두 번씩 학기별로 새롭게 작성하면 자신의 꿈과 목표가 얼마나 구체화되고 있는지, 부족한 점은 무엇인지 쉽게 체크할 수 있다. 이 과정에서 역량은 보다 목표에 가까워지고 자연스럽게 자신이 회사에서 무엇을 하고 싶은지, 즉 어떤 역량을 펼칠 수 있는지 자기소개서에 담을 수 있게 된다.

처방 3 시각화시켜라

얼마 전 한 방송국에서 기졸업자를 대상으로 리포터 지원자 3명을 추천해달라는 요청이 왔다. 추천전형 마감일 전날, 4학년 학생 한 명이 서류를 들고 왔다. 재학생이지만 꼭 지원해보고 싶다면서 서류를 제출하였다. 그 서류를 받아드는 순간 '아, 이거다!'라는 생각이 들었다. 회사에 대한 애정과 관심 그리고 학생의 역량과 열정이 시각적으로 잘 표현된 입사지원서였다. 그 학생은 1학년 때부터 이력시스템을 관리해왔고, 그 내용을 시각적으로 표현해보았다고 이야기했다.

나는 입사지원서는 '사전 면접!'이라고 학생들에게 누누이 강조한다. 지정 양식일 경우에는 자신의 역량을 부각시킬 수 있도록 단어를 잘 선택하는 것이 중요하다. 그러나 자유 양식일 경우에는 자신을 '시각화'하는 것이 중요하다. 똑같은 틀에 자신을 가둘 필요는 없다. 열정과 역량을 잘 표현할 수 있도록 디자인에도 신경을 써야 한다. 입사지원서는 '읽히는 것'인 동시에 '보여주는 것'이 되어야 한다.

디자인 못지않게 중요한 것은 스토리 만들기이다. 사람들은 설명문이나 논설문보다는 이야기를 더 잘 기억한다. 이야기는 우리의 마음속에 하나의 이미지로 새겨진다. 입사지원서에서 강조하는 내용이 이미지로 그려진다면 인사담당자에게 보다 자신을 잘 기억시킬 수 있다. 면접 스피치도 동일하다. 질문에 답변할 때도 '나는 능력이 출중합니다.'라고 직접적인 언사를 통해 설명하는 것보다 자신을 증명할 수 있는 스토리로 말하는 것이 효과적이다.

사례 2 스펙 좋은 대학생

"친구 많죠?"

: **송정화** 더조은컨설팅 보이스&스피치연구소 소장

"저는 다른 누구보다 열심히 준비했어요. 그런데 저보다 스펙 낮은 친구들은 합격하는데 저만 자꾸 미끄러집니다. 이번에 지원한 회사는 기대하고 있었는데 뭐가 문제인지 도저히 모르겠습니다."

인상도 좋고 스펙도 좋은 박영수 씨 이야기이다. 그는 대기업에 지원했으나 탈락하고 말았다.

누가 보더라도 영수 씨의 조건은 좋아 보였다. 그러나 탈락했다는 말은 분명 문제가 있다는 뜻이다. 우선 자기소개서를 훑어보았다. 답이 조금씩 보였다. 그의 자기소개서에는 피 한 방울 돌지 않는 차갑고 지적인 인간이 들어 있었다. 오로지 영어 잘하고 자격증 넘치도록 쌓였고 성적 장학금 독차지하는, 한마디로 '도서관에서만 산 것 같은' 인상을 풍겼다.

진단

회사는 조직이다

스펙이 좋다고 늘 합격하는 것은 아니다. 직장이라는 곳은 사람들과 어울리는 공간이기 때문에 능력뿐 아니라 대인관계도 중시한다.

그에게 물었다.

"지금까지 여러 곳에서 면접을 봤을 텐데요, 혹시, 면접 때마다 공통적으로 받은 질문이 있나요?"

"네, 면접관님들이 짠 듯이 '친구 많죠?'라고 질문하셨어요."

예측이 틀리지 않았다. 면접관은 그의 대인관계에 의문을 갖고 있었던 것이다. '친구 많죠?'라는 질문은 대인관계를 확인하기 위해 한 번 꼬아서 질문한 것이다. 그런데 이 질문에 그는 순진하게 이렇게 답했다.

"친구는 양보다 질이 중요하다고 생각합니다. 저는 소수의 친구들과 깊은 우정을 나누고 있습니다."

면접관이 원하는 답은 그게 아니었다. 처음 만난 사람과도 잘 어울리는 성격인지, 즉 인간관계를 소중히 여기는 사람인지 확인하고 싶었던 것이다. 그런데 그는 질문의 의도를 놓쳤다. 다만 왜 면접 보는 회사마다 똑같은 질문을 던지는지 의심스러웠다고 한다.

면접관들이 인간관계를 테스트하기 위해 던지는 또 다른 질문은 '술'이다. '술 좋아하냐, 회식이 잦은데 괜찮겠느냐, 주량은 얼마나 되느냐' 등 술과 관련된 질문을 던진다. 그런데 이 질문을 통해 정말 알고 싶은 것은 '주량'이 아니다. 지원자가 사람들과 얼마나 잘 어울리는지 묻고 싶은 것이다. 면접관이 원하는 지원자는 전문성과 인간미를 두루 갖춘 지원자다. 둘 중 하나만 강조하면 면접에서 좋은 점수를 얻기 어렵다.

면접관이 듣고 싶어 하는 답을 자신에게서 찾아야 한다

나는 먼저 영수 씨의 생각을 바꿔주어야 했다. 질문을 던졌다.

"영수 씨는 3년 동안 봉사활동을 한 경험이 있는데, 이건 왜 시작하게 되었어요?"

"언젠가 마천동의 슈바이처 서대원 원장님 이야기를 들은 적이 있습니다. 그 원장님은 수년째 하루도 빠지지 않고 요양원에 들러 할머니들을 진료해주신다고 합니다. 단지 의료봉사에 머무르지 않고 할머니들 생신도 챙겨주시고 말이죠. 외국인 노동자들이 진료비를 부담스러워하는 것을 아시고는 천 원만 받고 진료를 봐주신대요. 서 원장님의 마음에 감동받아 저도 뭔가 사회에 베풀 만한 게 없을까 고민하다 봉사활동을 시작했습니다. 입사하면 매달 10

만 원씩 모아 연말에 기부할 계획도 갖고 있습니다."

이야기를 나눠보니 그가 타인을 배려하는 마음이 부족했던 것은 아니었다. 다만 그런 마음과 경험을 강조해야 할 필요성을 느끼지 못했을 뿐이다. 나는 영수 씨에게 다른 사람과 팀워크를 이뤄 업무를 수행했던 경험이 있는지 기억을 상기시켜 보라고 조언했다. 리더가 되어 팀을 이끌었던 경험뿐 아니라 남을 배려하고 지지하고 조력자가 되었던 경험까지 하나하나 떠올려 보라고 권했다. 한참 얘기를 나눈 후에 영수 씨는 이제 어떻게 해야 할지 알겠다고 했다. 처음 울컥하던 그 표정은 온데간데없었고, 그는 환하게 미소를 지으며 집으로 돌아갔다.

그 후 몇 차례 상담을 가졌다. 영수 씨는 점차 기업이 원하는 인재상에 가까워지고 있었다. 그러던 어느 날 그에게서 합격을 알리는 전화가 왔다.

"선생님, 저 이번에 원하는 회사에 합격했습니다. 얼마나 기쁜지 모르겠어요. 선생님을 그날 뵙지 못했다면 어땠을까요? 아찔합니다. 앞으로 직장생활도 많이 알려주세요."

생각해 보기 기업들의 화두, 감성

요즘 기업들은 고객의 마음을 사로잡기 위해 애를 쓰고 있다. 고객을 대상으로 미술품 감상, 오페라 강연 등 문화콘텐츠를 제공하기도 하고 따뜻하고 감성적인 내용을 담은 광고로 소비자들의 공감을 일으키려 노력한다.

2010년 12월 취임한 조준희 IBK기업은행장은 취임식에서 명심보감에 나온 '출문여견대빈(出門如見大賓, 밖을 나서는 순간 모든 사람을 귀한 손님 섬기듯 하라)'이란 구절을 인용하며 "인간미와 진심이 담긴 고객 감동 서비스가 IBK기업은행의 최우선 과제"라고 강조했다. 요즘 기업이 중시하는 감성경영을 대변해주는 말이다. 기업이 신입사원의 가정에 축하카드와 꽃바구니를 선물하는 것도 신입사원들의 마음을 먼저 챙기는 감성경영의 일환이다. 물질적으로는 풍요로워졌지만 남에 대한 배려나 여유가 부족한 환경 속에서 기업은 고객들의 머리가 아닌 가슴에 호소하기 위해 심혈을 기울이고 있다.

감성은 기업의 화두뿐 아니라 직장생활의 화두이기도 하다. 직장에서는 팀을 이뤄서 하는 작업이 많기 때문에 자신의 감정을 조절하고 주위 사람들을 배려하며 업무를 수행하는 능력이 부각된다. 그러다 보니 채용에 있어서도 지식과 기술뿐 아니라 감성지능(EQ)을 소홀히 할 수 없어졌다. 대니얼 골먼은 감성지능을 자신과 타인의 감정인식 능력, 자신의 동기부여 능력, 자신의 감정 조절 능력, 인간관계 유지 능력 등으로 정의한다. 기업이 원하는 인재는 바로 지성과 감성을 고루 갖춘 지원자다.

〈인생도 비즈니스도 감성이 결정한다〉라는 책을 보면, 지능지수와 감성지수로 인간 유형을 구분한다. 먼저 지성형 인간은 감성지수에 비해 지능지수가 높은 유형으로, 이 타입은 학창 시절에는 우수했지만 감성지수를 높이지 않았기 때문에 직장생활에서 불리할 수 있다고 지적한다. 이에 비해 지능지수가 낮고 감성지수가 높은 감성형 인간은 감정을 컨트롤할 수 있으며 협동정신이 높기 때문에 직장생활에서 유리하다고 전한다.

저자 히라시마 야스히사가 가장 이상적인 타입으로 꼽은 유형은 지성&감성형 인간이다. 지성, 감성 모두 높은 유형으로 난이도가 높은 일을 수행할 수 있으며, 협동정신이 있기 때문에 성과 역시 뛰어나다. 우리는 바로 지성과 감성을 고루 갖춘 인재가 되기 위해 노력해야 한다.

요즘 구직자들은 심각한 취업난 때문에 마음의 여유를 잃고 감성도 메말랐다. 너무 한쪽만 바라보면 감성이 무뎌지고 인간적인 매력을 상실할 수 있다.

한바탕 쏟아진 빗줄기가 황무지에 풀을 자라게 하듯 감성을 키우기 위해서는 타인과 교류하면서 눈과 귀, 마음에 새로운 정보와 감성을 받아들이고 때때로 책, 그림, 연극, 음악 등 최고의 작품을 접함으로써 무미건조해지는 마음에 윤기가 흐르게 해야 한다. 바로 이렇게 키워진 감성을 서류와 면접을 통해 어필할 때 기업은 당신을 선택할 것이다.

"……피그말리온이 간절히 기도하자
잘 빚어진 상앗빛 조각상에 온기가 돌기 시작했다."

사례 3 **중국어 전공 대학 4학년**

회사는 현장을 사랑한다

: **안재현** Staffs 대학컨설팅사업부 팀장

수도권에 소재한 대학교에서 중국어를 전공한 4학년 박성진 씨. 26세 성진 씨의 첫인상은 의기소침 그 자체였다. 어깨는 축 처져 있었고 눈동자는 기력을 잃었다. 수차례의 실패를 거듭하는 사이 마음은 지쳐갔고, 등 떠밀리듯이 졸업을 유보하기로 결정했다. 할 수 있는 건 모두 시도해봤지만 더 이상 무엇을 어떻게 해야 할지 모르겠다고 고개를 푹 숙였다.

그는 작고하신 부친을 대신해서 가족을 부양해야 했기 때문에 4학년이 되자마자 구직활동에 전념했다. 80여 군데 대기업과 공기업에 지원했는데 대부분 서류전형에서 탈락했다.

그의 현 상태를 정확히 이해하고, 적합한 취업전략을 수립하기 위해 여러 가지 질문을 주고받으며 탈락 원인을 찾기 위해 정신을 집중했다. 그는 중학교 재학 중 아버님을 여의고 가장으로서 모친,

여동생과 힘겹게 살아왔다고 했다. 나는 그의 이야기를 들으며 가장의 부재로 이 학생이 심리적, 경제적 어려움에 짓눌려왔을 것이라고 지레 짐작했다.

"어려움과 역경은 예고 없이 찾아오는 법입니다. 성진 학생의 잘못이 아닙니다. 아마 성진 학생이 최선을 다해 어머님과 동생을 보살피고 원하는 곳에 취업하게 된다면 하늘에 계신 아버지께서도 더 없이 기뻐하실 겁니다. 그러니 좀 더 힘을 내서 다시 한 번 도전해 봅시다!"

이제 본격적인 컨설팅을 시작하려는 찰나, 성진 학생이 의외의 말을 건넸다.

"선생님, 아버지께서 돌아가신 후 힘든 시간을 보내긴 했지만 그 정도는 극복한 지 이미 오래되었습니다. 우리 가족에게는 힘들어하며 보내는 시간도 사치처럼 느껴졌으니까요. 저희 가족은 정말 행복하게 열심히 살아왔습니다."

뒤통수를 맞은 느낌. 동시에 그동안 상담했던 다른 학생들의 얼굴이 뇌리를 스쳤다. 내가 위로의 말을 던졌을 때 왜 아니겠느냐는 듯이 고개를 주억거렸던 학생들 말이다. 그들은 성진 학생과 달리 나의 위로를 반겼다. 그 순간 나는 깨달았다. 동정심에 기대는 학생들은 자기 스스로 해보려는 마음이 약하다는 사실을 말이다.

상담을 이어갔다. 성격유형, 흥미유형, 핵심가치, 전공 적합성,

LCA(Life Career Assessment, 생애진로평가) 등을 분석한 결과, 진로 목표 설정에는 문제가 없었다. 평점이나 영어성적, 다양한 사회경험 등도 부족한 점이 없었다. 공모전이나 프로젝트 경험이 없는 것이 걸리긴 했지만 자기소개서도 다양한 사례를 바탕으로 잘 정리되어 있었다.

다만 직무 관련 경험과 교육이수 부분이 부족했기 때문에 입사 후 포부가 평범했고, 지원동기도 불분명했다. 그럼에도 불구하고 대기업 서류전형에 몇 차례 합격한 경험도 있었다. 솔직히 이렇게 직무 목표 및 기업 분석 결과를 자신의 경험과 연결 짓지 못한 자기소개서가 대기업 서류전형에 수차례 붙었다는 사실이 의아할 정도였다.

성격의 장점을 부각시키는 전략을 취할 경우 서류전형에 통과하는 사례가 간혹 있다. 그렇지만 대부분은 면접전형에서 걸러진다. 면접은 지원자의 인성, 직무관련 지식과 경험, 태도, 잠재역량, 기업문화와의 적합성 등을 종합적으로 검토하는 질적 평가의 꽃이기 때문이다. 적어도 내가 지금까지 경험한 바로는, 단순히 성격이 좋다는 이유로 신규인력을 채용하는 대기업은 없다. 직무, 기업과 관련된 질문에서 면접관을 설득하지 못하면 대개는 불합격이 된다. 결국 자기소개서와 면접은 분리할 수 없는 하나의 과정인 셈이다. 그래서 우선 자기소개서부터 개선하기로 결정했다.

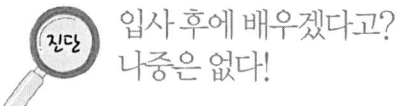

진단 입사 후에 배우겠다고? 나중은 없다!

성진 씨는 중국시장을 타깃으로 하는 해외 마케팅 직무에 관심을 가지고 있었다. 영어와 중국어 실력도 나쁘지 않았다. 다만 마케팅 직무 자체에 대한 이해가 부족해 보였다. 그는 입사 후에 OJT(On the Job-Training, 신입사원 직무교육) 과정에서 배워도 충분하다는 생각을 가지고 있었다. 문제가 무엇인지 드러났다.

그는 면접 과정에서 자신의 강점인 다양한 경험과 의지, 성취 요소들을 직무와 연계하여 효과적으로 어필하지 못했던 것이다. 말 그대로 있는 사실을 의미 없이 나열했던 것이다. 인사담당자로부터 공감적 이해를 이끌어 내지 못했고, 다른 구직자들과의 차별화 포인트를 마련하지 못했다. 직무 및 기업분석이 시급했다.

"성진 학생, 자기소개서는 다양한 사례를 중심으로 잘 작성했어요. 그런데 해외 마케팅 직무에 적합한 사람이라는 사실을 객관적으로 어필할 만한 사례가 부족해요. 자신에게 기본적인 마케팅 역량 외에도 해외 시장분석 및 문화 이해 등 부가적인 능력이 있다는 사실을 구체적인 사례를 근거로 작성해야 해요. 집에서 시간을 가지고 좀 더 공부한 후에 수정하세요. 그래야 면접에서도 경쟁력을 가질 수 있어요."

처방 버거킹 CEO처럼 현장을 사랑하는 사람이 되자

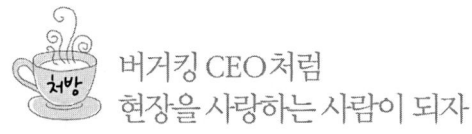

일주일 후 성진 씨는 수정한 자기소개서를 들고 찾아왔다. 그러나 조금도 나아진 기미가 없었다. 직무에 대한 추상적인 이야기들이 빈칸을 채우고 있었다. 지원동기도 평범했다. 오히려 한 단계 퇴보한 느낌이었다.

직무에 대한 구체적인 분석과 이해가 부족한 상태에서는 아무리 자기소개서를 근사하게 써도 인사담당자의 눈에 들지 못한다. 지금 그에게는 직무와 관련된 전문교육을 이수하고 구체적인 실무경험을 쌓는 일이 필요하다. 직무역량을 강화하는 것이 성진 씨의 미래를 생각해서라도 도움이 될 것이라고 판단했다.

나는 그에게 30대의 나이에 버거킹 CEO가 된 제프리 캠벨의 이야기를 들려주었다. 캠벨은 마케팅 담당자임에도 불구하고 소비자의 소리와 현장의 문제점을 듣기 위해 본사를 떠나 지점 근무를 자원했다. 결과적으로 마케팅의 일인자가 될 수 있었고, 그 공로를 인정받아 대표이사까지 승진했다.

우리는 제프리 캠벨을 롤모델로 삼고 실무역량을 강화하면서도 자신의 커리어 비전을 펼칠 수 있는 중소기업을 선택하기로 했다.

시간이 부족한 관계로 선택과 집중 전략이 필요했다. 성진 씨의 직무역량 강화를 위해 공신력 있는 기관에서 운영하는 전략적 마케팅 전문가 과정을 이수하는 동시에, 중국 시장을 개척하고 있는 한 기업의 공모전에 참가하여 프로젝트를 진행하였다. 입상을 기대했지만, 아쉽게도 탈락하고 말았다. 그럼에도 그는 프로젝트 진행 과정을 통해 큰 경험을 얻었다고 자평했다. 여기서 그치지 않고 입상한 학생들을 만나 이야기를 나누면서 부족한 점을 보완하는 노력도 기울였다. 중소기업의 가장 큰 매력은 이론과 실무가 다소 부족하더라도 자신의 노력에 따라 다양한 기회가 제공된다는 점이다. 성진 씨는 이 점에 큰 매력을 느꼈다. 생각을 바꾸자 더 큰 세상과 기회가 존재한다는 사실을 알게 된 모양이었다. 축 처졌던 어깨는 반듯이 펴졌고, 표정에는 자신감이 넘쳤다. 매일 저녁 경제신문 사설을 큰 소리로 반복해서 읽는 연습을 통해 목소리는 당차고 발음은 정확해졌다.

이 과정을 자기소개서에 담았다. 그의 입사 후 포부는 구체적으로 기술되었다. 이제 무엇을 더 알아야 하고, 어떤 경험을 쌓아야 하는지, 그 결과는 무엇이며, 얼마나 겸손해야 하는지를 분명하게 표현했다. 기업분석 결과도 대성공이었다. 대한상공회의소 웹사이트를 통해 중국시장을 개척하고 있는 가능성 있는 몇몇 중소기업을 발굴했다. 시장에서의 경쟁상황 및 주력제품, 기업 비전과 핵심역량 등을 종합적으로 분석했다. 이를 바탕으로 분명하면서도 솔직한 지원동기를 작성했다.

순풍에 돛을 단 듯 서류전형에 가볍게 합격했고 높아진 자신감과 직무역량을 바탕으로 면접전형 역시 합격하였다. 그는 자신의 회사가 위대한 기업이 되도록 열심히 업무에 임하겠다고 각오를 다졌다. 그리고 기본부터 탄탄히 배워나갔다.

첫 월급을 받은 후에 그가 보내온 메시지가 아직도 기억에 생생하다.

"하루하루 성장하고 있다는 사실을 느낄 수 있도록 지도해주셔서 진심으로 감사드립니다. 다음에 꼭 찾아뵙고 인사드리겠습니다."

업무가 바빠서인지 그의 약속은 지켜지지 못했다. 그러나 한순간도 서운한 적은 없다. 그가 근성 있게 자신의 삶을 개척해 나가는 모습이 아름다울 뿐이다.

"如切如磋如琢如磨(여절여차여탁여마)"
우리는 날것의 재료이다.
(톱으로) 자르듯이 (줄로) 쓸듯이
(끌로) 쪼듯이 (숫돌로) 갈듯이
늘 자신을 연마해야 한다.

사례 4 사회체육학 전공 대학생

입사지원서를 쓰기 위해 얼마나 노력했습니까?

: **김윤선** 성신여자대학교 취업지원관

어느 해 겨울, 눈이 펑펑 내린 추운 새벽이었다. 당시 나는 충남에 있는 한 대학교 경력개발센터에서 상담직을 수행하고 있었는데 폭설로 차 운행이 원활하지 않고 상담 예약도 없으니 내려오지 않아도 된다는 통보를 받았다. 하지만 혹시나 하는 마음에 새벽 통학버스에 몸을 실었다. 민호 씨는 바로 그날, 경력개발센터의 문을 두드린 단 한 명의 학생이었다.

검정 점퍼에 모자를 덮어 쓰고 상담실로 들어온 민호 씨. 그의 양 어깨에 5cm쯤 눈이 쌓여 있었다. 나는 따뜻한 차를 건네며 인사말을 건넸다.

"방학이고 눈도 오는데 어쩐 일로 왔어요?"

"내일이 마감이라서요. 제약회사 영업직에 지원하려고 하는데 입사지원서를 써 본 적이 없어서 도움을 받으려고 왔습니다."

그가 내민 서류를 살펴보았다. 이력서에는 사진도 없고 학력을 제외한 나머지 칸은 텅 비어 있었다. 자기소개서는 각 질문마다 2줄 정도의 답변밖에 적혀 있지 않았다. 전형적인 '무성의' 입사지원서였다. 내일이 원서 마감이라는 게 믿기지 않을 정도였다.

진단 요령에만 밝고 자기 장래에는 관심이 없는 학생

놀랄 만한 일은 아니었다. 10명 중 2~3명은 민호 씨처럼 준비가 부족한 상태로 나를 찾아온다. 입사지원서는 장래 계획이라는 커다란 줄기 아래 그간의 경험이 가지처럼 잘 정리되어 있어야 한다. 그렇기 때문에 글 솜씨가 아무리 뛰어나도, 자기 분석을 죽어라고 해도 장래에 대한 방향성이 잡혀 있지 않으면 단 한 줄 채우기도 힘들다.

이를 아는지 모르는지 우리의 구직자들은 마감을 하루 앞두고 입사지원서를 작성하고, 인터넷에 떠도는 자기소개서 샘플을 그대로 베끼고, 상담 도중 들려준 이야기를 써도 되냐고 묻는다. 그래 놓고 글 솜씨가 부족해서 쓰기 힘들다고 엉뚱한 변명만 늘어놓는다. 물론 글재주가 있으면 뜻을 전달하는 데 도움은 될지 모른다. 그러나 합격은 글쎄다. 인사담당자들은 글 솜씨가 아니라 그 껍질 속에 담긴 알맹이를 보려고 한다.

처방 답은 내 안에 있다

지금까지의 민호 씨는 엉터리였다. 그러나 민호 씨에게 중요한 것은 앞으로였다. 열심히 하겠다는 민호 씨의 말에 그를 성심껏 돕기로 약속했다.

현재 민호 씨에게 주어진 시간은 30시간. 비록 하루 남짓한 시간이지만 할 수 있는 데까지는 해보자고 마음먹었다. 그날 눈이 펑펑 쏟아져서 아무도 상담실을 찾아오지 않은 게 그로서는 행운이었다.

우선 사회체육학을 전공한 그에게 지금껏 학교를 다니면서 어떤 활동을 했는지 물었다. 1학년 때부터 두 개의 동아리 활동을 꾸준히 했고 스키장 강사와 체육보조강사 아르바이트를 통해 다양한 연령대의 사람들과 친근하게 소통해온 경험이 있었다. 취미 역시 마라톤이었다. 마라톤은 끈기와 인내심을 키우는 데 좋은 경험이기에 인사담당자도 호감을 느낄 수 있으리라 생각했다.

이렇게 이야기를 나누면서 이력서를 채워나갔다. 아직 이력서에 부착할 사진도 찍지 않았다고 해서 사진촬영을 위한 코칭도 해 주었다. 사진을 찍을 때 가장 중요한 것은 밝고 적극적인 인상이다. 민호 씨는 눈을 가리는 부스스한 단발머리에 두꺼운 뿔테 안경을 쓰고 있었다. 나는 영업직에 합격한 선배들의 이력서 사진을 보여주며 상고머리에 이마를 훤히 드러내는 스타일로 바꿔볼 것을 제안했다. 전체적으로 짧은 머리가 좀 더 샤프하고 진취적인 인상을 줄 수 있다. 또한 두꺼운 뿔테 안경테는 버리고 가는 테로 바꿀 것을 권했다.

다음으로 자기소개서 빈칸을 채워가기로 했다. 자기소개서는 자유 형식이었다. 일단 기본적인 항목(성장과정, 성격소개, 학창시절, 지원동기, 입사 후 포부)을 제시하고 주어진 항목에 적합한 에피소드들을 하나씩 결합하여 작성하는 방법을 알려주었다.

민호 씨는 마치 구세주라도 만난 양 연신 허리를 굽히며 감사 인사를 했다. 그는 오후에 다시 나를 찾아왔다. 빽빽하게 채운 자기소개서를 들고. 그는 점심식사도 거르고 자기소개서를 썼다고 했다.

"밤을 새며 고민해도 어떻게 해야 할지 몰랐는데, 선생님의 말씀을 들으니 방향이 잡혀서 쓰기가 수월했어요."

참 고마운 말이었다. 내가 민호 씨에게 알려준 방법은 그리 특별하지 않았지만 민호 씨는 내 말에 귀 기울였고 스스로 방법을 찾기 위해 고민했다. 그 결과 8줄 밖에 쓰지 못했던 그의 자기소개서는 A4 한 장을 꽉 채울 수 있었다. 내가 그에게 안내한 방법은 이렇다.

우선 자기소개서를 쓰기 전 자신의 경험을 요약해야 한다. 대학을 나온 구직자라면 20세 이전의 특별한 경험은 〈성장과정〉 항목에, 20세 이후의 특별한 경험은 〈성격소개〉와 〈학창시절〉 항목에 활용할 수 있다. 단순히 경험만 쓰기보다는 그 경험을 통해 무엇을 배웠고, 입사 후 어떻게 활용하겠다는 내용을 덧붙인다.

처음 민호 씨의 〈성장과정〉은 이렇게 적혀 있었다.

'부산에서 태어나 갈매기를 벗 삼고 회를 먹으며 자랐습니다.'

재미있는 문장이다. 그러나 여기는 개콘 콘테스트 현장이 아니다. 나는 그에게 중고등학교 시절 영업과 관련된 역량을 키운 적이 있는지 질문했다. 그 답변을 토대로 〈성장과정〉은 이렇게 바뀌었다.

'부모님은 횟집을 운영하셨고, 그런 부모님을 도와 매상을 올리기 위해 노력했습니다.'

민호 씨는 아이디어가 많았다. 중학교 3학년 때는 부모님을 모시고 창업특강, 아이디어특강 등 각종 세미나를 들으러 다녔다. 그곳에서 회의 육질과 맛을 관리하는 최적의 온도가 4°c라는 것을 알고 얼음을 활용해 냉각접시를 선보였고, 회를 잘 먹지 못하는 사람들을 배려해 샐러드 바를 마련했다. 그는 이런 경험을 통해 고객의 입장에서 조금만 생각하면 매출 성장이 힘든 일만은 아니라는 교훈을 얻었단다. 이 내용을 그대로 자기소개서에 담았다.

이처럼 써야 할 내용이 잡히자 민호 씨로서는 점심을 먹을 시간조차 아까웠던 모양이다. 글쓰기에 자신이 없다던 그는 누구 못지않게 근사한 자기소개서를 써 내려갔다.

그렇게 민호 씨와의 상담이 끝나고 퇴근 시간이 되었을 때 그가 나를 찾아왔다. 아직도 보충하고 싶은 부분이 있어서 그런 것일까 하는데, 눈이 와서 길이 미끄러우니 통학버스 타는 데까지 가방을 들어다 준다고 찾아왔다. 그는 참 마음이 따뜻한 사람이었다.

"민호 씨, 자기소개서든 면접이든 부담 갖지 마세요. 지금처럼 이렇게 따뜻한 마음이 담긴 경험을 그대로 풀어내면 됩니다. 경험을 이야기하지 않으면 인사담당자가 민호 씨의 마음을 읽기 어렵답니다. 이제 방법을 알았으니 좋은 결과가 있을 거예요."

짧은 시간이었지만 간절한 마음을 담아 입사지원서를 작성한 민호 씨이기에 합격 소식이 있기를 기도했다. 다행히 2주 후 민호 씨는 내게 서류전형 합격 소식을 전해왔다. 그리고 2년이 지난 지금, 그는 외국계 제약회사에서 스카우트 제의를 받을 정도로 업무에 잘 적응하고 있다.

생각해 보기 듣는 사람을 고려하여 말하라

한번은 어떤 친구가 은행 입사를 꿈꾸고 있었는데 서류전형에서 매번 떨어진다며 찾아왔다. 그의 자기소개서를 살펴보니 '살면서 가장 어려웠던 일'을 묻는 질문에 이렇게 적혀 있었다.

"IMF 때 아버지가 운영하던 회사가 어려워져서 결국 부도가 났습니다. 단칸방으로 이사 갔지만 하필 불이 나서 그마저도 다 타 버렸습니다. 저는 너무 억울했습니다. 돈을 많이 벌어서 부모님의 집을 다시 찾아드리고 싶습니다."

무난한 답변이라고 생각하는가? 하지만 인사담당자는 이 글을 읽고 어떤 느낌을 받을까? 그것도 금융권 인사담당자가 말이다. 은행을 비롯한 금융권은 고객의 자산을 관리하기 때문에 다른 기업보다 더욱 엄격한 도덕성과 준법의식을 요구한다. 특히 직원 횡령 등 금융사고가 빈번하게 발생하고 있는 요즘, 돈에 집착하는 지원자의 모습은 부적절한 행동을 저지를지 모른다는 오해를 낳을 수 있다. 이는 자기PR이 아니라 자기 무덤을 파는 일이다.

똑같은 얘기라도 듣는 사람을 고려하여 이야기를 다듬을 필요가 있다.

만일 여러분이 지원할 회사가 후발주자라면 좀 더 공격적이고 적극적인 모습을 보여주는 것이 좋고, 국내 선두주자라면 글로벌감각을 강조하는 것이 도움이 된다. 또한 영업직이라면 '사람을 좋아한다'처럼 뻔한 이야기보다는 영업 감각과 매출관리 능력을 강조하는 것이 좋고 서비스직이라면 '미소가 아름답다'라는 표현보다는 고객을 응대해서 좋은 결과를 냈던 에피소드를 담아야 한다. 회를 먹고 자랐다고 자신을 소개했던 청년이 회를 파는 청년으로 자기소개를 바꾸었듯이 말이다.

사례5 한 우물을 파지 못한 재취업자

경력 관리, 제대로 하고 있습니까?

: **임상언** 코리아써치 헤드헌팅 사업부 1팀장

내 직업은 헤드헌터이다. 또한 취업 및 진로 전문가로 활동하면서 강의나 컨설팅 현장을 통해 많은 구직자와 이직 희망자들을 만났다. 그중 '직무 수행능력'이라는 말의 뜻을 이해하면서 동시에 '경력관리의 기술'을 체득한 구직자가 있어 그를 소개하고자 한다.

서정현 씨, 그를 처음 알게 된 것은 3년 전이다. 당시 삼십 대 초반이었던 그는 국내 중위권 대학에서 전자공학을 전공했다. 졸업 후 국내 중소 LCD 관련 전자부품회사에 입사해서 생산엔지니어로 근무하다가 품질 담당으로 보직이 변경되어 클레임 및 고객 대응 업무, 품질검사, 품질시스템 유지 등 다양한 업무를 수행하였다. 중소기업 특성상 여러 업무를 겸임하다 보니 안타깝게도 스페셜리스트, 즉 품질 전문가라고 할 만한 경력을 쌓지 못했다.

그렇게 첫 직장에서 생산파트 1년, 품질파트 2년 근무했으나 회사가 경영난에 봉착, 우여곡절 끝에 회사를 퇴직하게 되었다. 서 씨는 이 시점에서 난관에 부딪쳤다. 품질 관리 경력직 사원으로 일자리를 알아보자니 전문성이 떨어졌고, 엔지니어로 들어가자니 신입으로 지원해야 하는데 나이가 걸렸다. 마침 얼마 전 결혼식도 올린 터라 시간적 여유도 없었다. 어쩔 수 없이 본인을 뽑아주겠다는 회사에 취업을 하게 되었다.

두 번째 회사는 지방의 통신서비스업체였다. 서 씨는 그곳에서 CS, 즉 고객대응 업무를 맡았다. 서 씨 또한 엔지니어보다는 품질 업무가 적성에 더 맞는다고 생각했기 때문에 품질 분야와 관련된 업무를 희망했었다고 한다. 그러나 말이 CS지, 처음 약속과는 다르게 콜 센터 직원과 같은 단순 업무만 수행케 했다. 경력 관리는 점점 힘들어지고 미래는 불투명해졌다. 회사를 다니는 하루하루가 소모적으로 느껴졌다고 한다.

"한 우물을 파라. 샘물이 나올 때까지."
_슈바이처 좌우명

진단 한 우물을 파지 못한 경력

그러던 중 서 씨는 나를 찾아왔다. 그는 이직을 원하고 있었다. 나는 그의 경력이 많이 망가져 있다는 사실이 마음에 걸렸다.

"가장 큰 문제는 지금까지 수행했던 직무에 대한 일관성이 부족하기 때문에 경력직에게 요구되는 전문성을 어필하기가 어려울 것 같습니다."

서 씨 역시 본인의 문제를 잘 파악하고 있었다.

"어떤 회사 출신이라는 사실보다는 어떤 일을 했느냐가 중요하다는 것을 깨달았습니다."

참 쉬운 말이지만 우리는 이 단순한 사실 한 가지를 알기 위해 많은 수업료를 지불한다.

처방 돌아가는 게 빠를 때가 있다

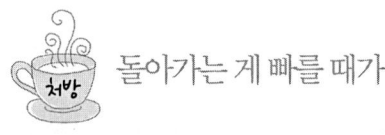

나는 지금이라도 늦지 않았으니 품질 경력을 쌓을 수 있는 직무를 찾아보자고 제안했다. 물론 현재는 연봉이나 근무조건을 따질 만한 상황이 아니기 때문에 본인이 배울 게 많다면 당분간은 본인과 가족이 희생하는 수밖에 없다고 설득했다. 서 씨도 현실을 받아들이기는 했으나 미련이 남는 듯 이렇게 말했다.

"그래도 짧게나마 품질 직무 경력이 있는데 대기업은 아니더라도 이력서를 돌려보면 운 좋게 통과되는 곳이 있지 않을까요?"

이왕 헤드헌터가 도와주겠다는데 규모 있는 회사에 본인을 소개해 줄 수 없느냐는 뜻이었다.

"신입사원과 경력직은 다릅니다. 경력직을 뽑을 때는 맡길 직무가 정해져 있습니다. 당연히 그 일을 수행할 수 있는 사람을 뽑습니다. 물론 당신을 받아주겠다는 회사가 있을지도 모릅니다. 그러나 그 회사는 당신의 가능성을 보고 일을 맡기는 것이 아니라 당신의 현재 능력을 보고 직무를 부여할 것입니다. 아무도 당신에게 업무를 가르쳐주지 않을 것입니다."

나는 재차 강조했다. 현재 필요한 것은 취업이 아니라 전문성을 쌓는 일이라고. 이렇게 단호하게 얘기하자 그는 더 이상 토를 달지 않고 고개를 끄덕였다.

얼마 후 서 씨는 취업사이트에 온라인 이력서를 올려 몇 군데의 회사에서 제의를 받기도 했고, 본인이 직접 검색한 회사의 구직공고를 가져오기도 했다. 나는 그중에서 괜찮은 자리를 골라주었다. 연봉은 낮지만 경력을 쌓을 수 있는 곳이었다. 몇 번의 지원을 거듭한 끝에 그는 한 회사에 취업했다. 연봉이나 근무환경은 선뜻 내키지 않는 조건이었다. 고민하는 그에게 이렇게 말했다.

"회사의 규모가 작은 것이 문제라면 본인이 회사를 키우겠다는 마음으로 일하십시오. 그리고 회사보다 더 성장하시기 바랍니다. 언젠가 그 자리가 자신을 담기에 부족한 그릇이 되었다고 느껴지면 그때 더 좋은 자리를 찾을 수 있을 것입니다."

그로부터 약 3년 뒤 서 씨는 회사생활을 하면서 품질 분야에서 나름의 경력을 쌓았고 본인의 노력으로 품질관리 기사 자격증을 취득했다. 비전공자로서, 그것도 회사 일을 처리하면서 취득한 자격증이었다. 그의 경력과 자격은 해당 직무에 대한 열정으로 비추어지기에 충분했다. 그 후 서 씨는 나의 추천으로 당당히 국내 대기업 지방 공장의 품질 담당자로 취업했다.

그때 합격의 기쁨과 함께 전해온 그의 말이 기억에 남는다.

"어딜 가더라도 '너 왜 왔느냐?'라는 질문에 대답할 수 있는 사람이 되기 위해서 노력했습니다."

결국 서 씨는 입사지원서와 면접을 통해서 본인이 해당 직무를 잘 수행할 수 있는 사람이라는 것을 증명했다.

세 번째 미스매칭

회사는 어떤 인재를 찾는가

| 네모를 요구하는 회사에 세모를 들고 찾아간 구직자 |

불합격 통지서와 함께 우리의 취업 활동은 시작된다

'불합격 통지서'를 받아본 적이 있는가? 아마 이 책을 읽는 독자라면 한 번 이상 이 불청객을 맞아본 적이 있을 것이다. 특히 점 찍어 둔 회사에서 불합격 소식이 날아왔다면 금방이라도 죽을 것처럼 좌절하고 목 놓아 울었을지 모른다.

나 역시 구직시장에서 날아든 불합격 통지서 때문에 우주에서 사라지고 싶은 충동을 억누르느라 힘든 때가 있었다. 하지만 시간이 흐른 지금, '불합격'만큼 나를 성장시킨 경험도 없는 것 같다. 어디로 달려가는지 모른 채 마음만 급했던 나는 '거절'의 통보를 받고 우뚝 멈춰 섰다. 그리고 뒤를 돌아보니 뭐가 문제인지 하나둘 보였다.

미국 최고의 동기부여 전문가 배리 파버. 그의 첫 책은 26개 출판사에서 거절당한 끝에 비로소 세상에 나왔다. 6번째 퇴자를 맞았을 때였다. 그는 이유가 무엇인지 궁금해졌다. 출판사에 전화를 걸었다.

"제 원고에서 부족한 부분이 무엇인가요? 출판사에서 인정을 받으려면 무엇을 채워야 할까요? 출판될 수 있는 방법이 없을까요?"

그렇게 거절당할 때마다 이유를 묻고 편집자의 제안에 따라 부족한 부분을 채워나갔다. 마침내 27번째 출판사에서 책을 내자고 연락이 왔다. 그때 출판사 편집자가 말했다.

"당신은 26번이나 거절당한 원고가 아니라 유능한 편집자 26명의 충고가 담긴 원고를 책으로 내는 겁니다."

거절을 당해보지 않은 사람이 있을까? 그러나 어떤 이의 삶은 거절과 함께 끝나는가 하면 어떤 이의 삶은 거절과 함께 새로 시작된다. 우리는 거절을 통해 자신을 진단하고 그로 인해 더 높이 점프할 수 있다. 불합격 때문에 잠 못 이루는가? 다들 쿨쿨 자고 있는데 당신 혼자 온 밤을 하얗게 지새우는가? 나만 불행에 빠진 것 같아 속상한가?

이 순간은 당신에게 축복이다. 잠 못 이루는 그 순간이 당신을 분발케 만들 것이기 때문이다. 그 분발 덕에 당신은 부족했던 2%를 채우게 된다. 마지막 한 방울의 물이 떨어져야 잔은 넘친다. 그토록 절박하지 않으면 합격은 찾아오지 않는다.

수많은 구직자들을 만나고 그들의 취업성공을 곁에서 지켜보았다. 보통 불합격을 경험한 뒤 합격을 맞이하기까지 1~6개월 걸린다. 어떤 사람은 단 한 번의 실패에서 자신의 한계를 극복하지만 어떤 사람은 배리 파버처럼 26번의 보수공사를 거치는 동안 서서히 완성된다. 빠르다고 좋은 것은 아니다. 통계가 말하듯이 준비 기간이 길수록 취업 만족도가 높아진다. 타협을 했기 때문이 아니라 객관화되었기 때문이다. 눈높이를 낮췄기 때문이 아니라 눈높이를 맞췄기 때문이다. 불합격했다고 머리 싸매고 누워있지 말고 왜 떨어졌는지 원인을 찾아보라. 그곳에 당신의 살길이 있다.

대구의 한 대학교를 졸업한 주연 씨는 졸업 후 6개월간 60차례의 불합격 소식을 들었다. 그것도 서류전형에서 말이다. 면접관 얼굴 한 번 본 적 없는 주연 씨는 불면증에 시달렸다. 눈가 잔주름은 깊어졌고 피부는 푸석푸석해졌다. 주연 씨는 나를 만나자마자 한숨을 내쉬었다.

"뭐가 문제인지 도저히 모르겠어요."

그런 주연 씨가 나를 만난 지 2주 만에 중견기업에 입사했다. 2주 동안 주연 씨에게는 무슨 일이 벌어졌던 것일까? 방법은 의외로 간단했다. 불합격한 이유를 찾아보고 이를 보완했다. 주연 씨는 일본어를 전공했고 일본 어학연수 경험이 있었다. 그녀는 어떤 일을 하고 싶으냐는 내 질문에 잠시 망설이더니 이렇게 답했다.

"일본어를 쓰고 싶고, 일본 여행을 하면서 행복하게 살고 싶어요. 일본에 살면 더 좋고요."

나는 주연 씨의 대답에서 똬리를 튼 문제의 구렁이를 발견했다.

주연 씨의 가장 큰 문제는 '직무'를 빼놓고 생각한다는 점이었다. 취업에 있어 주인공이 되어야 할 직무는 쏙 빼놓고 조연급 '일본 사랑'만 외쳐댔으니 60번 불합격은 당연한 결과였다. 하지만 나를 당혹스럽게 만든 것은 60번의 불합격이 아니었다. 번번이 탈락하면서도 무슨 실수를 저질렀는지, 무얼 고쳐야 하는지 찾아보려고 노력하지 않은 점이다.

'어떤 일을 하고 싶으냐?'는 질문은 '당신이 희망하는 직무가 무엇이냐?'는 뜻이다. 그런데 주연 씨는 너무 순진한 나머지 친구에게 할 말과 취업시장에서 할 말을 구분하지 못했다.

곧 직무분석에 돌입했다. 주연 씨의 적성은 상품기획이었다. 관련 분야 채용공고를 찾아보았다. 마침 일본 균일가 업체와 합작하여 설립한 생활용품 전문업체에서 상품기획 담당자를 뽑고 있었다. 주연 씨는 그 회사가 운영하는 생활용품 매장을 방문했다. 자신이 입사하면 어떤 상품을 어떻게 기획하고 만들어낼지 구상했다. 시장조사도 하고 고객 분석도 했다. 이렇게 그녀는 그동안 소홀히 대했던 '직무'를 주인공으로 대우했다. 며칠 후 그녀는 '축 합격' 소식을 전해왔다.

놀랍지 않은가, 1년 넘게 풀리지 않았던 숙제가 단 2주 만에 해결되었다. "정말 기뻐요. 올 추석 때는 친척들에게 당당히 인사할 수 있겠어요." 뛸듯이 기뻐하던 주연 씨의 모습을 당신에게도 보여주고 싶다.

구직자들이여, 주연 씨를 보라. 당신도 같은 실수를 되풀이하고 있는지 모른다. 2주 전 그녀는 일본어가 필요한 일이라면 아무 일이나 된다는 식으로 말했다. 그런데 불과 며칠 만에 일본회사나 일본합작회사에서 상품기획업무를 맡고 싶다고 말하기 시작했다. 이렇게 자신의 부족한 점을 찾고 이를 보완한다면 당신도 얼마든지 취업할 수 있다.

불합격 통지서를 받았다고 그 자리에서 얼어붙은 듯 멈춰 있지 않기를 바란다. 뭔가 잘못되었다고 느꼈다면 최소한 한 걸음 뒤로 물러서거나 혹은 옆으로 돌아가거나 아니면 보다 높은 곳으로 올라가서 현재의 내 모습을 바라볼 수 있어야 한다. 그렇게 자리를 옮긴 뒤 나의 좌표를 새롭게 설정해야 한다.

취업은 입시가 아니다. 취업은 일반적인 대인관계가 아니다. 취업의 좌표는 회사라는 x축과 구직자라는 y축으로 이루어진다. 그 좌표를 통해서만 자신의 위치를 가늠할 수 있고, 그 좌표를 통해서만 어떤 그래프를 그릴 것인지 목표를 세울 수 있다. 김훈은 〈칼의 노래〉에서 이순신의 입을 빌려 이렇게 말했다.

"바다에서, 나의 무(武)의 위치는 적의 위치에 의하여 결정되었다."

이제 우리의 좌표를 정해줄 회사(인사담당자)와, 취업현장에서 벌어지는 일들을 알아보자. 이것이 취업에 필요한 객관성을 갖도록 도와줄 것이다.

당신의 취업에 영향을 미치는 것들

자신의 합격 가능성을 점칠 수 있다면 얼마나 좋을까? 괜한 기대감으로 초조하게 기다리지 않아도 되고, 불합격 후 우울한 나날을 보내지 않아도 되니 말이다. 합격을 예감하기 어려운 이유는 크게 두 가지다.

우선 자신의 문제이기 때문이다. 우리는 똑같은 상황에서 주인공이 자신인지, 타인인지에 따라 다른 잣대를 들이댄다. 많은 구직자들은 자기중심적이다. 자신의 부족한 점은 거들떠보지 않고 사촌이 취업하면 배 아파한다. 구직활동을 할 때 나를 남 대하듯 객관적으로 바라보자. 그렇게 하면 무엇이 넘치는지, 무엇이 부족한

지 한눈에 알 수 있다.

두 번째 이유는 보다 현실적이다. 바로 합격 기준을 모르기 때문이다. 사실 합격 기준은 매번 달라진다. 내가 만났던 한 남학생은 동일한 입사지원서로 상반기 공채에서는 합격, 하반기 공채에서는 불합격을 했다. 반대로 어떤 여학생은 상반기 공채에서는 불합격, 수시채용에서는 합격을 했다. 둘 다 같은 회사, 같은 직무에 지원했다. 변한 건 하나도 없었다. 그런데 왜 이런 일이 벌어진 것일까?

변수가 많기 때문이다. 채용인원도 다르고 지원자들도 다르고 게다가 기준도 매번 달라지니 '이번엔 붙을 거야. 이번엔 떨어질 거야.'라고 점쟁이 점치듯 말하긴 어렵다.

예를 들어보자. 김호준 지원자의 A회사 합격 여부는 다음과 같이 수많은 요소에 영향을 받는다.

1. 우선 김호준 씨 자신이다. 여러분도 아는 것처럼 지원자 본인의 실력과 인성이 합격 여부에 영향을 미친다.

2. 함께 지원한 다른 구직자들도 영향을 끼친다. 다른 구직자들의 실력과 인성은 물론, 때로는 그들 부모님의 입김이 김호준 씨의 당락을 좌우하는 경우도 있다. 요컨대 고위직 공무원이나 회사의 매출에 막대한 영향을 끼치는 사람이 '잘 부탁한다.'

고 청해오면 어떤 회사가 함부로 그 사람의 자녀를 떨어뜨릴 수 있을까. 저축은행의 면접관은 금융감독원의 청탁을 외면할 수 없고, 건설업체는 수주심의위원의 청탁을 무시할 수 없고, 제약회사는 종합병원 의사의 요청을 거절할 수 없다.

3. 그 다음에는 학교나 고향 선배들의 레퍼런스가 중요하다. 선배들이 회사에서 찍혔다면 그 회사에는 '이쪽 출신은 안 돼.'라는 인식이 생길 수 있다. 당신을 채용할 상사의 학교나 고향도 영향을 미친다. 내가 아는 어느 인사담당자는 K대 출신이다. 그 회사 인사팀은 5명인데 그중 3명이 K대를 나왔다. 어떤 회사의 사장은 J대 출신이다. 그 회사 임원 대부분도 J대를 나왔다. 신규직원 가운데는 이상하게 J대 졸업자 비율이 높다. 이걸 우연이라고 할 수 있을까?

4. 바로 직전에 입사한 사원들에 대한 평가도 김호준 씨의 입사 여부에 영향을 미친다. 예를 들어 상위권 학생들을 뽑아놨더니 적응 못하고 나가더라, 토익 점수가 높은데도 외국인과 말 한마디 못하더라, 공모전 참가했던 친구들이 창의적이더라, 인턴을 뛴 친구들이 오랫동안 다니더라 등등 1년 선배들에 대한 평가가 1년 후 구직자를 뽑는 데 영향을 끼친다. 요컨대 한 번 실패는 용납해도 두 번 실패는 용납하지 않겠다는 생각 때문이다.

5. 이뿐이 아니다. 정부의 정책이나 환율과 같은 경제 환경의 변화도 김호준 씨의 당락에 영향을 미친다. 내수 시장보다 수출에 의존하는 기업이 많은 우리나라는 환율에 민감해 약간의 파도에도 휘청거리는 기업이 많다. 환율 사정이 악화되면 '긴축 재정 → 인력 채용 보류'로 이어지기 쉽다. 같은 맥락에서 한국은행에서 발표하는 금리나 정부의 개발 정책, 국제 정치·경제 환경의 변화가 김호준 씨를 울고 웃게 만든다.

6. 마지막으로 경영자의 경쟁심리가 작용하는 경우도 있다. 사장님이 경쟁사 대표와 대화를 나누다 경쟁사가 많이 뽑는다는 말에 자극받아 갑자기 채용 인원을 대폭 늘리는 경우도 있다.

보라, 이렇게 수많은 요소가 김호준 씨의 합격/불합격을 가름한다. 그러니 어떻게 합격을 보장할 수 있겠는가.

이런 변수들이 너무 언짢다고? 혹은 어제 오늘 일도 아닌데 새삼스럽게 뭘 신경 쓰냐고? 하지만 이런 상황을 한 번쯤 제대로 인식할 필요는 있다. 취업에 운이 따른다는 말은 바로 수많은 변수가 당신의 합격 여부에 영향을 미친다는 말이다. 이런 상황에서 'A기업 취업 100%'를 장담하는 것은 사이비나 하는 짓이다. 다만 확률로 예측할 수는 있다. 나만 해도 수천 명 이상의 성공/실패 사례를 접하고 수시로 인사담당자의 조언을 듣기 위해 노력하다보니 확률에 대한 '감'이 생겼다. 이 정도면 도전해볼 만하다. 함께 노력하자. 이런 제안이 가능하다.

당신에게 묻고 싶다. 당신은 취업시장에 대해 무엇을 얼마나 알고 있는가? 혹시 이력서 몇 장 쓰고 취업시장을 모두 겪어본 것처럼 행동하지는 않았는가? 많은 구직자들이 취업시장을 너무 만만하게 보고 있다. 그렇게 쉬우면 언론과 방송이 취업난이라고 하나같이 목소리를 높이겠는가.

이번 기회에 제대로 취업시장을 바라보기를 바란다. 기업은 어떤 인재를 선호하는가. 나는 다른 지원자보다 얼마나 많이 준비했는가. 방안에 틀어박혀서 책상 위에 있는 거울만 바라봐서는 자신의 매력지수를 객관적으로 진단할 수 없다. 벽면이 모두 거울로 이뤄진 방안에서 수십 명과 함께 서 있을 때 우리는 자신의 몸매를 객관적으로 보게 된다. 그렇게 취업시장이라는 거울 앞에 서서 나와 다른 지원자를 속속들이 살펴보라.

그런 뒤에 우리는 우리가 할 수 있는 일에, 즉 취업 가능성을 높일 수 있는 일에 총력을 기울일 수 있다. 취업에 영향을 미치는 요인 1번부터 6번 가운데 우리가 통제할 수 있는 것은 무엇일까. 1번, 즉 자기 자신밖에 없다. '타인'과 '세상'을 바꾸는 것이 아니라 '나'를 바꾸는 것이 취업의 지름길이다. 그렇다면 나는 어떻게 바뀌어야 하는가. 그 첫걸음이 우리의 당락에 막대한 영향을 끼치는 인사담당자는 어떤 인력을 원하는지 알아보는 것이다.

인사담당자가 원하는 것, 만약 이걸 안다면 취업은 당신 것이다

합격 가능성을 높이려면 무엇보다 인사담당자의 눈으로 나를 진단해야 한다. 한마디로 현실인식이 필요하다. 기업이 왜 사람을 뽑는지, 채용 기준이 무엇인지, 어떤 인재를 원하는지, 어떤 지원자들과 경쟁하는지 등을 살펴보면 자신의 좌표를 파악할 수 있다.

영화 〈왓 위민 원트(What Women Want)〉에 광고기획자 닉 마셜(멜 깁슨 역)이 여성 소비자의 마음을 알기 위해 '여자가 되어 보기로' 결심하는 대목이 나온다. 여자들처럼 코팩을 붙이고 수분 함유 립스틱을 바르고 마스카라를 하고 스타킹을 신기도 하면서 여자를 이해하기 위해 애쓴다. 이러한 닉의 정성에 신이 감동했는지 헤어드라이어에 감전된 그는 여성의 마음을 읽을 수 있게 된다. '여성의 욕망'이라는 비밀의 코드를 해독하게 되었으니 멋진 광고 만들기는 식은 죽 먹기. 마음의 귀가 열리면서 사춘기 딸과의 관계도 회복되고 상사인 달시와의 로맨스도 시작된다.

나는 이 영화를 보면서 인사담당자의 마음을 엿보고 싶은 충동을 느꼈다. 여자의 마음을 이해하기 위해 여자가 된 닉처럼, 우리도 인사담당자가 되어 보면 어떨까. 인사담당자의 하루를 살펴보고 인사담당자처럼 생각하고 행동하면 조금이나마 그들의 마음에 가까워지지 않을까. 〈왓 위민 원트〉에 이런 대사가 나온다.

"여자가 원하는 것, 만약 이걸 안다면 세상은 당신 것이다."

나는 당신에게 이렇게 말하고 싶다.

"인사담당자가 원하는 것, 만약 이걸 안다면 취업은 당신 것이다."

나는 지금까지 수만 명의 구직자들을 직간접적으로 만났다. 대학생, 고등학생, 30대 주부, 50대 남성…… 그들에겐 한 가지 공통점이 있는데 바로 인사담당자를 공포의 대상으로 여긴다는 점이다. 그래서 술자리에서는 잠시도 쉬지 않고 조잘대던 사람도 면접관 앞에서는 꿀 먹은 벙어리가 된다.

흔히 구직자들은 인사담당자는 갑이고 취업준비생은 을이라고 생각한다. 그러나 둘 다 갑일 수도 있고 을일 수도 있다. 한쪽은 뽑혀야 살고, 한쪽은 뽑아야 산다. 인사담당자는 티오(TO)에 맞춰 사람을 뽑아야 하는데 잘못 뽑으면 여기저기서 온갖 싫은 소리를 다 듣는다. 출중한 스펙과 당찬 답변으로 별 다른 고심 없이 뽑았던 신입 사원이 회사 정보 다 빼내서 도망칠 때만큼 쥐구멍에 숨고 싶은 적도 없다. 사고 터졌다는 얘기를 들을 때마다 혹시 자신이 뽑은 사원은 아닌지 가슴 졸이는 날이 어디 하루 이틀이던가.

예전 직장에서 내가 모셨던 상사는 대기업과 외국계기업에서 십년 이상 인사업무를 수행하면서 수천 명 이상 면접을 본 베테랑 인사담당자였다. 그 상사와 함께 팀원면접을 보기로 한 전날, 상사가 이런 말을 했다.

"인사경력 10년이지만 지금도 사람은 확신하기 어려워. 애써 뽑아놨더니 하루 만에 그만두고 나가는 사람도 부지기수지. 처음에는 능력 중심으로 사람을 뽑았는데 갈수록 사고 안 칠 것 같은 사람을 뽑게 돼. 다 잘났는데 한 가지가 이상한 사람보다 모난 데 없이 평범해 보이는 사람을 선호하게 되지. 뽑을 때 뭔가 마음에 걸리는 직원은 반드시 나중에 사고치거나 왕따 당하더라고."

그동안 나는 인사담당자를 절대 권력이라고 생각했다. 그러나 상사의 고백을 통해 나는 그들도 '사람'이라는 사실을 깨달았다. 그 후에도 인사담당자의 인간적인 면모를 종종 접했다. 한번은 인사담당자 친목모임에서 이런 이야기를 들었다.

"오늘은 술이 당기네요. 글쎄 채용설명회 하러 갔는데 자리가 반도 안 차는 거 있죠. 하필 어느 유명기업에서 채용설명회를 나왔더라고요. 사람들이 다 그쪽으로 몰려갔어요. 참 민망했어요. 어쨌든 분위기 좀 띄우려고 맨 앞에 앉아있는 학생한테 다가갔어요. '우리 회사 관심 많죠?' 했더니 '아니요, 공강이라 그냥 왔어요.' 하는 거예요. 또 행사 끝나고 어떤 학생이 찾아왔기에 반갑게 맞았더니 기념품 안 주냐고 묻더라고요. '딴 회사는 많이 주던데……' 하고 말끝을 흐리는데 기가 막혀서 말이 안 나오더라고요."

"오늘 사장실에 불려가서 한소리 들었어요. 사람을 어떻게 뽑았기에 다들 나가느냐고. 왠 이직률이 이렇게 높은지 모르겠네요. 들어와서 열심히 일하겠다고 할 때는 언제고. 퇴사한 직원 때문에 손실이 얼마나 큰 줄 아세요? 연봉 3천만 원인 사원이 6개월 만에 퇴직하면 급여랑 복리후생, 채용비용 따져서 4천만 원 날리는 셈이에요. 회사에 보탬이 되기는커녕 손실을 냈으니 사장실에 불려갈 만도 하죠."

인사담당자가 왜 예의 바르고 오래 다닐 사람을 선호하는지 알겠는가? 인사담당자도 구직자 때문에 술 마시고 싶을 때가 생긴다. 그것도 자주!

인사담당자가 당신의 목을 쥐고 있는 권력자인 것은 사실이다. 그러나 인사담당자 역시 누군가에게 목을 맡기고 있는 약자임을 이해해야 한다. 갑이 아닌 을인 인사담당자는 그렇다면 어떤 기준으로 직원을 뽑을 것인가. 인사담당자가 원하는 인재는 바로 상사에게 인정받을 수 있는, 자기네와 닮은, 사고 치지 않을, 누가 봐도 잘 뽑았다고 칭찬할 만한 그런 사람이다. 한마디로 회사와 궁합이 맞는 사람이다.

그러므로 우리는 불합격이 곧 무능력이 아님을 알아야 한다. 회사는 당신의 능력만을 보는 것이 아니다. 당신이 자신의 회사와 잘 맞는지, 즉 오래 다닐 사람인지 살핀다. 대개의 불합격은 당신이 그 회사와 맞지 않다는 것을 뜻한다. '맞지 않는다'는 것은 능력의 유무를 말하는 것이 아니다. 말 그대로 '미스매칭(mismatching)'일 뿐이다. 소개팅에서 만난 외모 출중하고 학벌 뛰어난 이성이 당신 좋다고 무작정 대시한다. 그렇다면 만사 OK인가. 설사 사귀는 데는 성공할지 몰라도 관계가 발전하리라고는 섣불리 단정 짓기 어렵다. 궁합은 다른 문제이기 때문이다.

김현겸 교보문고 인사지원팀장은 한 HR전문잡지와의 인터뷰에서 이렇게 말했다.

> "최종까지 올라와서 떨어지는 지원자들이 있다. 그들은 실력이 없어서가 아니라 기업의 색이라든지, 업무의 성격에 맞지 않아서 탈락한다."

기업은 넘치는 지원자도, 부족한 지원자도 원하지 않는다. 자신의 회사와 딱 맞는 퍼즐 조각 같은 지원자를 원한다. 기업 채용담당자는 오늘도 'Right People'을 찾아 'Right Position'에 배치하기 위해 발로 뛰고 있다. 당신은 자신의 'Right Position'과 'Right Company'를 찾기 위해 어떤 노력을 기울이고 있는가?

회사에서 당신을 거절했다고 슬퍼하지 말자. 이제 우리는 그럴 필요가 없다는 사실을 알게 되었다. 당신은 아직 당신만의 'Right Company'를 만나지 못했을 뿐이다. 회사와 맞지 않는 합격자들 상당수가 1~2년 사이에 스스로 정문을 걸어 나온다. 그 회사가 선견지명이 있어 거절했다고 생각하라. 금방 이혼할 배우자라면 결혼하지 않는 게 낫다.

감성의 토대 위에 지성을 쌓은 자

"사람, 정말 중요합니다."

인사담당자치고 이렇게 말하지 않는 사람은 한 명도 못 봤다. 금융이든, 제약이든, 건설이든 어느 분야를 막론하고 인사담당자들은 '회사 발전＝우수 인력 확보와 관리'라고 철석같이 믿는다.

"사람이 곧 회사를 만들고, 사람이 곧 회사를 이끄는 것 아닙니까?"

삼성에스원 박영수 인사지원담당 상무의 이 말은 인사담당자들의 철학을 한마디로 대변해준다.

인사담당자는 사람을 중시한다. 그러나 모든 사람을 중시하지는 않는다. 입사지원서를 제출한 수만 명의 지원자는 단지 데이터일 뿐이다. 이 데이터 중 고르고 골라 뽑은 직원들이 소중한 '사람'이 된다.

인사담당자들은 소중한 인재를 뽑기 위해 수많은 질문을 던지는데 이는 3C로 요약된다. 3C란 Confidence, Challenge, Competition을 의미한다. 인사담당자는 당신에게 묻는다. 당신은 지금까지 살면서 Confidence(자신감)를 갖고 문제를 해결하기 위해 어떻게 Challenge(도전)해왔나? 그렇다면 당신만의 차별화된 Competition(경쟁력)은 무엇인가?

이 말을 달리 표현해 보자. 자신감이란 작은 실패에 기죽지 않고 다시 힘을 내는 것을 말한다. 도전이란 남에게 잘 보이려고 노력하기보다는 스스로 분발하여 될 때까지 매진하는 것을 말한다. 이런 항목들은 지적 능력과는 별개의 문제이다. 감성이나 EQ, 혹은 덕(德) 등으로 불리는 어떤 마음 상태를 가리킨다. 대개의 전문가들은 한 개인이 능력을 100% 발휘하기 위해서는 감성적 토대가 튼튼히 다져져야 한다고 말한다. 요컨대 기분이 안 내킨다고 무단결근하고, 작은 질책에 낙담하는 사람이라면 제아무리 천재라도 자신이 본래 지니고 있는 능력을 발휘할 수 없다.

한마디로 교육의 목표인 지덕체(智德體)를 균형 있게 기른 사람이 요즘 기업이 원하는 인재상에 가깝다. 육체는 건강하고, 정신은 강인하고, 마음은 넉넉하고, 지식이 풍부한 사람이 곧 지덕체를 골고루 배양한 사람이다. 당장은 스펙이 화려한 사람이 눈에 띌지 모르지만 결국 승자는 '지지지(智智智)'만을 추구한 스펙 만능주의자가 아니라 지덕체를 추구한 사람이 된다.

3~4학년 학생들로 꾸려진 마케팅 취업동아리를 8개월간 지원한 적이 있다. 그들의 활동사항을 점검해주고 취업에 필요한 자기소개서 작성이나 면접 연습 등을 돕는 일이었다. 동아리의 총 회원은 15명이었는데 이 가운데 K씨는 유난히 바쁘고 불성실한 학생이었다. 모임에서 탈퇴하는 게 어떻겠느냐고 제안하자 그때서야 K씨에게 연락이 왔다.

"죄송해요. 답사 가고 공모전 준비하느라 정신이 없었어요. 제가 이 모임을 얼마나 좋아하는데요. 앞으로 잘할게요."

그러나 K씨의 행동은 변함이 없었다. 학생들의 얘기에 따르면 타 모임에서도 불성실하기는 마찬가지였던 모양이다. 나는 그가 동아리 물을 흐릴까 봐 결국 탈퇴 조치를 내렸다. 그런데 몇 달 후 K씨에게서 한 통의 메일이 왔다.

"선생님, 시간 되시면 오늘 중으로 이력서와 자기소개서 좀 봐 주실래요? 내일 마감이라 가급적 빨리요."

이건 부탁일까, 명령일까. 나는 잠시 망설이다 K씨가 보낸 파일을 열어보았다. 그런데 이게 웬일인가. 그의 이력서에는 8개월 동안 마케팅 취업동아리 활동을 열심히 한 것으로 표기되어 있었다. 게다가 다른 조원들의 활동 실적이 그의 실적으로 둔갑해 있었다. 말로만 듣던 무임승차였다. 누가 K씨를 이렇게 만들었을까.

스펙(SPEC)의 시대다. 요즘 구직자들은 스펙을 쌓기 위해 갖은 노력을 기울인다. 스펙의 필요성을 부정할 수는 없다. 스펙이 뛰어나다면 서류심사를 통과할 가능성이 상당히 높아진다. 하지만 딱 거기까지다. 스펙의 위력은 1차 관문인 서류심사까지다. 이는 지덕체(智德體) 가운데 '지지지(智智智)'만 외치고 있는 꼴이다. 그러다 보니 '나처럼 완벽한 사람을 기업이 왜 몰라주나.' 하면서 한숨짓는 구직자가 많다.

한 전문대학 유아교육과 교수는 외부활동에 집착하는 학생에게 기업 추천서를 써주지 않는다고 했다. 학생의 기본은 학교생활인데 외부활동에 전념하는 학생은 취업 후에도 회사생활에 충실하지 못할 것이라는 이유에서다. 물론 학교생활과 외부활동을 조화롭게 하는 경우는 금상첨화라고 했다.

기업 인사담당자도 이제 단순히 화려하기만 한 스펙에 속지 않는다. 특히 같은 기간 여러 가지 활동을 했다고 밝히는 지원자들은 왠지 신뢰성이 떨어진다고 입을 모은다. 주어진 시간은 24시간인데 어떻게 그 지원자만 48시간을 살았단 말인가. 우리가 기억해야 할 것은 '무엇을 많이 경험했다'가 아니라 단 하나의 경험이더라도 '무엇을 깨달았다'가 더 중요하다는 사실이다.

이렇게 모두가 '지지지(智智智)'를 외칠 때 똑똑한 구직자라면 지덕체(智德體)의 균형을 돌아봐야 한다. 지덕체를 탑에 비유하자면 지(智)는 탑의 상층부이다. 하부가 부실해서는 결코 탑이 곧게 설

수 없다. 한 인사담당자는 "회사는 대부분 동종업계, 동종직무 담당자 중 실력이 좋고 오래 근무할 사람을 원한다. 실력은 기본이고 인화할 수 있는 인성도 체크해야 한다. 인성은 금방 드러나지 않지만 '감(感)'은 온다."고 말한다.

지덕체를 검증하기 위해 기업은 다양한 이색 면접을 실시하고 있다. 침구업체 이브자리는 18년째 '체력 검정'과 '산행 면접'을 진행하고 있는데 면접 당일 오전에는 불암산을 오르고 오후에는 헬스클럽에서 달리기, 오래 매달리기, 턱걸이 등 체력 테스트를 한다. 산행 면접은 주부사원 채용 시에도 예외는 아니다. 주류업체 국순당은 면접 마지막 단계로 '음주 면접'을 실시해 면접자들의 진솔성과 술자리 예절, 술버릇, 지원자의 잠재역량 등을 종합적으로 평가한다. 샘표식품은 10년 이상 '요리 면접'을 진행하면서 지원자들의 팀워크·리더십·창의력 등을 다각적으로 평가하고 제과·제빵기업인 SPC그룹은 2004년부터 미각을 테스트하는 '관능 면접'을 실시하고 있다.

이처럼 이색 면접은 지덕체를 겸비한 지원자를 뽑고자 하는 기업의 의지가 반영되었다고 볼 수 있다. 이제 '지지지'만 외쳐서는 취업할 수 없다. 지덕체(智德體)의 하모니만이 당신을 인재 내일에 올려놓을 수 있다.

몇 해 전 국민일보 '라이즈업 코리아-굿매너' 코너에는 지덕체(智德體)의 균형을 돌아볼 수 있는 에피소드가 소개된 바 있다. 어느 대기업에서 회장실에 근무할 여비서를 뽑았는데 각 대학 총장 추천을 받은 쟁쟁한 응시자들이라 옥석을 가리기가 어려웠다. 추천서 내용, 학업 성적, 화술, 용모까지 등급을 매기기 힘들 만큼 모두 뛰어났다. 면접이 차례차례 진행되던 어느 시점에 한 응시자가 면접을 마치고 나가면서 앉았던 의자를 탁자 밑으로 밀어 넣었다. 면접관 임원들은 누가 먼저랄 것도 없이 서로 좌우로 고개를 돌려 눈빛을 마주치며 '저 수험생 어때요?' 하는 표정을 지었다. 결국 그 응시자가 합격했다. 떨리는 면접시험장에서 정리정돈 습관을 보인 그 사람은 근무도 단연 돋보이게 했다고 한다.

나는 2010년 초 삼성전자에 입사한 신입사원 십여 명을 알고 있다. 그들에게는 한 가지 공통점이 있었다. 나와 전화통화를 할 때 전화를 먼저 끊지 않았다는 점이다. 보통 전화는 건 사람이 먼저 끊는 게 예의다. 그런데 그들은 자신이 전화를 걸었을 때도 내가 먼저 전화를 끊을 때까지 기다린다. 좀 더 나이 많은 나에 대한 예우다. 뭘 이런 걸 따지느냐고? 하루에도 수차례 20대들과 전화통화를 하다보면 이렇게 전화예절을 바르게 지키는 친구들을 만나기가 쉽지 않다. 지성은 물론이고 타인을 배려하는 사소한 습관을 쌓은 덕분에 대기업 채용의 높은 문턱을 넘은 것이 아닐까.

경력을 쌓으면 돈은 저절로 따라온다

2000년 노키아의 시가총액이 2,500억 달러에 육박했을 때 당시 애플의 시가총액은 200억 달러에 불과했다. 애플 같은 회사 12개가 모여야 노키아 하나가 되는 셈이었다. 그러나 10년이 지난 오늘날 상황은 역전되었다. 노키아의 시가총액은 300억 달러를 턱걸이했고 애플은 2,500억 달러에 근접했다. 이제 노키아 8개가 모여야 애플에 맞설 수 있다.

당신도 애플이 될 수 있다. 지금 이 순간 2000년의 화려한 노키아가 아니라고 걱정하지 말라. 미래는 아무도 모른다. 〈프로페셔널 CEO〉의 작가이자 ITT 신화를 이룩한 전직 CEO 해럴드 제닌은 "비즈니스 세계에서 보수는 두 가지로 지급된다."고 말했다. 두 가지란 뭘까? 연봉과 보너스? 아니다. 그가 말하는 보수란 급여와 경력이다. 해럴드 제닌은 먼저 경력을 쌓으면 돈은 자연히 뒤따른다고 강조한다.

나는 대학시절 오픈북과 닫힌북 시험 중에서 오픈북에 강했다. 머리 나쁜 내겐 오픈북이 부담이 적었다. 그런데 이 사회가 오픈북 아닌가. 달달달 외우지 않아도, 발로 열심히 뛰면 많은 것을 배울 수 있으니 얼마나 좋은가. 기업이 원하는 지덕체(智德體)가 부족해서 걱정이라면 당신의 부족한 점도 너그럽게 받아줄 수 있는 회사를 찾아 경력을 쌓아라. 일 잘한다고 소문이 나면 회사에서 당신을 대하는 태도가 달라질 것이다. 몇 번씩 이력서를 제출해도 거들떠보지 않던 회사가 앞 다퉈 당신을 찾을 것이다.

구직자들과 이야기를 나누다보면 한숨을 푹 쉬는 사람이 수두룩하다.

"저는 정말 평범하게 살아왔어요. 인사담당자에게 어필할 만한 경험이 없어요."

나는 이들에게 〈스무살에 알았더라면 좋았을 것을〉에 나오는 '5달러 프로젝트'를 권한다. 이 프로젝트는 저자가 스탠퍼드대학교 강의 중에 학생들에게 내준 과제다. 당신에게도 똑같은 과제를 내보겠다.

"당신에게 5달러와 두 시간을 줄 테니 이를 활용해 돈을 벌어오세요."

당신이라면 어떻게 하겠는가? 스탠퍼드대학교 학생들은 참신한 아이디어를 생각해냈다. 맛집으로 소문난 식당 앞에 장사진이 늘어선 모습을 떠올리며 맛집 예약권을 판매하는 방법을 구상하거나 학생회관 앞에서 자전거 타이어의 공기압을 체크해주고 공기주입이 필요할 경우 1달러를 받고 공기를 넣어주는 방법을 찾기도 했다. 이외에도 스탠퍼드대학교의 비엔나 댄스파티에서 사진 찍어주는 부스를 운영하거나 학부모 주간에 주변의 맛있는 식당들을 표시해놓은 지도를 팔거나 직접 디자인한 맞춤형 티셔츠를 파는 등 창의적인 아이디어를 쏟아냈다.

'5달러 프로젝트'는 창의성과 기업가 정신을 가르치는 훌륭한 과제다. 만약 당신이 인사담당자를 감동시킬 만한 멋진 경험이 없다면 '5달러 프로젝트'를 행동으로 옮겨보라. 하루만 시간을 내어도 아주 값진 경험을 할 수 있다.

백화점 여직원들 사이에는 '까대기 친다'라는 표현이 있다. 무슨 욕인가 싶지만 박스를 뜯는다는 이야기다. 이렇게 현장 용어를 숙지한 구직자는 벌써 살갑게 느껴진다. 만약 당신이 백화점 판매원으로 입사하고 싶다면 "만일 저를 뽑아주신다면 성실히 일하겠습니다."라는 진부한 표현은 버려라. "저는 입사하면 하루 200개 까대기를 치겠습니다."라고 이야기한다면 어떨까? 당신은 직무를 알고 물정을 알고 기업을 알고 고객을 알고 현장을 사랑하는 사람이 될 것이다.

"제아무리 복잡한 문제도 해결책은 있게 마련이다. 비행기를 조종하고 싶으면 열여섯 살 때부터 비행장에 가서 커피부터 끓여라. 항상 눈을 크게 뜨고 보고 배워라. 패션 디자이너가 되기 위해 굳이 디자인학원에 다닐 필요는 없다. 패션회사에 들어가서 빗자루부터 잡아라. 최선을 다해 자신의 길을 가면 되는 것이다."

20세기 최고의 악동이자 모험가인 영국 버진그룹 창시자 리처드 브랜슨의 말이다.

당신 종아리에 거머리가 붙어 있다면

몇 년 전 같은 회사에서 일했던 동료가 회식자리에서 이런 말을 한 적이 있었다. 그 동료는 많은 이들이 부러워하는 명문대 출신이었다.

"사람들은 명문대 출신이면 사회에서도 유리할 거라 말하는데 그렇지 않아. 사회에서는 공부 잘하는 사람보다 일 잘하는 사람이 성공할 확률이 높지. 나를 봐. 나는 공부에 관심이 많아서 원하는 학교에 입학했지만 그뿐이야. 나는 김 대리만큼 일을 좋아하지도 않고 잘하지도 못해. 공부에 관심 많은 사람은 학창 시절에, 일에 관심 많은 사람은 사회생활에서 성과를 내는 게 당연하지 않겠어?"

동료의 말을 빌리면, 공부에 관심이 많은 사람은 공부를 잘하고 일에 관심이 많은 사람은 일을 잘한다. 마찬가지로 구직활동에서 승리하는 사람은 다름 아닌 구직활동에 관심이 많은 사람이다. 잠시 시계태엽을 뒤로 감아보자. 그리고 돌아보자. 자신이 얼마나 구직활동에 관심이 많았는지, 자신이 얼마나 구직활동에 진지하게 임했는지. 내가 만난 구직자들 가운데는 여기저기 아무데나 이력서를 뿌리고 다니면서 로또에 당첨되길 바라는 마음으로 합격을 손꼽아 기다리는 사람들이 많다. 나는 그들에게 구직활동 하는데 얼마나 시간을 투자했는지 묻는다. 그리고 또 다시 묻는다.

"당신이 구직활동을 했다고 생각한 기간 중에 먹고 자고 용변 본 시간을 빼 보세요. 친구와 수다 떤 시간도 빼 보세요. 인터넷 접속해서 게임하고 쇼핑한 시간도 빼 보세요. 온전히 채용공고를 둘러보고 희망하는 기업 홈페이지를 찾아 그 기업 인재상을 분석하고 그 기업 정보를 찾아 진심을 다해 이력서와 자기소개서를 작성한 시간이 얼마나 되는지 계산해 보세요."

당신도 지금 한 번 스스로에게 물어보라.

문외한인 내가 반도체 분야 채용동향을 강의한 적이 있었다. 내 강의를 들을 학생들은 반도체기업 취업을 준비 중이었고 목표는 대기업이었다. 나는 감히 번데기 앞에서 주름 잡을까 봐 큰 부담을 느꼈다.

강의 2주 전부터 업계 5위권 회사의 홈페이지를 들락거리고 관련 분야 협회와 애널리스트들이 분석한 시장동향 리포트를 찾아 인쇄한 후 여러 번 되풀이해서 읽었다. 내가 찾은 자료는 이랬다. 어떤 업체들이 시장을 이끌고 있는지, 최근 10년 동안 이 업계의 매출 성장세는 어떠한지, 매출에 영향을 미치고 있는 요소들은 무엇인지, 이 시장에서 해결해야 할 과제는 무엇인지, 해외시장 동향은 어떠한지, 마지막으로 그렇다면 이 업계는 어떤 인재를 원하는지, 인재상은 다른 업계와 어떤 차이가 있는지를 살펴보았다. 특히 반도체 협회 수장들의 인터뷰 기사는 이 많은 질문들에 해답을 주었다. 그들의 목소리만 전해도 적어도 한 시간 동안은 떠들 수 있겠구나 싶었다.

그날 나는 처음 강의하는 사람처럼 긴장했다. 강의실은 건장한 남학생들로 꽉 찼다. 오프닝 때 나는 업계 1~3위 사장님의 사진을 보여주며 물었다.

"자, 여러분! 이분들이 누군지 아시죠?"

100여 명 학생들이 꿀 먹은 벙어리마냥 입을 꾹 다물었다. 이 시장에서 먹고 살겠다고 마음먹은 대학생들이 맞나 싶게 그들은 자신에게 월급 줄 사장님의 얼굴도 모르고 있었다. 그 사실만으로도 1시간가량 이야기할 거리가 생겼다. 쉬는 시간에 한 친구가 나를 찾아왔다. 내가 강의 때 소개한 업체에서 일하고 싶은 생각이 들었단다. 고맙기도 하고 안타깝기도 했다. 그 업체를 소개한 시간은 불과 3분밖에 되지 않았기 때문이다. 3분 분량의 정보도 찾아보지 않았다는 말이 아닌가.

우리에게 일자리는 삶의 중심이다. 집보다 더 많은 시간을 머물게 되고 친구보다 더 오랫동안 직장 동료와 이야기를 나눈다. '대충, 아무렇게나' 구직활동을 하는 것은 자기 자신에 대한 무책임이다. 일자리를 성급하게 결정하는 것은 더욱 옳지 않다. 남 일도 아니고 자기 일을 어떻게 그처럼 무성의하게 처리하는가. 진심을 다하고 죽을힘을 다해 당신을 위한 멋진 일자리를 찾아라.

젊은 만화가들 사이에 입에서 입으로 전해지는 '만화가론'이란 것이 있다. 하나는 만화는 '엉덩이로 그리는 것'이라는 입장이고, 다른 하나는 '발로 그리는 것'이라는 입장이다. '엉덩이'를 강조하는 만화가는 〈머털도사〉와 〈임꺽정〉으로 유명한 이두호 선생님이다. 그는 평소 학생들에게 만화가에게 필요한 것은 오랜 작업 시간을 견딜 수 있는 끈기라고 강조한다. 그리고 '발'을 강조하는 만화가는 허영만 선생님이다. 그는 후배들에게 만화가에게 필요한 것은 철저한 취재력과 풍부한 경험이라고 조언한다.

내가 구직자들에게 더 강조하고 싶은 '만화가론'은 '발로 그리기'다. 만화가 허영만은 만화계의 부흥이나 침체와 상관없이 대중들의 사랑을 받아왔다. 세월이 흐르고 시대가 변해도 변함없이 사랑받을 수 있는 비결은 그가 언제나 소재 개발에 많은 시간을 투자했기 때문이다. 그는 데뷔 이래 40여 년 동안 택견, 야구, 권투, 골프, 바둑, 패션, 화투, 관상 등 새로운 소재를 찾아서 독자들에게 재미와 감동을 선사해왔다. 이는 그가 언제나 만화를 '발로 그렸기' 때문에 가능했던 성취이다.

한 여성발전센터에 집단 상담을 나간 적이 있었다. 그곳을 다니는 주부들은 방과 후 교사를 희망했다. 그러나 안타깝게도 그들에게는 적극성이 엿보이지 않았다. 그들에게 말했다.

"학교 교사가 되고 싶은 게 맞나요? 정말 취업을 원한다면 매일 그 학교에 가보세요. 그리고 아이들의 표정을 보세요. 그 아이들의 사진을 찍어보세요. 아이들이 무엇을 원하는지 물어보고 그 아이들이 원하는 것을 준비해보세요. 이제 '발에 땀나듯이'가 아니라 '발에 피나듯이' 뛰어야 합니다."

당신의 종아리에 거머리가 붙어 있다. 얌전히 툭툭 쳐서는 절대 떨어지지 않는다. 거머리에게는 생사가 걸린 문제이기 때문이다. 그 거머리처럼 지금 이 순간을 걸고 달라붙어야 한다. 거머리로서는 '지금은 귀찮아. 이따가 논으로 들어오는 사람이 있으면 그때 피를 빨지, 뭐.' 하는 생각이 없다. 지금이 중요하다. 지금이 전부다. 그래서 거머리는 매번 최선을 다해 피를 빤다. 거머리에게는 매 순간이 생존을 향한 몸부림이요, 자신의 전부이다.

스펙이 낮다고 능력이 부족하다고 부끄러워하지 마라. 정말 부끄러워해야 할 일은 발로 뛴 적도 없으면서 철석 붙기를 바라는 당신의 마음이다.

그들의 행복 취업 이야기 ③

마음 밝힐
등불을 찾는
당신에게

사례1 지방대 4학년

당신의 심장이 쿵쿵 뛸 때

: **김경아** 이우곤HR연구소 과장

2007년 12월 31일 밤 12시를 향해 가던 시각. 친구들과 모여 제야의 종소리를 들으며 아듀! 한해를 보내려던 참이었다. 정적을 깨고 핸드폰이 요란하게 울렸다.

"선생님, 저 상우에요. 기억하세요?"

"누구시라고요?"

나를 선생님으로 부르는 사람 중에 '상우'가 누구일까. 한참 생각하다 3개월 전에 K대학교 취업캠프에서 만났던 한 남학생이 떠올랐다.

"선생님과의 약속 때문에 전화 드렸어요. 그 약속 기한 조금만 늦출 수 있을까요?"

약속…… 약속이라니? 안개가 걷히듯 3개월 전의 기억이 눈앞에 환히 그려졌다.

상우 씨는 한 지방대학교 4학년 학생이었다. 학점 2.7점, 토익점수 없음. 아르바이트 경험도 없고 딱히 이력이라고 할 만한 것도 없는 29살의 친구였다. 진로도 정해져 있지 않은 상태였다. 취업상담은 고작해야 한 사람 앞에 10~20분밖에 할애할 수 없는 상황. 이 짧은 시간에 상담을 하기에는 상우 씨는 '반갑지 않은' 내담자였다. 더구나 상담을 해야 하는 나는 겨우 1년차 취업컨설턴트였다.

이력서를 보면서도 당황하지 않으려고 노력했다. 이력서에 적은 것 말고 다른 경험은 없는지, 평소에 좋아하는 일은 무엇인지, 대학교 4년 동안 기억에 남는 색다른 경험은 없는지 묻고 또 물었다. 그러나 대답은 고작 '없어요, 몰라요'가 전부였다. 그는 4년 동안 전공 공부에도 관심이 없었고, 진로·취업 따위도 고민하지 않은 채 그저 즐기면서 살았다고 했다.

가끔 내담자들 중에는 컨설턴트를 점쟁이로 여기는 사람들도 있다. 내가 가야 할 길은 어디인지, 그 운명의 수레바퀴가 어디로 굴러가는지 알려달라는 듯이 나를 간절히 바라본다. 물론 그럴 때도 직자의 적성이나 흥미 따위의 정보를 얻을 수 있다면 어느 정도 방향을 제시할 수 있다. 그러나 상우 씨와 같이 순수한 무경험자이자 세상과 자신에 대해 무심한 사람인 경우에는 방향 하나 잡기도 모래밭에서 바늘 찾기였다.

진단 분주함 속의 나태

상우 씨 같은 사례는 생각보다 적지 않다. 명문대에 다니는 학생들은 그래도 진로를 꼼꼼히 준비할 것 같지만 실제로는 그렇지 않다. 대학에 상관없이 10명 가운데 2~3명은 꼭 상우 씨 같다. 그들은 공통적으로 어디로 가야 할지 길을 찾지 못한다. 그래 놓고 스펙에만 매달린다. 자신을 성찰하는 게 우선인데도 부차적인 것에만 매달린다. 서울대 소비자학과 김난도 교수는 이를 '분주함 속의 나태'라고 불렀다. 나는 상우 씨에게 답을 찾아주기보다는 답을 찾는 방법을 알려주고 싶었다.

"……회색 신사들이 대도시를 서성이고 있었다.
그들은 지칠 줄 모르고 무슨 일인가 열심히 하고 있는 듯 보였다……"
_미하엘 엔데, 〈모모〉 중에서

처방 나를 찾아 떠나는 여행

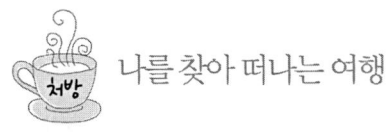

사실 나 역시 3년 전, 그와 같이 악조건을 갖춘 졸업예정자 중 한 명이었다. 아버지가 고등학교 때 돌아가시고, 어머니는 아무런 수입이 없었던 터라 1년 휴학을 포함해 대학 5년 동안 나의 생활은 오로지 아르바이트뿐이었다. 텔레마케터, 학원 강사, 호프집·커피숍 서빙, 신문 배달, 마트 캐셔, 학과실 및 교수실 청소까지…… 일이라면 원 없이 해봤다. 당연히 토익 점수와 스펙은 없었다.

4학년이 되자 비로소 동굴 속에 갇혀 있는 내 현실이 보였다. 등록금, 생활비까지 스스로 해결했던 나는 토익 800점, 해외연수, 학점 4.0을 자랑하는 친구들을 보며 기가 죽을 수밖에 없었다. 매주 취업계를 내고 강의실을 떠나는 친구들을 보며 내 자신과 환경이 원망스러웠다. 무엇이든 해야겠는데 눈앞이 막막했다. '하루하루를 사느라 정신이 없었다.'는 말만 입안을 맴돌았다.

그렇게 무기력한 4학년 1학기를 보내고 결심했다. 더 잃을 것이 없다면 지금부터라도 찾아보면 되지 않겠는가. 지금 와서 스펙 쌓는 나고 호들갑을 떠느니 내가 행복할 수 있고, 내가 잘할 수 있는 일을 찾아보자. 그래, 그동안 잊고 살았던 '나'를 찾아 여행을 떠나자.

전라도에서 서울까지 딱 2개월이 걸렸다. 지금도 학생들에게 그 얘기를 들려주면 그들은 나를 용감한 사람으로 오해한다. 하지만 나는 여장부가 아니다. 나 자신을 위해서는 단 돈 천 원도 못 쓰는 심약한 사람이다. 하지만 여행을 떠난 이 기간만큼은 철저히 이기주의자가 되기로 작정했다. 오직 '나 자신만' 생각하기로 했다.

'능력이 부족하다, 집안 형편이 어렵다, 가진 것이 없다.' 나는 먼저 내 마음을 갉아먹고 있는 벌레들을 모두 털어냈다. 그리고 '나는 어떤 사람이며, 앞으로 무엇을 하면 행복할까?'만 미친 듯이 생각했다. 물론 쉽지 않은 일이었다. 머리가 아파 두통약을 달고 살았지만 그 답을 찾을 때까지 포기할 생각은 없었다.

그리고 2개월 후, 나는 '취재기자'라는 꿈을 찾았다. 목표가 설정되니 아무리 달려도 힘들지 않았다. 그렇게 4학년 마지막 학기는 비전공자로서 취재기자가 되기 위한 도전이 시작되었다.

나는 상우 씨에게 나의 과거를 들려주며 스스로 길 찾기를 권했다.

"혼자만의 시간을 가져보세요. 자신에 대해 깊이 생각해보세요. 내가 정말 어떤 것을 잘하고 좋아하는지, 앞으로 무엇을 하면 행복할지 말이에요. 물론 힘들게 손에 쥔 답이 정답이 아닐 수도 있어요. 하지만 아무런 보람이 없는 것은 아니에요. 그 답을 찾기까지 들였던 노력은 당신의 삶에 큰 가치로 남을 거예요. 답을 얻게 된다면 나한테도 알려줄래요?"

진심이 통했는지 상우 씨는 고개를 끄덕였다. 올해가 가기 전, 꼭 자신이 찾은 답을 알려주겠노라고.

그렇게 3개월이 흘렀다. 나는 까마득히 그 약속을 잊고 있었다.

상우 씨는 나와의 약속을 지키기 위해 벌써 세 번째 여행을 떠났다고 했다. 친구들을 좋아하는 그가 한 해의 마지막 날 홀로 동해에 있다는 것은 그만큼 절실하다는 뜻이리라. 그는 세 달 동안 자신의 행복을 찾기 위해 노력하고 있지만 아직 눈앞은 안개 속인 듯 뿌옇다며 좀 더 시간이 필요하다고 말했다. 하지만 그의 목소리는 3개월 전과는 딴판이었다. 울림은 깊어졌고 희망은 넘쳤다.

"언제든 괜찮아요. 상우 씨가 답을 찾게 되면 그때 연락주세요. 그리고 고마워요."

고맙다는 나의 말에 상우 씨가 의아해했지만, 나는 거듭 고맙다고 말했다. 나와의 약속을 잊지 않아줘서, 자신의 꿈을 찾기 위한 노력을 포기하지 않아줘서 정말이지 난 그에게 참으로 고마웠다.

다음해 2월, 상우 씨에게 전화가 걸려왔다.

"선생님, 저 축하해 주세요. 꿈을 찾았어요."

"그래요? 정말 축하해요. 어떤 꿈인지 얘기해 줄 수 있어요?"

전자공학과를 전공한 그는 전공점수가 2점대로 낮았지만 자기탐색 끝에 전공만큼 자신과 잘 맞는 게 없다는 결론에 도달했단다. 그래서 전자회사 엔지니어를 목표로 취업준비를 하기로 다짐했다고 얘기했다. 그리고 다시 한 달 뒤 상우 씨는 취업에 성공했다는 반가운 소식을 전하며 이렇게 말했다.

"저는 지금까지 제 자신으로 살지 못했습니다. 그걸 깨달았으니 이제는 시간을 소중히 여기며 살아갈 겁니다."

생각해 보기

스펙 VS 자아 찾기

많은 대학생들이 스펙에서 자신의 취업 정체성을 찾는 경향이 있다. 그러나 번지수가 잘못되었다. 취업 정체성은 스펙이 아니라 자기 자신으로부터 발견해야 한다. 스펙이 요즘 취업생들에게 미치는 영향력은 가히 절대적이다. 심지어 자기탐색이 끝난 학생이 자신의 조건 때문에 꿈을 포기하는 경우도 보았다. 과연 그게 올바른 선택일까?

2009년 가을 전라도에 있는 A대학 취업캠프에 다녀왔다. 참가자 중에는 2년 전 캠프에서 만났던 수지라는 학생도 있었다. 그때 수지는 아나운서를 꿈꾼다는 당찬 여대생이었다. 수지와 일대일 컨설팅 시간이 돌아왔다. 그동안 준비를 얼마나 열심히 했는지 궁금했다.

"수지야, 아나운서 준비는 잘되고 있니?"

수지의 얼굴에 그늘이 졌다.

"사실은요 선생님, 저 아나운서 말고 다른 진로를 찾으러 캠프에 왔어요."

뜻밖이었다. 2년 전 나는 수지가 아나운서로서 충분히 가능성 있는 사람이라고 생각했다. 호소력 짙은 보이스, 삶에 대한 깊은 생각, 아나운서에 대한 열정까지. 그런 그녀가 왜 꿈을 포기했는지 궁금했다.

얘기인즉, 아나운서 양성과정에서 한 선생님이 수지 음성에서 비음이 들린다고 했단다. 요컨대 비음이 있으면 아나운서 시험에 합격할 수 없다는 얘기였다. 부득불 병원을 찾아갔지만 비음을 고칠 수 있는 방법이 없었다.

수지는 얘기를 마치고 눈물을 보였다. 나는 한참을 생각했다. 그녀에게 들려주고 싶은 말이 많았다.

"수지야, 지금 수지 마음속에 아나운서 꿈은 완전히 지워졌니?"

수지는 고개를 절레절레 흔들었다.

"그럼, 그 비음 때문에 실제 시험에서 떨어진 적이 있니?"

수지는 다시 고개를 저었다.

"그렇다면 우리 한번 부딪쳐보는 것은 어떨까? 정말 비음 때문에 떨어진다면 그때 깨끗이 포기해도 될 것 같아. 지금은 단지 떨어질 것 같다는 두려움 때문에 시험조차 보지 않는 거잖아. 합격할 수도 있지 않을까? 우리가 겪어보지 않은 일은 100% 확신할 수 없으니까 말이야."

나는 수지 손을 꼭 잡으면서 내 마음을 전달하고 싶었다. 그래서 제발 그녀가 자기 자신을 믿고 다시 한 번 도전하기를 바랐다. 타인의 부정적인 말이 아닌, 자신의 내면에서 울려오는 강렬한 외침을 듣길 소망했다.

캠프 마지막 날, 수지는 부푼 가슴을 안고 나를 찾아왔다.

"선생님, 저 한번 해볼래요. 설령 비음 때문에 떨어지더라도, 그래서 실망하더라도 한번 도전해보고 싶어요."

그 말을 듣는 순간 가슴에 뜨거운 피가 맴도는 것 같았다. 그녀의 용기가 멋있었고 분명 해낼 수 있을 것 같다는 확신이 들었다.

그 후 수지는 정말 죽을힘을 다해 노력했다고 한다. 비음을 교정하기 위해 매번 멘트를 녹음하면서 말하고 듣기를 되풀이했고 시간을 쪼개가며 열심히 아나운서 시험을 준비했다. 그리고 지금 그녀는 광주 K방송국에서 리포터로 활약하고 있다.

지금 이 순간에도 세상에서 말하는 부정적인 얘기에 날개를 꺾는 구직자들이 많다. 부디 그러지 않았으면 좋겠다. 자기 마음속에서 울려오는 그 얘기에 귀를 기울일 수 있었으면 좋겠다. 그래서 남들이 다 안 된다고 하는 일조차도 멋지게 해내는 사람이 되었으면 좋겠다.

어디로 가고 있는지도 모른 채 속도경쟁만 해서는 안 된다. 자신을 돌이켜보고 있을 여유가 없다며 출발이 늦지나 않을까 불안에 떠는 것이 요즘 구직자들이다.

하지만 분명히 알아야 한다. 출발이 빠르다고 해서 결코 결승점에 빨리 도착하는 것이 아님을. 내 결승점이 어디인지, 그곳에 도착하기 위해서는 어디로 달려야 하는지, 그에 따라 나의 페이스를 어떻게 조절해야 하는지 '전략'을 세워야 우리가 원하는 결승점에 도착할 수 있다.

| 자기탐색과 스펙 |

	스펙 있다	스펙 없다
'나'를 찾았다	어떤 요리를 할 것인지 잘 알고 있는 상태에서 재료까지 충실히 마련한 격. 나를 알고 스펙까지 준비되었다면, 자신이 원하는 길에 조금 더 빨리 갈 수 있다.	어떤 요리를 해야 하는지는 잘 알고 있는데 재료가 없는 격. 스펙이 있는 사람보다 속도가 늦을 수 있지만 부지런히 노력하면 충분히 경쟁력을 만들 수 있다.
'나'를 못 찾았다	장은 잔뜩 봐왔는데 무슨 요리를 해야 하는지 모르는 격. 요즘 취업 시장에서 가장 흔한 유형이다. 주인인 자기분석 없이 손님인 스펙만 준비했기 때문에 혼란스럽다. 설령 취업에 성공하더라도 이직할 확률이 높다.	저녁은 다가오는데 뭘 해야 할지 몰라서 마음만 조급한 격. 가장 막막한 타입이다. 마음만 급한 탓에 뒤늦게 스펙 준비에 열을 올린다. 그러나 '나'를 찾는 것이 우선임을 명심하고, 자기 탐색에 나서야 한다.

사례 2 요양원 운영자

당신에게만 보이지 않는 당신의 보석

: 신민옥 취업컨설턴트

취업에서 성공하고 싶다면 '되고 싶은 나'와 '실제의 나'를 일치시킬 필요가 있다. 여기 그런 여성이 있다. 부천시 상동에 200여 평의 요양원을 설립한 김은영 씨가 그 주인공이다. 그의 요양원은 대기자가 줄을 서서 기다릴 만큼 인기를 끌고 있다.

2008년 9월, 집단상담 프로그램에서 김은영 씨를 처음 만났다. 그녀의 별명은 '우산'. 아마도 누군가의 우산이 되어 비를 대신 맞아주고 싶었던 모양이다. 상담 초기 그녀는 판매업을 희망했지만, 〈꿈 찾기〉라는 프로그램을 통해 새로 '자선사업가'를 선택했다. 화끈한 성격에 꼼꼼하고 단정한 모습, 윗사람을 대하는 태도가 요양보호사에 잘 어울렸다.

상담을 하다보면 본인의 적성이나 특기를 모르는 사람을 많이 만나게 된다. 자신이 어떤 보물을 들고 있는지 모른 채 마냥 타인의 장점만을 부러워하는 경우도 있다. 김은영 씨도 상냥함과 친절함, 웃어른에 대한 공경, 두둑한 배짱을 갖고 있었으나 본인은 잘 모르는 것 같았다. 〈성공경험 찾기〉를 할 때는 의외로 성공한 경험이 많아 매우 놀라는 눈치였다.

〈성공경험 찾기〉는 지나온 경험을 돌이켜보면서 성과가 있었거나 그때만 생각하면 입 꼬리가 올라가는 기억을 10가지 찾아 기술하는 작업이다. 참가자들은 처음에는 고개를 갸웃거린다. 그러나 곧 옛 기억을 하나씩 떠올리며 즐겁게 적어간다. 경험은 크든 작든 그 사람의 성향과 재능을 잘 보여준다. '입맛 까다로운 시어머니가 아구찜 맛있다고 칭찬해준 것', '내 집 장만하려고 발품 팔아 대출받은 일', '초등학교 때 발표대회에서 1등한 것' 등이 주부들이 이야기하는 성공경험 중 하나다. 성공경험을 찾은 주부들은 이를 통해 자존감을 높이고 어느 곳을 향해 걸어가야 할지 대충의 방향을 잡는다.

김은영 씨의 성공경험은 이런 것이었다. 실업계 고등학교 졸업 후 부천에 올라와서 오랫동안 남편 공장에서 일거리를 받아 부업을 해왔고 동네 아주머니들에게 부업을 나눠주면서 인간관계 기술을 익혀 나갔다. 사람 관리를 잘하는 까닭에 한번 인연을 맺으면 보통 2~3년간 함께 일했다. 처음에는 동네 아주머니들에게만 부업거리를 나누어주었으나 나중에는 차를 몰고 찾아다닐 만큼 관리

범위가 넓어졌다. 품질 관리에도 능해 물량은 점점 늘었다.

그녀는 업무도 꼼꼼하고 사람 관리에도 능했다. 직업적성검사 결과도 이를 뒷받침했다. 본인이 선택한 '자선사업가'와도 잘 어울렸다. 그렇게 탐색을 하다 최종적으로 결정된 후보가 요양원이었다.

"……오리 우리에서 나왔으면 어떠니, 너는 백조 알에서 태어났는데……"
_안데르센, 〈미운 오리 새끼〉 중에서

진단
객관적으로 자신을 보기까지 얼마의 시간이 필요한가

그러나 적성이 자신의 바람과 다를 때 사람들은 망설이기 마련이다. 나는 그녀에게 요양보호사 자격증을 취득해서 실무부터 시작해 보라고 권유했다. 그녀는 고개를 절레절레 저었다.

"나는 아이들이 좋지, 노인들은 싫어요. 내 취향이 아니거든요."

그렇게 차일피일 미루더니 3개월 정도 지난 뒤 전화가 왔다.

"선생님, 요양보호사 자격증 취득하려면 어떻게 해야 되나요?"

한참 고민해 보니 '요양보호사도 괜찮겠다.' 싶었단다. 사실 집단상담 프로그램에 참여했던 사람들은 김은영 씨가 그 직업에 잘 어울린다고 생각하고 있었다. 다만 그녀만 몰랐을 뿐이다. 그녀는 자신의 모습을 객관적으로 바라보기까지 3개월이 걸린 셈이다.

나는 김 씨가 자신에게 어울리는 직업을 찾은 것이 매우 감사했다. 그녀에게 집에서 가까운 요양보호사 교육원을 소개시켜주고 이왕 할 거면 사회복지사 자격증을 취득해서 요양원을 운영해 보라고 조언했다. 수완도 좋고 배짱도 두둑하니 사업을 벌여도 잘할 것 같았다.

김 씨는 요양보호사 자격 취득 후 교육원에서 만난 분과 함께 방문요양을 주로 하는 요양보호센터를 창업했다. 동네 후미진 곳에 저렴한 사무실을 얻고 요양보호센터를 오픈했으니 놀러오라고 전화가 왔다. 직접 꾸민 사무실은 아담하고 포근했다. 그녀의 싹싹하고 야무진 성격과 동업자의 인적네트워크가 잘 어우러져 1년 만에 60명의 어르신을 회원으로 모셨으며 분원을 고려할 만큼 사업 규모가 확대되었다.

이 시점에서 김 씨의 사업수완이 빛을 발했다. 그녀는 운영하던 요양보호센터를 동업자에게 맡기고 본인은 요양원을 운영하기로 결심했다. 이미 학점은행제를 통해 사회복지사 자격증을 취득한 상태였다. 살고 있던 집을 담보로 잡히고 은행대출을 받아 부천 상동에 200평의 건물을 계약했다. 다른 요양원과 차별화하기 위해 '친환경'이란 콘셉트도 잡았다. 나무와 화분으로 녹색환경을 만들고 각 방의 문턱을 없애 침대가 거실까지 자유롭게 드나들게 하였으며 어르신들께는 생활 한복을 권해 편안하고 '내 집' 같은 분위기를 창출했다.

어제 그녀는 집단상담 프로그램을 방문하여 취업사례를 발표했다. 처음 만났을 때보다 더욱 당당해져 있었다. 그날 그녀에게 물었다.

"어르신들께 관심을 갖게 된 계기가 뭡니까?"

"선생님이 하라고 하셨잖아요. 저도 잘 몰랐는데 제 안에 '봉사심' 같은 게 있더라고요."

생각해 보기

당신 안에는 보물이 숨어 있다

"돌 속에 사람이 갇혀 있다. 서둘러 꺼내지 않으면 그들은 질식해서 죽고 말 것이다."

사람들이 왜 그렇게 열심히 조각을 하느냐고 묻자 미켈란젤로가 대답했다.

"돌 속에 있는 작품이 제 손을 기다린다고 생각했습니다. 저는 대리석 속에서 완전한 다비드를 보았습니다. 그래서 다비드가 아닌 부분만을 없앴습니다."

미켈란젤로가 돌 속에서 다비드상을 꺼냈듯이 취업 역시 자신 안에 감춰져 있는 적성을 찾아내는 일임을 명심하자. 내가 원하는 상을 만드는 것이 아니라 내 안에 감춰진 나를 발견하는 과정이다.

구직자 중에는 취업을 변태(애벌레가 나비 되는 과정)로 여기는 사람들이 있다. 초라해 보이는 지금과는 다른 근사한 자신의 모습을 기대하는 심리가 구직과정에서 드러나기도 한다. '멋진 사람처럼 보이고 싶다. 지금의 내 모습은 정말 아니다.' 이런 심리가 작용한다. 내가 되고 싶은 사람과 실제의 나 사이에 괴리감이 발생한다. 그래서 더더욱 자기 찾기가 어려워진다.

그러나 취업은 변태가 아니라 나이테 성장이다. 전혀 다른 나로 바뀌는 것이 아니라 내 안에 그려져 있는 작은 동그라미에 더 큰 동그라미를 그려가는 과정이다. 그렇게 그려가다 보면 곧 세상에서 하나밖에 없는 아름다운 무늬가 완성된다.

사례 3 **무스펙 여대생**

현미경으로 분석하고 망원경으로 계획하라

: **김달진** 커리어컨설턴트, 취업지원관

"6개월 동안 좌절 속에서 살았습니다. 어설프게 목표를 세우고 어설프게 포기했습니다. 교육상담사는 제 성격과 잘 어울리는 직업이었습니다. 그래서 자신 있게 이력서를 쓰고 면접을 치렀습니다. 현재 감사한 마음으로 회사를 다니고 있습니다."

며칠 전 이지영 양이 학교로 보낸 소감문이다. 그녀는 취업한 지 한 달을 갓 넘긴 신입사원이다.

이 양과는 경기도 모 대학교에서 진행했던 개인상담 프로그램을 통해 처음 만났다. 그녀는 영업직을 희망했다. 표정은 밝았고, 붙임성도 좋았다. 직업선호도 검사 결과에서도 사회성이 높다는 결과가 나왔으니 영업직이면 딱 맞을 것 같았다.

하지만 몇 차례 만나는 과정에서 뭔가 이상한 점이 발견되었다.

이 양은 분명 붙임성이 좋고 사람을 편하게 만드는 재주가 있었다. 그러나 영업사원이 갖춰야 할 협상 능력이 부족했다. 그 때문인지 영업직에 대한 두려움도 안고 있었다.

"사회로 나가는 것이 두려워요. 영업을 잘할 수 있을지도 걱정스럽고요. 내세울 만한 스펙이 없잖아요. 영업직이 제일 무난해 보였어요. 하지만 겁이 나요."

상담 기회는 앞으로 2차례밖에 남지 않았을 때였다. 나는 그녀에게 선택권을 주기로 했다. 남은 시간 동안 자기탐색을 할 것인지, 구직스킬을 올릴 것인지. 그녀는 곰곰 생각하더니 이렇게 말했다.

"저에게 맞는 일을 찾고 싶어요."

나 역시 같은 생각이었다. 자기 몸에 맞지 않은 옷을 입은 채 취직을 한다면 다시 채용시장을 전전할 가능성이 높다. 나는 그녀의 선택대로 자기이해를 위한 상담을 진행하기로 했다. 그리고 이 양에게 〈100가지 선호행동 작성하기〉 과제를 주었다.

처방 내 행동에 숨은 일정한 패턴 찾기

〈100가지 선호행동 작성하기〉는 말 그대로 자신이 선호하는 행동 100가지를 정리하는 것이다. 이 행동은 크게 3가지로 나뉜다. 1) 자신이 일상적으로 하는 행동이나 의식하지 않고 편하게 하는 행동, 2) 여건이 된다면 하고 싶은 행동, 3) 이루고 싶은 행동, 즉 되고 싶은 사람에 관한 기록이다.

사람은 누구나 의식하든 못하든 자신만의 강점을 가지고 있다. 스스로 자신을 객관화시키지 못할 때 필요한 것이 각종 심리검사 도구이다. 하지만 심리검사는 한계가 따른다. 검사의 틀에 맞추다 보면 자신을 명확히 나타내기 어려울 때도 있고, 또한 결과에 대해 반신반의하는 경우도 많다. 그에 반해 〈100가지 선호행동 작성하기〉는 자신이 스스로의 경험과 생각을 반추해 가며 작성하는 것인 만큼 심리검사보다 결과에 수긍하는 경향이 높다.

100가지 선호행동 검사에서는 겉으로 드러난 행동 사이에 공통적으로 숨어 있는 패턴을 찾는 것이 가장 중요하다. 패턴을 찾기 위해서는 작성한 것들을 토대로 하나하나 질문을 던지며 의미를 파악해야 한다.

간단한 예를 들어보자. 내가 상담했던 학생 중 김 군의 100가지 선호행동은 이랬다.

남 웃기기, 학원 강사 되기, 1,000명 앞에서 사회 보기, 행복과 웃음 주는 직업 갖기, 승무원 되기, 세미나 참석하기, 레크리에이션 자격증 취득하기, 청소년 상담가 되기, 상담 자격증 취득하기, 강단에 서서 성공담을 이야기해주기, 바쁜 비즈니스맨 되기, 인정받는 사람 되기, CEO 되기, 억대 연봉자 되기, 나를 위해 투자하기, 렉서스 구입하기, 32평 아파트 구입하기, 개인자산 30억 만들기, 음식점 운영하기, 베이커리 가게 운영하기, 친구들과 대화하기, 후배들 상담해주기 등

이 내용을 살펴보면 '인정받고 싶은 욕구, 금전적 보상의 욕구, 영향력 발휘의 욕구, 사람에 대한 흥미, 표현력과 설득력'이라는 공통된 패턴을 발견할 수 있다. 이를 바탕으로 우리는 김 군이 '사람을 대상으로 표현력과 설득력을 사용하여 영향력을 발휘하고 이를 통해 인정도 받고 금전적 보상도 따르는 일'을 하고 싶어 한다는 잠정적인 결론을 내릴 수 있다.

마찬가지로 이 양의 100가지 선호행동에도 일정한 패턴이 있었다. 이 양이 작성해온 선호행동은 사람과 관계된 것들이 주를 이뤘다. 그만큼 사람에 대한 관심이 높다는 뜻이다. 조금 더 자세히 들여다보니 이 양은 자신이 주체가 되어 타인을 가르치거나 계획을 짜주거나 리드하는 행동을 선호하는 것으로 드러났다. 그 다음으로는 꾸미고 만드는 것에 대한 선호도가 높게 나왔다.

나는 이런 결과를 보고 있다가 문득 이 양이 사람의 특성을 파악하는 능력이 뛰어나다는 사실을 떠올렸다. 이 양은 프로그램에 참여하자마자 나를 비롯한 기타 참가자들의 성격을 정확히 맞췄다. 이러한 요소를 종합하여 나는 이 양에게 교육상담, 호텔리어나 패밀리레스토랑의 매니저, 디자이너 등의 직업을 추천해주었다.

내 이야기를 듣던 이 양은 한껏 흥분했다.

"그동안 영업직 하나만 바라봤어요. 그런데 저에게 이런 소질이 있고 이를 실현할 수 있는 기회가 많다는 것이 정말 신기합니다."

이 양은 심사숙고 끝에 교육상담 일을 해보고 싶다고 연락해왔다.

"아참, 내가 예전에 취업을 준비할 때 사용했던 방법인데, 동기부여가 될 만한 글들을 적어서 책상과 문 그리고 천장에 붙여 놓으세요. 매일 눈에 띌 때마다 그 글들을 읽으면서 큰 소리로 외쳐보세요. 자신감이 향상될 거예요."

그렇게 상담이 끝나고 채용공고를 살펴보다 이 양에게 딱 맞는 코칭매니저의 채용공고를 찾았다. 곧바로 이 양에게 연락해 지원하도록 독려하였고 마지막 상담을 통해 입사지원서 클리닉과 면접 지도를 해 주었다. 며칠 후 이 양에게서 전화가 왔다.

"선생님, 합격했어요. 정말 감사합니다. 선생님 덕분에 자신감도 얻었고, 이렇게 잘할 수 있는 일도 찾을 수 있었어요."

생각해 보기 스톡데일 패러독스

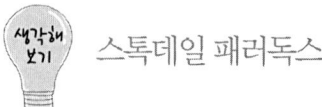

나는 오늘도 이 양과 같은 구직자들을 만난다. 그들을 만날 때마다 빠짐없이 하는 말이 있다. '스톡데일 패러독스'다. 끝내 성공하리라는 믿음을 잃지 않는 동시에 눈앞에 닥친 냉혹한 현실을 직시하는 것이다. 즉 호수 위에 도도하게 떠 있는 백조처럼 지금 열심히 발을 젓지 않으면 가라앉을 것이라고 여기는 동시에 언제든지 두 날개를 퍼덕이며 하늘을 날 수 있다는 자신감을 갖는 것이 필요하다.

이를 위해서는 현미경을 통해 '과거로부터 이어져온 현재의 나'를 집중 분석하고, 망원경을 통해 '미래의 내 모습'을 그려볼 수 있어야 한다. 이런 과정을 통해 자신에 대해 확신을 갖고 자존감(Self-esteem)을 높여야만 취업이라는 관문을 통과할 수 있다.

사례 4 **경력단절 여성**

“어제의 사진이 아닌 오늘의 사진을 보겠습니다.”

: **유재숙** 몸다이어트 전문가

어느 날 어깨를 잔뜩 웅크린 한 여인이 문을 열고 들어선다. 곱고 아름다운 얼굴, 그러나 눈빛에 생기가 없다. 상담하는 내내 그녀는 물기 없는 목소리로 대답한다.

“왜 사는지 모르겠어요. 이러다가 문득 이 땅에서 사라질지도 모른다는 불안감에 떠밀려 왔어요.”

주부들은 소중한 무언가를 잃어버린 사람처럼 허탈한 심정으로 〈美小라인〉을 방문한다. 그들의 손아귀를 스르르 빠져나간 것은 자신의 존재감이다. 최근에는 대학생들도 같은 증상을 호소한다. 3040 여성들만 찾던 〈美小라인〉에 앳된 20대들의 문의가 잇고 있다.

유산을 많이 물려받은 장남의 아내, 즉 부잣집 맏며느리가 그녀의 명함이었다. 그러나 겉모습 어디에도 상속자의 오만함은 보이지 않았다. 무거운 공기에 짓눌린 듯 축 처진 어깨, 삶의 방향을 잃은 듯 공허한 눈동자, 그리 뚱뚱하지 않은 배를 가리고 있는 폭 넓은 티셔츠……. 그 모습에서 느껴지는 건 지독한 외로움이었다.

세상에 공짜는 없는 것일까? 받으면 받은 만큼 톡톡히 대가를 치러야 하는 것이 세상의 법칙일까? 그녀는 멀리 지방에 사시는 시부모님 두 분이 다 병환으로 누워 계신 탓에 일주일에 두어 번은 문병을 다녀야 했다. 또 유산 많은 가족에게 익숙한 풍경, 즉 형제간의 불편하고 지루한 재산싸움이 그녀의 집안에서도 펼쳐지고 있었다.

상황은 그녀의 의지하고는 상관없이 흘러갔다. 마치 파도가 몰아치는 바다 한가운데서 의지할 것이 없이 이리저리 휩쓸리는 사람처럼 그녀는 꼬르륵거리며 허우적댔다. 그녀에게는 하루하루가 무의미한 행위의 연속이었다. 그녀는 자신의 행위에서 아무런 의미를 발견하지 못하는 구소련의 장기복역수와 닮아 있었다. 구덩이를 다 파면 다시 메워야 하는 사람들. 오늘 파낸 구덩이는 내일 다시 메우고, 오늘 다시 메운 구덩이는 내일 다시 파야 한다. 마치 밀물이 오기 전까지 모래성을 쌓는 아이처럼 그녀는 매일 수고를 했으나 그 수고는 아무 흔적 없이 수챗구멍 속으로 사라졌다.

사실, 그녀의 이야기를 들으면서 참 힘든 과정이 되겠구나 한숨을 쉬었더랬다.

그런데 신기하게도 한없이 약해 보이던 그녀가, 그리고 집안이 넉넉하여 별로 일자리가 절박해 보이지 않던 그녀가 그 많은 회원 가운데 가장 먼저 독립하여 자신의 길을 찾아 나섰다.

진단

존재감을 회복하라

내가 운영하는 美小라인은 3040 여성들을 위한 몸(몸+마음)다이어트 스쿨이다. 아내, 엄마, 며느리라는 가면을 쓴 채 한 번도 자신의 맨 얼굴을 보여주지 않고 사는 여인들, 그러나 사랑받고 싶고 인정받고 싶고 자유롭고 싶고 다른 누구의 삶이 아닌 내 삶을 살고픈 욕망이 누구보다도 강한 여인들, 이 여인들의 몸과 마음을 날씬하게 하는 것이 내가 하는 주된 일이다.

위 사례와 같은 경우 대체로 네 가지 점에서 문제를 발견할 수 있다. 첫째는 위축된 자존감이고, 둘째는 지친 육체, 셋째는 불편한 대인관계, 넷째는 좁은 세상에 갇혀 있는 '나'이다.

이를 위해 가장 우선적으로 필요한 것은 자신감 회복이다.

처방 마음으로 하는 다이어트

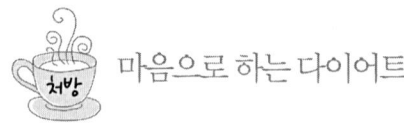

그녀와 나는 아주 특별한 프로젝트를 시작하였다. 세상과 소통하기 위해서는 먼저 자신과의 소통이 선행되어야 한다. 내가 나를 사랑하지 않으면 다른 이들이 아무리 나를 사랑해도 내가 그 사랑을 받아들일 수 없다. 상처받은 나를 치유하는 것은 온전히 자신이 할 일. 일단 지치고 힘겨워하는 자신의 몸부터 돌보아야 한다.

먼저 몸-마음 다이어트

살을 빼는 데 가장 중요한 열쇠는 마음이다. 마음의 살을 빼면 몸의 살은 저절로 빠진다. 마음의 살이란 복잡하게 얽혀있는 감정의 실타래를 말한다. 실마리를 찾아서 살살 풀어본다. 안 되면 단번에 잘라버리는 것도 한 방법이다. 이렇게 마음의 살을 푸는 이유는 아픈 건 대개 몸이지만 원인은 마음에 있기 때문이다.

나는 그녀에게 매일 한 시간씩 운동할 것과 그날의 감정 상태를 기록할 것을 주문했다. 마음이 복잡할 때는 몸을 움직이는 게 상책이다. 매일 관찰일기도 써 내려갔다. 단순히 섭취한 칼로리 총량과 몸무게를 기록하는 일기가 아니었다. 내 감정을 하나씩 적어가며 어제와 1% 달라진 오늘의 나를 관찰하는 것이 목적이다. 관찰은 또 다른 나를 창조하는 데 기여한다. 실제로 감정일기를 쓰는 동안 그녀는 자신의 감정을 객관적으로 바라볼 수 있는 힘이 생겼다.

그 다음 관계–마음 다이어트

나는 그녀에게 매일 한 편의 시와 짧은 글을 읽도록 했다. 인문학이 통찰을 키우고 삶의 의미를 되찾게 한다는 거창한 명분에 부응하기 위함이 아니다. 시와 글이 삶의 속도를 조절한다는 사실을 수차례 확인했기 때문이다. 여성들은 아이와 씨름하고 집안의 대소사를 챙기다 보면 점점 더 조급해진다. 조급증은 '하루 빨리' 해답을 찾으라고 성화를 부린다. 이렇게 조급증은 불안감을 낳고 두려움을 낳아 다시 무언가에 의존하도록 만든다. 의존이 시작되는 순간, 다시 증세는 걷잡을 수 없이 커진다.

그녀는 시와 글을 읽으면서 여유를 되찾아갔다. 나무토막처럼 무뚝뚝했던 그녀의 입에서 미소가 퍼지기 시작했으며 간간히 농담도 던졌다. 그녀는 읽고 쓰는 행위를 통해 자신이 '알지 못하는 나', '알고 있어도 잘못 알고 있는 나'를 발견하게 되었다고 고백했다.

그리고 그녀는 드디어 캄캄한 미로 속에서 한 줄기 빛을 발견했다. 남편, 아이들, 그리고 시부모님과 어떻게 소통해야 하는지 감을 잡았다. 지금까지는 억지로 해왔던 일을 기꺼운 마음으로 받아들이면서 몸의 통증이 사라지기 시작했다. 그녀는 시부모가 계시는 지방으로 내려가기로 결심했다. 멀찌감치 떨어져 살며 손가락질 받지 않을 만큼만 살아오던 그녀로서는 엄청난 변화였다.

세 번째 일–마음 다이어트

그녀가 작별을 고해왔다.

"제가 살던 이 마음속은 유배지 같았어요. 매일 괴롭히던 시누이를 피해 도망 온 유배지. 최근 들어 제일 잘한 일은 〈美小라인〉에 다닌 일이에요. 자신감이 생기고 내 인생도 의미 있는 삶이라는 것을 깨닫게 되었어요. 일을 하고 싶은 마음도 생겼답니다. 오래 쉬었으니 일단 취업을 하고 감각을 찾으면 창업을 할 생각이에요."

"……비는 사흘동안 계속 내렸습니다. 강아지똥은 온 비에 맞아 자디잘게 부서졌습니다. 땅 속으로 모두 스며들어가 민들레의 뿌리로 모여들었습니다. 줄기를 타고 올라와 꽃봉오리를 맺었습니다.……"

_권정생, 〈강아지똥〉

경력단절

여자들은 결혼하고 출산하면 보통 두 가지를 양보하게 된다. 직업과 날씬한 몸. 그저 눈에 보이는 이 둘을 양보하는 것이라면 그나마 다행이다. 그러나 대부분은 눈에 보이지 않는 존재감까지 잃게 된다. 이렇게 존재감을 잃은 상태에서 취업이라도 할라치면 갑자기 두려움이 밀려든다. 그들에게는 '경력단절'이라는 말만큼 무서운 것도 없다.

경력단절이라는 말에는 그동안의 모든 시간이 취업 앞에서는 무의미해진다는 뜻이 숨어 있다. 결혼 후 낯모르는 시댁 식구를 내 편으로 만드는 내공, 새 생명을 낳고 품고 키운 내공, 몸이 아파도 가족 식사는 꼭 챙겨주었던 서비스 내공, 매일 식단을 짜며 가족의 영양을 책임졌던 주도적 마인드 내공, 아이를 위해서라면 물불을 가리지 않았던 희생정신 내공, 가족의 중심에서 온 가족을 소통시키는 중추적 역할의 내공들이 무참히 묻혀버린다.

그러나 이런 순간들을 돌이켜보고 자신의 존재가치를 인정하는 순간 경력단절은 곧 경력 쌓기의 시간들로 탈바꿈된다.

지난 주, 창업을 준비하고 있는 주부들을 위한 강의가 있었다. 강의를 듣고 있는 청중 중에 또 한 명의 '그녀'가 있었다. 강의를 끝내

자 그녀가 편지를 전해왔다.

"어제의 사진이 아닌 오늘의 사진을 보겠습니다."

결혼과 함께 한숨만 늘었던 사람이 지금의 소중한 나를 발견하겠다는 각오였다. 지금 이 순간이 얼마나 소중한지 깨달은 사람은 어제와 다른 선택을 한다. 새로운 선택은 우리를 보다 나은 내일로 인도한다.

"……다람쥐는 문득 깨달았다. 지금 달리고 있는 이 길이 쳇바퀴 속임을……"

사례5 게임에 빠진 대학 중퇴생

마음으로 나태와 분노가 걸어 들어올 때

: **윤통현** (주)인제이 매니지먼트 전직지원 컨설턴트

무더운 8월의 어느 날, 민수 씨의 어머니가 한숨을 지으며 하나뿐인 아들 이야기를 쏟아놓는다.

"우리 아들이 영락없이 지 애비를 빼 닮았어요. 허구한 날 술만 먹고 일도 안 하네요. 좀 진득하니 일하면 얼마나 좋아요. 1주일도 못 배기고 도망 나오질 않나, 직장 사람들이랑 대판 싸우고 때려치우질 않나. 어휴, 어쩜 하는 짓이 지 애비랑 똑같은지."

민수 씨의 아버지는 8년 전 암으로 세상을 떠났다. 어머니는 아들에 대한 걱정으로 마음이 심난했다.

"오늘 온 것은 다름이 아니라 우리 자식 놈 때문이에요. 집에 있으면 하루 종일 빈둥거리며 텔레비전 보고, 밖에 나가면 PC방 가서 밤을 꼴딱 새워요. 낼 모레면 서른인데 걱정이 태산이네요. 어

디 좋은 일자리 있으면 우리 민수 소개 좀 해 주세요."

민수 씨는 군 제대 후 어려운 집안 사정 때문에 대학을 자퇴했다. 한때 장사를 하겠다며 친구들과 함께 노점상에 뛰어들기도 했지만 4년 전부터는 집에만 틀어박힌 채 꼼짝도 안 한다. 어머니와 그의 누나가 아무리 타일러도 들은 채 만 채 무위도식하면서 쥐꼬리만 한 용돈으로 생활하고 있었다. 어머니는 상담을 마치면서 내일은 꼭 아들을 데리고 오겠다고 신신당부하셨다. 우리를 외면하지 말아 달라는 뜻이리라.

일주일쯤 지났을 무렵, 그를 처음 만났다. 어머니의 뒤를 따라 상담실로 들어선 민수 씨는 몸집이 크고 살집이 두툼하며 얼굴색이 거무튀튀한 청년이었다. 청바지에 라운드 티를 걸치고 두 손을 주머니에 쑤셔 넣은 채 꾸부정하게 서 있었다. 만사가 귀찮다는 표정이었다.

"아이고, 제가 좀 늦었죠. 이 녀석이 말을 들어 먹어야 말이지."

간단히 인사를 나누었다.

"단도직입적으로 이야기합시다. 일할 생각 있으세요?"

"할 만한 게 있으면요."

"그래요? 어떤 일을 원하나요."

그의 시선이 잠시 공중을 맴돌았다.

"그냥 편하고 누가 간섭하지 않는 거면 돼요."

"그런 일이 있으면 좋겠지만 솔직히 찾기가 쉽지 않을 겁니다."

"그래서 쉬는 거예요."

그는 아주 당연하다는 듯이 툭 내뱉었다.

"이 녀석, 말버릇이 그게 뭐냐. 도와주시겠다는 분한테."

아들이 벌떡 일어섰다.

"내가 언제 일한다고 했어? 나 좀 내버려 둬."

당황하시는 어머니. 나는 아들의 뒤틀린 마음을 달래는 게 순서라고 판단했다.

"민수 씨, 저는 민수 씨와 아무 상관도 없는 사람입니다. 단지 제가 하는 일이 직업 상담이라서 그 인연으로 어머니와 민수 씨를 만난 거지요. 이것이 인연의 시작이라면 좋은 기억으로 남고 싶은데 어떠세요? 민수 씨와 함께 고민해 보며 함께 무언가를 찾아 봐야 할 것 같아요. 괜찮겠지요?"

그가 흘낏 나를 보더니 시선을 돌렸다. 나는 민수 씨를 바라보며 대답을 기다렸다. 잠시 후 그가 입을 열었다.

"뭐, 알아서 하세요."

다시 일주일 후에 민수 씨가 찾아왔다. 그는 왜 뼈 빠지게 일을 해야 하는지 이유를 모르겠다고 말했다. 하고 싶은 것도 많은데 몇 푼 안 되는 돈을 위해 시간을 몽땅 뺏겨야 한다고 생각하니 도무지 일할 맛이 안 난다고 덧붙였다. 하지만 4년간 놀다 보니 이제는 뭐든 해야겠다고 마음을 다잡았단다.

그러나 불행히도 그에게 추천해줄 만한 일자리는 많지 않았다.

그가 따로 취업을 준비해온 것도 아니기 때문에 선택의 여지가 적었다. 며칠 동안 일자리를 찾아보고 안양에 있는 제조업체 생산직에 연결해 주었다. 그는 면접을 보았고 바로 일해보자는 얘기를 들었다.

다음 날 그는 제시간에 출근했다. 며칠은 잘 다녔다. 일주일 정도 지났을 무렵 회사에서 전화가 걸려왔다. 무단결근. 어머니께 전화를 드렸더니 발을 동동 구르신다. 어젯밤에 집을 나갔는데 여태 소식이 없단다. 회사에서는 그가 다시 출근해도 받아주지 않겠다고 통보한 상태였다. 그렇게 3일간 아무 연락이 없었다. 걱정스러웠다.

그렇게 속을 태우고 있을 때 그의 어머니께서 그가 돌아왔다고 알려주었다. '거지꼴'을 한 채 오자마자 밥을 허겁지겁 먹고는 자기 방에서 하루 종일 잠만 자고 있단다. 어찌된 영문일까? 알고 보니 민수 씨는 며칠간 PC방에서 게임에 매달렸다. 퇴근하고 곧장 귀가하지 않고 매일 PC방으로 향했다. 거기서 밤새 게임을 하고 새벽에 들어와서 잠시 눈을 붙이고는 아침에 졸린 눈을 비비며 출근했다. 무단결근을 하던 그날, 그는 지하철에서 꾸벅꾸벅 졸다 내릴 역을 지나쳤다. 다시 돌아가면 될 것을, 그는 될 대로 되라는 심정으로 PC방에 직행했다. 그렇게 며칠간 PC방에서 살다시피 하다 돈이 떨어지니 집에 기어들어왔다는 것이다.

그와 처음 만난 날의 모습이 뇌리를 스쳤다. 그가 어머니의 꾸중에 자리를 박차고 일어섰던 그 장면 말이다. 그는 지하철에서 꾸벅

꾸벅 졸다가 하차역을 지나쳤던 날도 아마 똑같은 짜증을 느꼈을 것이다. 그리고 PC방…….

휴우, 나도 모르게 한숨이 나온다. 그는 심한 게임중독 상태였다. 취직은 다음 문제였다. 지금은 세상 어떤 곳에 취직을 시켜놓더라도 그를 붙잡아둘 방책이 없을 것 같았다. 그의 마음은 어린아이처럼 자기 마음대로 되지 않으면 견디지 못했고, 그렇게 기분이 틀어지면 다시 게임이라는 가상공간으로 도망쳤다.

나는 어머니께 게임중독을 치료하는 게 순서라고 말씀드렸다. 수화기 너머, 어머니의 깊은 한숨소리가 꺼질듯이 들려왔다.

진단 당신의 마음에 누가 살고 있는가?

민수 씨와 그의 어머니는 다시 찾아오지 않았다. 시간이 흐른 지금, 그는 무엇을 하고 있을까. 특별한 계기를 마련하지 못했다면 여전히 게임 속에서 헤매고 있을지 모른다.

민수의 마음에는 게임 캐릭터가 산다. 그는 캐릭터를 키울 때만 즐거움을 느낀다. 그는 감당할 수 없는 분노가 솟구쳐 오를 때마다 게임 속 가상의 도피처로 몸을 숨긴다. 어머니도 그의 마음을 지켜주지 못하고, 자신 역시 게임의 유혹으로부터 자신을 지키지 못한다.

그러나 아무리 게임에 중독된 사람이라도 그 마음속에는 게임 캐릭터만 사는 것이 아니다. 비정상적으로 발육한 게임 캐릭터 옆에 '이러면 안 되는데' 하는 또 다른 내가 바들바들 떨며 웅크리고 있다.

"내 속엔 내가 너무도 많아……"

가요 〈가시나무새〉의 가사처럼 우리 속에는 많은 '나'가 산다. 그 속에는 상처받은 나도 있고, 행복한 나도 있다. 그 속에는 열등한 나도 있고, 당당한 나도 있다. 사회로부터 강한 바람이 불어올 때 당신은 어떤 '나'의 모습으로 그 바람에 대처하겠는가. 웅크리는 '나'로 세상에 굴복할 것인가, 아니면 어깨를 쭉 편 '나'로 세상에 맞설 것인가.

민수 씨의 일을 돌이켜 보면 안타까운 심정이다. 직업상담 컨설턴트라는 직업은 상대가 준비되어 있지 못하면 어떤 도움도 줄 수 없다. 그러나 최근의 한 단계 진화된 프로그램에 참여했더라면, 내가 보다 능숙한 컨설턴트였더라면 결과가 어땠을까, 진한 아쉬움이 남는다.

최근 몇 년 사이 직업상담은 한층 발전했다. 단순 상담과 취업알선 수준에서 벗어나 구직자의 심리 문제를 관심의 한가운데 놓게 되었다. 그만큼 동기를 부여하고 구직욕구를 높이는 게 중요하다는 인식이 널리 퍼졌다.

세상에는 수많은 직업상담 프로그램이 있으나 이들은 공통적으로 각성과 의지를 중시한다. 제아무리 산해진미가 가득하면 무엇 하는가. 먹고 싶다는 생각이 없으면 어머니가 폴폴 끓인 된장찌개도 말짱 도루묵이다. 최근의 직업상담 프로그램들은 구직자들로 하여금 '된장찌개, 꼭 먹고 싶다'는 생각을 불러일으키기 위해 다양한 방법을 제시한다.

물론 이런 방법들도 결국 구직자가 마음을 열지 못하면 아무런 소용이 없다. 그렇다, 구직자를 도와줄 수 있는 방법은 점점 많아지고 정교해지지만 구직자 본인이 하고자 하는 최소한의 의지를 품지 않는다면 단 한걸음도 앞으로 나아갈 수 없다. 어떤 '나'를 선택하여 세상과 맞설지는 오롯이 구직자 자신의 몫이다.

사례 6 진로단절 여성

불안, 우리를 살아 있게 하는 힘

: 이주희 서울특별시남부여성발전센터 직업상담사

나는 여성인력개발기관에서 주로 여성구직자들 그중에서도 결혼·출산·육아로 진로가 단절된 여성의 재취업을 돕고 있다. 재취업을 희망하는 진로단절 여성들은 크게 두 부류로 나뉜다. 전에 다니던 직장의 연봉, 직급, 직종, 회사의 규모에 집착하는 '과거 연연형'과 취업은 원하지만 '나이가 많아서', '컴퓨터 능력이 부족해서', '자녀가 어려서' 등의 이유로 취업을 망설이는 '반신반의형'이 그것이다.

2009년 가을, '반신반의형' 진로단절 여성의 전형이었던 37세 주부 김 씨를 만났다. 그녀는 고등학교를 졸업하고 세무회계사무소에서 경리업무를 하다가 결혼을 하면서 두 아이의 양육에만 전념하였다. 큰아이는 11살, 작은아이는 7살이었다. 그녀는 작은아이가 초등학교에 입학할 때가 되자 더 늦기 전에 직장생활을 재개해야겠다고 생각하고 여성발전센터를 찾아왔다. 그녀는 7년간 세무회계사무소에서 경력을 쌓았기 때문에 급하게 일자리를 알아보기보다는 차근차근 준비하는 게 동일분야로의 재취업에 도움이 되리라 생각하고 있었다.

전 직장에서 퇴사한 해는 1999년, 벌써 10여 년 전이다. 그때만 해도 컴퓨터가 지금처럼 널리 보급되지 않았다. 김 씨 역시 타자나 손으로 직접 문서를 작성했다고 한다. 그 10년 사이에 사무환경은 크게 변했다. 컴퓨터OA프로그램, 더존, 키컴과 같은 회계프로그램 등이 새로 등장한 것이다.

김 씨는 취업에 필요한 직무능력도 부족했지만 10여 년을 현장에서 벗어나 있다 보니 자신감이 많이 결여되어 있었다. 하지만 김 씨는 진지하고 성실했기 때문에 분명 결과도 좋으리라 믿었다. 김 씨는 센터에서 진행되고 있는 '경리사무원 양성과정'에 누구보다 열심히 참여하였다. 마침 경리사무원 양성과정도 끝났고, 5일 동안 진행된 주부재취업설계프로그램을 수료해서 자신감도 찾았다고 하기에 나는 기다렸다는 듯이 김 씨에게 여러 업체를 소개해주기 시작했다.

그러나 막상 '취업'이 코앞에 닥치자 그녀는 겁을 먹고 한발 물러섰다. 이삿짐 다 쌌더니 정 때문에 옛 집에서 떠나지 못하는 사람처럼 말이다. 걸리는 게 많은 모양이었다. 김 씨는 아이가 초등학교 생활에 적응할 때까지 시간을 가지면서 서서히 자격증을 취득하고 싶다고 했다. 나는 그녀의 선택을 존중했다. 산은, 자신이 생겼을 때 올라야 한다. 등산화, 점퍼를 마련했다고 다 산을 오르는 것은 아니다. 억지로 하기보다는 자발적으로 할 때 힘도 솟구치는 법이다. 나는 인내심을 발휘하여 한 달 두 달을 기다렸다. 그렇게 몇 달이 지났다. 김 씨에게 전화를 걸어 취업의사를 물었다. 그녀는 호탕하게 웃음을 터뜨렸다.

"네, 선생님. 이제는 취업할래요. 저 그동안 전산회계 1급, 컴퓨터 활용능력 2급, 워드 2급, ITQ엑셀 A등급 받았어요. 좋은 자리 있으면 연결해주세요."

젊은 친구들도 한 번에 따기 어려운 자격증을 김 씨는 어떻게 이 짧은 기간에 모두 해냈을까.

이력서와 자기소개서를 재정비하고 본격적으로 입사지원을 하기 시작했다. 10년이라는 경력단절에도 불구하고 작은 전자부품회사의 경리직 인턴사원 채용에 합격했다. 입사하고 일주일쯤 지났을 무렵 문득 김 씨가 잘하고 있는지 걱정스러웠다. 전화를 거니 아니나 다를까, 그녀는 금방이라도 울 것 같은 목소리였다.

"함께 일하던 과장님이 갑자기 퇴사하셨어요. 인수인계를 받을 사람도 없고, 두 명이 하던 업무를 제가 혼자 해야 해요. 일주일 내내 8시까지 야근했어요. 남편과 아이들도 불만이고. 저 너무 힘들어요."

나는 우선 한 달만 버텨보라고 타일렀다. 진로단절 여성들은 취업 후 초기 몇 달을 힘겨워한다. 하지만 그 고비만 넘기면 어느덧 경력이 쌓여 그 다음부터는 군소리 없이 스스로 알아서 잘한다. 이 때문에 입사한 후 최소한 1년은 일하고 그때 가서 이직을 생각하라고 조언한다. 다행히 김 씨도 이 고비를 잘 넘기고 지금은 회사에서 인정받으며 주어진 업무를 잘 수행하고 있다.

생각해 보기 변화에 대한 불안감

변화를 싫어하는 것은 사람의 본성 가운데 하나이다. 그런데 사람이 참으로 신비로운 것은 본성에는 늘 짝이 있다는 것이다. 죽고 싶다는 생각 중에는 살고 싶다는 생각이 있으며 남에게 잘 보이고 싶다는 생각 속에는 혼자 있고 싶다는 생각이 숨어 있다. 마찬가지로 변화를 싫어하는 마음속에는 변화에 대한 갈망도 있다.

세월은 우리에게 둘 중 하나를 선택하라고 요구하고 우리는 그 사이에서 갈등하다 시간을 낭비하곤 한다.

나는 응당 변화를 택하라고 요구한다. 변화를 싫어하는 이유는 무엇인가. 불안해서인가? 두렵기 때문인가? 그러나 불안한 것이 권태보다는 낫지 않은가? 불만스런 삶을 매일 똑같이 보내기보다는 다소 불안정해지더라도 변화를 택하는 것이 재취업자들에게 필요한 조언인 것 같다.

우리의 삶은 한곳에 안주하는 것을 싫어한다. 이를 달리 표현하면 다이내믹한 삶, 즉 역동적인 삶이 우리의 본성이다. 불안? 그렇다, 움직이니까 다소 불안하다고 느낄 뿐이다.

사람은 동물(動物)이다. 식물, 즉 어딘가에 심겨 있는, 움직이지 못하는 생명체가 아니다. 움직이는 것이 가장 자연스러운 것이 동물이다. 빠르게 달릴수록 중심을 잘 잡는 자전거처럼 말이다.

서 있으면 앉고 싶고, 앉으면 눕고 싶은 게 인간의 본성이라고 했나? 아니다. 누우면 허리 아프고, 허리 아프면 움직이고 싶은 게 또 사람의 본성이다.

심정이 절박해지고, 마음이 불안해지고, 가슴이 두려워지는 것은 내가 살아 있기 때문에, 즉 변하기 때문에 느끼는 감정이다. 위의 사례에 등장한 김 씨는 그 두려움을 극복하기 위해 어떻게 했는가? 몇 달간 죽어라고 자격증에 매달렸다. 그렇다, 감히 말하는데 절박함, 불안감, 두려움, 즉 우리를 둘러싼 모든 긴장감이 당신을 구원할 것이다.

〈희랍인 조르바〉의 작가 카잔차키스는 사람을 활에 비유했다.

> "나는 당신의 손에 쥐어진 활입니다. 주님, 내가 썩지 않도록 나를 당기소서. 나를 너무 세게 당기지 마소서. 주님 나는 부러질지도 모릅니다. 나를 힘껏 당기소서. 주님 내가 부러진들 무슨 상관이 있겠습니까?"

방안에 고이 모셔 놓은 활이 될 것인가, 혹은 과녁을 향해 살을 쏘아 날리는 활이 될 것인가. 둘 중에 무엇을 택할 것인지는 철저히 각자의 몫이다.

▶ 진로단절 여성이 취업을 준비하고 있다면

1. 취업욕구가 뚜렷한지 파악하라

취업을 하려는 이유가 무엇인지 정확히 파악하자.

막연한 기대감은 위험하다.

자신만의 취업욕구가 무엇인지 파악하고 실행 가능한 목표를 설정하자.

2. 자신의 직무능력을 객관적으로 점검하자

취업하려는 분야에 직무능력이 있는지 객관적으로 판단하자.

운 좋게 면접에 통과하여 채용된 이후에 부족한 실무능력 때문에 스스로 그만두거나, 업체에 불신감을 주는 일은 하지 말자.

3. '아줌마' 이미지에서 탈피하자

'아줌마' 스타일의 펑퍼짐한 스타일에서 벗어나 TPO(시간·장소·상황)에 따라 차별적이고 센스 있는 차림을 갖출 수 있어야 한다.

아줌마가 주는 강점도 있으나 커리어우먼으로서는 장애가 될 수 있음을 명심하자.

신문도 연예면보다는 사회·경제면부터 읽자.

'쉬다 나온 아줌마가 잘할 수 있겠어?'라는 업체의 우려를 불식시켜야 한다.

4. 가사·보육의 매듭을 정확히 짓자

슈퍼우먼이 되고 싶은가?

한꺼번에 모든 것을 다 가질 수 없고 모든 일을 다 해낼 수 없다.

가족의 도움이 필요하다.

남편과 자녀들에게 적절히 가사를 분배하고 각자의 역할에 최선을 다할 수 있도록 설득하고 협조를 구하자.

자녀 보육도 명확히 매듭지어야 한다.
가족에게 맡길 건지, 보육시설에 맡길 건지는 물론이고 야근이 있을 때는 어떻게 할 것인지도 꼼꼼히 챙겨서 만약의 사태를 대비해야 한다.

5. 여성인력개발기관을 방문하자

혼자서 취업준비를 하기 어렵다면 주변의 여성인력개발기관을 방문하자.
여성발전센터, 여성인력개발센터, 여성능력개발센터, 여성비전센터, 여성회관 등 지역에 따라 이름은 다르지만 대부분 비슷한 취업프로그램을 운영하고 있다.
1:1 직업상담부터 집단상담프로그램, 직업능력개발훈련, 취업특강, 취업지원 및 사후관리 등 취업관련 종합서비스를 제공하고 있으니 진로단절 여성에게 큰 도움이 될 것이다.

네 번째 미스매칭

자신감이라는 준비물을 챙겼는가

| 엎지른 물 앞에서 고개 숙인 구직자와 오뚝이를 기다리는 회사 |

몸살-마음살

온몸이 욱신거린다. 2박 3일 자아정체감 캠프의 후유증이다. 이번 캠프에는 100여 명의 대학생들이 참가했는데 행사의 취지가 남달랐다. 학생들의 자존감을 향상시키는 것은 기존의 프로그램과 유사했지만 궁극적인 목표가 다름 아닌 자퇴 방지였다.

"요즘 학생들은 자기 자신을 소중히 여기지 않고 학교에 대한 소속감도 낮아요. 자기 맘에 들지 않으면 휴학하거나 자퇴하기 일쑤지요. 이번 프로그램에 참여한 학생들이 자신을 사랑하고 학교도 사랑해서 자퇴를 예방할 수 있으면 좋겠어요."

학교 관계자의 이야기를 들으니 책임감이 막중해졌다. 캠프가 진행되는 3일 동안 발을 동동 구르며 행사장 이곳저곳을 뛰어다녔다. 비타민 정제를 입에 털어 넣으며 긴장감을 달랬다. 캠프가 무사히 끝나고 몸에 열꽃이 피기 시작했다. 나는 오랜만에 찾아온 이 손님을 반갑게 맞았다. 약을 먹고 침대에 몸을 누이자 2년 전 내게 몸살에 대한 자신만의 철학을 들려준 유재숙 선생님의 목소리가 귓가에 쟁쟁했다.

그맘때 나는 한 달 동안 전국 출장이라는 강행군을 소화하고 있었다. 집에서 먹는 따뜻한 밥은 고사하고 식당 음식도 제시간에 챙겨 먹기 힘들 만큼 일정이 빠듯했다. 기차역이나 터미널 역에서 길거리표 어묵을 먹고 이동하는 차 안에서 봉지표 맛밤으로 끼니를 때웠다. 그렇게 밥 구경을 제대로 못하다보니 체력이 바닥났다. 온몸이 불덩이가 되었다. 약 봉지를 한 아름 안고 김밥집 문을 들어섰는데 하필이면 김밥을 사러 온 손님이 문전성시를 이뤄 하는 수 없이 어묵으로 허기진 배를 달래고 있었다. 그때 유재숙 선생님에게 전화가 걸려왔다. 유 선생님은 1년 전 한 모임에서 주최한 책쓰기교실을 함께 수료한 동문이었다.

"오렌민이지? 잘 지내?"

안부를 묻는 유 선생님의 목소리는 밝고 경쾌했다. 에너지 넘치는 그녀의 목소리에 나도 모르게 눈물이 핑 돌았다. 제대로 말을 잇지 못하자 유 선생님은 당황하는 목소리로 이유를 물었다. 내심 그녀가 나를 위로해줄 거라 생각하면서 하소연을 했더니 이게 웬 일인가, 그녀가 웃으며 말했다.

"하하하. 요즘 같은 불경기에 몸살 날 만큼 일이 있는 게 얼마나 다행이야. 아프다고 푹 꺼지지 말고 기운 내. 며칠 쉬면 금방 나을 거야. 혹시 몸살의 숨은 의미 알아? 몸이 사랑받고 싶다고 신호를 보내는 게 몸살이야. 한동안 몸을 돌보지 않았으니 몸이 질투를 하는 거지. 자, 몸을 한껏 안아 봐. 금방 나을걸."

그날 이후로 나는 피곤할 때마다 내 몸을 다독여주는 습관이 생겼다.

"몸아, 미안해. 내가 너를 돌보지 않았구나. 앞으로 많이 사랑해줄게."

모든 것은 생각하기 나름이라더니 아픈 몸도, 아픈 마음도 어르고 달래면 언제 그랬냐는 듯 금방 나았다.

나는 한동안 많은 구직자들에게 유재숙 선생님에게 전수받은 처방전을 건넸다. 그들은 몸살과 붕어빵인 '마음살'에 걸려 있었다. 장기간의 구직활동에 지친 사람이 쉽게 걸리는 마음살은 몸이 아닌 마음에 열이 나면서 쉽게 흥분한다는 공통점이 있다. 스스로 못났다고 한없이 되뇌다가도 자존심을 툭 건드리면 부르르 몸을 떤다. 마치 조울증 증세처럼 감정의 기복이 심해 깔깔깔 웃다가 금세 짜증을 내기도 한다. 또 사람들과 어울리기 싫어하고 만사 귀찮아한다. 이는 나이가 많든 적든, 공부를 잘하든 못하든 관계없이 닮았다.

"세상이 절 버린 것 같아요. 아무것도 하고 싶지 않고 콱 죽고만 싶어요."

이렇게 호소하는 그들에게 나는 말한다.

"면접에서 몇 번 떨어졌다고 살기 싫다니요. 당신의 말대로라면 서류전형에서 떨어진 사람은 벌써 생을 마감했어야겠군요. 당신은 지금 마음이 사랑받고 싶어 하는 마음살에 걸렸습니다. 이 병은 몸살보다 치유하기 쉽답니다."

세상의 낙오자가 된 것 같다고? 그렇다면 주위를 둘러보라. 당신보다 더 힘든 상황에서도 긍정적인 마음가짐으로 살아가는 사람들이 수두룩하다.

지금 당신에게 필요한 것은 취업 준비가 아니라 자신감 회복이다. 자신(自信)이란 '자기를 믿는 것'을 말한다. 남들이 뭐라고 해도 흔들리지 않도록 자신(自身)을 튼튼히 쌓는 게 우선이다. 김동우 취업컨설턴트는 자신을 대하는 태도가 잠재력의 크기를 결정한다고 강조했다. 일자리를 찾기 전에 먼저 집 나간 자신감부터 찾길 바란다. 회사는 오뚝이 같은 사람을 찾고 있다.

무엇 때문에 '죽고 싶다'는 노래를 부르나

나는 남의 사연에 이상하리만큼 몰입이 잘되는 병 아닌 병이 있다. 그러다 보니 시도 때도 없이 찔끔 눈물을 흘리거나 한바탕 크게 웃기도 한다. 얼마 전 '몰입병'이 찾아온 것은 지하철에서 아내 바버러와 남편 마이크 웰시에 관한 신문 기사를 읽고 있을 때였다.

오하이오 주 먼로에 살고 있는 바버러 웰시는 2009년 1월 초 유방암 수술을 받았다. 남편 마이크 웰시의 지극한 간호 덕분인지 병세는 호전되었다. 하지만 바버러 웰시는 절제된 유방을 생각하며 눈물을 훔쳤다. 그런데 같은 해 7월 이 부부에게 청천벽력 같은 일이 생겼다. 남편 마이크가 자동차 안전벨트를 매는 순간 가슴에 묵직한 통증을 느껴 주치의를 찾았는데 유방암에 걸렸다는 진단을 받은 것이다. 믿기지 않아 종합병원을 찾았지만 결과는 똑같았다. 결국 마이크는 유방 절제수술을 하고 아내 옆자리에 누워 함께 투병생활을 하게 됐다. 아내가 63세, 남편이 62세 때 생긴 일이다.

나는 여기까지 읽고 두 부부의 가슴 아픈 이야기에 눈물을 흘리고 말았다. 아내가 유방암 수술을 받은 지 얼마 안 돼 남편도 유방암에 걸리다니, 어찌 이런 일이 생길 수 있단 말인가. 그런데 아내 바버러와 남편 마이크 웰시는 요즘 싱글벙글이란다.

"처음엔 암 진단을 받고 하늘이 무너져 내리는 줄 알았어요. 그런데 남편을 쳐다보면 한결 위로가 돼요. 스트레스도 줄어들고요. 나란히 유방암에 걸리니 부부애가 새록새록 되살아나는 거 있죠."

41년 전 '기쁠 때나 슬플 때나 평생을 해로하겠다.'고 혼인서약을 한 이 부부. 그들은 서약하지도 않은 병까지 함께 나누고 있다. 나란히 유방암에 걸리고도 싱글벙글 웃고 있는 아내 바버러와 남편 마이크 웰시를 보며 긍정의 힘이 얼마나 위대한지 새삼 깨달았다. 심리학 용어 중에 '정서적 감염'이라는 것이 있다. 침울한 표정은 쳐다보기만 해도 마음을 울적하게 만들지만 환하게 웃는 표정은 보고만 있어도 기분이 밝아진다. 지금 이 순간, 바버러와 마이크 웰시의 행복한 웃음소리가 들리지 않는가.

명절을 맞아 한 신문에서 4명의 여성이 빵을 만들고 있는 사연을 소개했다. 사진 속 그들의 모습은 평범한 주부와 다름없었지만 사연은 전혀 평범하지 않았다. 도넛에 계핏가루와 설탕을 묻히며 도란도란 이야기를 나누고 있는 주부들은 다름 아닌 범죄피해를 입은 여성들이었다. 그들은 살인범들에게 남편이나 자식을 잃고 "비슷한 처지의 사람들과 마음을 나누고 싶다."며 범죄피해자 종합지원시설인 '스마일센터'로 찾아온 여성들이었다.

노숙자가 떠미는 바람에 계단에서 굴러 떨어져 남편을 잃은 여성, 택시강도에게 택시 운전수인 남편을 잃은 여성, 만취한 사람의 칼부림에 외아들을 잃은 여성.

"이렇게 빵을 구우며 울다가 웃다가 하면 시간이 금세 지나가요. 우리는 빵을 구우면서 슬픔을 나누고 희망을 만들어 간답니다. 저희 소원이요? 다시는 이런 일이 생기지 않는 거죠."

아, 절로 탄성이 나왔다. 가족을 잃은 슬픔보다 더 큰 상처가 어디 있을까. 그런데 이들은 남아 있는 또 다른 가족을 위해 슬픔을 달래고 있었고 다른 이들이 똑같은 비극을 겪지 않기를 바라고 있었다. 이렇게 힘든 일을 겪은 분들도 쓰러진 몸과 마음을 추슬러 희망을 이야기하는데 우리는 무엇 때문에 '죽고 싶다.' 노래를 부르는가.

구직자들이여, 조금만 세상을 돌아보면 나보다 더 큰 상처에 몸부림치는 사람들이 많다. 그들은 당신처럼 상처받았다고 울상을 짓지 않는다. 오히려 덜 상처받은 다른 이들을 위해 자신의 큰 상처를 가슴에 묻는다. 그들에게 미안하지 않은가.

나는 한 취업포털사이트의 조사 결과를 보고 깜짝 놀란 적이 있다. 구직자 절반가량이 취업실패로 자살 충동을 느꼈다는 내용이었다. 굳이 멀리서 찾을 것도 없다. 내가 지금껏 만난 수천 명의 구직자 가운데 둘 중 한 명은 살고 싶지 않다고 토로했다. 서류전형이나 면접전형에서 수차례 낙마하다 보면 유사한 패턴을 보인다. 처음에는 회사의 채용기준을 탓하다가 이 사회의 불균형을 지적한다. 그러다 끝내 스스로를 못난이로 몰아세운다. '왜 이렇게 준비한 게 없느냐'며 자기 속을 후벼 파더니 결국 '나는 이 세상에 필요 없는 존재'라며 말문을 닫는다.

나는 무엇보다 구직활동의 실패로 삶을 팽개치는 구직자들이 너무 안타깝다. 그 회사가 당신에게 무엇을 베풀어주었는가. 당신은 또 그 회사를 위해 무엇을 해 주었는가. 지금껏 인연의 고리 없이 살아왔으면서 최근 며칠, 혹은 몇 달 동안 그 회사를 짝사랑했다고 해서 왜 부모님이 돌아가신 것처럼 슬퍼하느냔 말이다.

꽤 많은 구직자들이 구직활동에 실패한 자신의 모습을 감당하지 못한다. 지금껏 소극적으로 살아온 어떤 이는 왜 이렇게 시간을 낭비했는지 모르겠다고 자책한다. 지금껏 한 번도 실패의 쓴맛을 보지 못했던 어떤 이는 구직 실패의 상처가 감당하기 힘들다고 토로

한다. 항상 남보다 자신이 우월하다고 생각했던 어떤 이는 자신보다 스펙이 낮은 친구의 합격소식을 감당하기 어렵다고 호소한다.

세상 일이 자신 뜻대로 되지 않았다고 이처럼 속상해들 한다. 불공평한 세상이라고 억울해들 한다. 내 뜻대로 세상이 움직이는 것이 더 불공평하다는 생각도 없이 불만을 토로한다. 낙심한 나머지, 나에게는 더 이상 빛이 보이지 않는다며 끝없는 자기 비하에 빠져든다. 그리하여 스스로 기회를 차단한다.

도티 빌링턴이 쓴 〈멋지게 나이 드는 법 46〉에는 이런 글이 나온다.

> "다른 사람이든 자기 자신이든 흠을 잡지 말라. 무엇보다 자기 자신을 비하하면 안 된다. 자기 자신을 흉보는 사람은 마치 자기가 살고 있는 나무를 쪼아 대어 결국 나무를 쓰러뜨리고 마는 불쌍한 딱따구리와 같다."

안 그래도 힘든 삶, 스스로 자신을 보살피지 않으면 과연 누가 나를 따뜻이 대해줄 것인가. 우리는 모두 상처 받기 쉽고 예민한 존재다. 자신을 사랑하자. 그리고 자신만의 둥지를 다독이고 따뜻하게 감싸자. 그래야 우리의 날개가 상처를 입었을 때 잠시 쉬며 상처를 어루만질 수 있지 않겠는가.

의대생 세경 씨 VS 자연대생 세경 씨

몸은 오늘을 살면서 마음은 과거에 있는 사람이 있다. 자꾸 떠오르는 과거의 실패 때문에 지금 이 순간도 끊임없이 고통받는 사람도 있고, 거꾸로 과거에 성공한 기억 때문에 오늘의 자신을 받아들이지 못하는 사람도 있다.

"나도 한때는 잘 나갔는데." "명문대를 나온 내가 어떻게 이런 일을 할 수 있나."

"나는 되는 일이 없어." "내가 그렇지 뭐."

이렇게 스스로를 시간의 벽에 가둬버리고 기억을 먹으며 살아간다. 세경 씨도 그럴 뻔한 구직자 중 한 명이었다.

세경 씨를 만난 건 장맛비가 한창이던 늦여름이었다. 그날 나는 서울 중위권 대학교에 1일 상담을 하러 갔다. 눈이 큰 세경 씨는 겁을 잔뜩 먹은 듯한 얼굴로 상담실을 들어섰다. 그녀의 이력서를 훑어보았다. 세경 씨는 자연계 전공자였는데 여학생치고는 학점이 낮았다. 학사경고를 두 번 맞았고 전공 성적은 최악이었다. 나는 그녀에게 질문을 던졌다.

"어떤 일을 하고 싶으세요?"

"아직 잘 모르겠어요."

"학과 선배들의 진로는 살펴봤나요?"

"아는 선배가 없어요."

"대학교 3학년인데 지난 대학생활 중 가장 기억에 남는 것이 있다면 이야기해주세요."

"가방 싸서 학교에 왔다 갔다 한 기억 밖에 없어요."

"전공 성적이 낮네요. 전공은 어떤 계기로 선택하게 되었나요?"

"점수 맞춰서요."

이렇게 해서는 끝이 없겠다는 생각이 들어 단도직입적으로 물었다.

"상담시간이 생각보다 길지 않아요. 혹시 이 상담을 통해 무엇을 얻고 싶은지 생각해보셨나요?"

세경 씨는 내 말에 무거운 입술을 뗐다.

"아시다시피 제 나이가 많아요. 삼수를 했거든요. 전공이 잘 맞지 않지만 달리 방법이 없으니 이쪽 분야로 취업을 생각하고 있어요. 그런데 졸업할 때까지 어떤 준비를 해야 하는지 잘 모르겠어요. 이렇게 살면 안 될 것 같아 찾아왔어요."

이렇게 살면 안 될 것 같다니……. 나는 그동안 세경 씨가 어떻게 살아왔는지 궁금했다. 모든 문제는 문제를 아는 데서 답을 찾을 수 있다. 나는 의자를 잡아당기고 그녀 쪽으로 몸을 숙였다. 세경 씨는 내 움직임에 잠시 당황해했지만 곧 속내를 술술 털어놓았다. 상대에게 몸을 숙이는 것은 '나는 당신의 이야기를 듣고 싶어요.'라는 무언의 메시지다. 때로는 말보다 보디랭귀지가 효과가 크다.

세경 씨는 중학교 때부터 의사가 꿈이었지만 고3 수능 성적이 좋지 않았다. 오랜 꿈을 단 한 번의 시험 결과로 포기할 수 없었다. 재수를 하고 삼수를 했다. 그러나 의대에 가기에는 점수가 모자랐다. 그는 우선 진학을 하자는 생각으로 이 학교 자연대학에 입학했다. 그러나 의대에 대한 미련 때문에 학과 수업에 집중할 수 없었다. 결국 학교를 다니며 수능을 준비했다. 그러나 시험은 또 다시 실패로 돌아갔다.

"학교로 다시 돌아왔지만 친한 사람 하나 없어 적응이 쉽지 않았어요. 1년간 학교를 등졌더니 전공 수업도 따라잡기 힘들고, 학과 활동도 제대로 해본 적이 없어 대학 생활에 점점 흥미를 잃었죠. 하지만 어쩔 도리가 없으니 전공에 맞춰 취업할 생각이에요."

"그랬군요. 전공을 살려 취업하겠다고 이야기하셨는데 취업을 하려면 인사담당자가 납득할 만한 객관적인 논리가 필요해요. 우선

다른 학생들보다 왜 나이가 많은지 설명할 수 있어야겠죠. 지금처럼 의대 진학을 준비했다고 사실대로 이야기하는 게 좋겠네요. 굳이 숨길 이유도 없고. 의대 진학을 위해 공부한 것이 지금의 전공과 어떤 연관성이 있는지 떠올려 보세요. 두 번째로, 왜 수많은 전공 중 이 전공을 선택했는지 생각해보세요. 아무리 점수 맞춰 선택한 전공이더라도 아무거나 덥석 고르는 경우는 없거든요. 한마디로 어떤 인연이 있을 거예요. 학생의 성격과 적성, 환경을 살펴보면 전공을 선택하게 된 배경을 찾을 수 있을 거예요."

내 말에 세경 씨는 인상을 찌푸리더니 고개를 세차게 가로저었다.

"그러려면 제가 실패한 것을 이야기해야 하잖아요. 그런 목표가 있었으면 뭐 하나, 너는 지금 아무것도 가진 게 없지 않느냐는 눈으로 보실 텐데. 저를 패배자로 보는 눈은 정말 싫어요."

말이 끝나기도 전에 그녀의 큰 눈에 눈물이 가득 고였다. 과거의 입시 실패가 아직까지도 마음을 짓누르고 있었다.

"패배자라고요? 그럼 사법고시나 행정고시에서 불합격한 사람들은 모두 실패자인가요? 그들은 열심히 살아야 할 다른 이유가 없어진 걸까요?"

세경 씨의 뺨에 몇 줄기 눈물이 흘러 내렸다. 티슈를 꺼내 그녀에게 내밀었다.

"그래요, 얼마나 힘들었을까요. 그때는 이 선택이 최선이었을 거예요. 너무 자신을 벼랑 끝으로 몰아세우지 마세요. 당신은 실패한 게 아니고 항상 최선을 다한 거예요. 그렇지만 세경 씨가 잘못한 게 하나 있어요. 과거의 실패에 집착했다는 사실. 같은 과 친구들 중 전공을 좋아하는 친구의 모습을 떠올려 보세요. 그 친구가 어떻게 느껴지시나요? 혹시 그 친구가 불쌍해 보이시나요?"

세경 씨는 고개를 흔들었다. 그리고는 작은 목소리로 학교생활에 열심인 친구들의 모습이 부럽다고 말했다. 나는 말을 이었다.

"똑같은 선택을 하더라도 어떤 사람은 그 선택에 만족하고 어떤 사람은 그 선택을 원망하기도 합니다. 바로 거기서 틈새가 벌어져요. 세경 씨는 학과 선택에 불만족스러운 나머지 대학생활에 소극적으로 임해왔어요. 안타까운 것은 당신의 실패가 아니라 실패 이후에 대처하는 모습이에요. 지금도 늦지 않았어요. 아직 졸업까지 1년 이상 남았잖아요. 지금부터라도 학과 공부에 매진해보세요. 세경 씨가 참여할 만한 프로그램이 많을 거예요. 당신은 한 분야에 빠지면 세상이 온통 그것으로 보이는 외곬수인 듯 보여요. 그렇다면 당신이 선택한 전공에 푹 빠져보면 어떨까요? 교수님도, 친구들도 세경 씨가 이렇게 열정적인 사람이란 걸 알면 정말 반가워할 거예요."

세경 씨는 눈물이 가득 고인 큰 눈을 들어 나를 바라보더니 떨리는 목소리로 고맙다고 말했다. 나는 그녀의 두 손을 잡고 가볍게 등을 두드려 주었다. 몇 초 동안 나는 아무 말도 하지 않았다. 하지만 아낌없는 격려를 두 눈에 담았다. '당신은 정말 멋진 사람이에요. 당신의 삶은 지금도 전혀 늦지 않았답니다.'

세경 씨는 과거의 아픈 기억 때문에 그 후 어떠한 일에도 자신의 열정을 쏟지 않았다. 그녀의 표현을 빌리면, 재수시절 3년과 학창시절 3년을 더해 6년의 시간을 낭비한 것이다. 그녀는 지난 6년간 시간이 어떻게 흘렀는지 모르겠다고 말했다. 단지 가방을 들고 로봇처럼 학교와 도서관에 왔다 갔다 했던 기억뿐이란다.

세경 씨는 왜 이렇게 오랜 시간 과거라는 멍에를 지고 힘들게 살아온 것일까. 그녀에게 의대 진학을 위해 애쓴 과거는 소중하고 자연계열에 몸담고 있는 현재는 무의미한 것일까. 우리는 때로 과거나 미래에 빠져 지금 이 순간을 소홀히 대할 때가 있다. 지금 이 순간을 버리고 과거나 미래만 바라보아서는 안 된다. 당신에게 가장 중요한 것은 지금 이 순간의 행복이다.

내 주변에, 당신의 주변에 더 이상 또 다른 세경 씨가 없었으면 좋겠다. 요즘처럼 빠르게 변화하는 시대에서는 잠시 잠깐의 멈춤이 곧 후퇴를 의미한다. 하루 이틀도 아니고 몇 개월도 아니고 몇 년을 제자리걸음만 하고 있어서는 안 된다. 내가 이 책을 쓰는 이유는 수많은 구직자들의 성공취업을 돕고 싶은 마음에서다. 그래서 나는 자기소개서 작성법과 면접 노하우를 언급했다. 하지만 내가 이 책을 쓰는 진짜 이유는 따로 있다. 바로 수많은 구직자들이 자신과 자신의 일을 사랑했으면 하는 마음에서다. 자신이 못 견디게 싫은데 가족이, 일이, 회사가, 사회가 눈에 들어올 리 있겠는가.

취업을 원한다면 먼저 가출한 자존감부터 찾자. '나는 안 될 것 같다', '나는 부족하다'라는 마음가짐으로는 단 하나의 벽돌도 쌓아올릴 수 없다. 회사는 자선단체가 아니다. 축 처진 어깨에 풀 죽은 표정을 한 당신에게는 그 어떤 회사도 일자리를 주지 않는다.

'자신감이 없는 자리에는 항상 두려움과 불안이 똬리를 튼다.'

지그 지글러의 말처럼 두려움과 불안감이라는 걸림돌 때문에 우리는 얼마나 많은 상처를 입고 얼마나 많은 것을 잃었는가. 모든 일의 근간은 바로 자신감이다. 몰아치는 폭풍 속에서도 길을 잃지 않고 굳건하게 나갈 수 있는 자신감이 필요하다.

심리학자로 첫 노벨상을 수상한 대니얼 카너먼 프린스턴대 교수는 이렇게 말했다.

"사람은 하루에 2만 번의 개인적인 경험(Moments)을 하게 된다."

하루 24시간 중 잠자는 8시간 정도를 제외하면 개인적인 경험은 3초에 한 번꼴로 일어나는 셈이다. 그런데 그 짧은 순간순간 우리는 긍정적 혹은 부정적인 감성으로 그 경험을 채색한다. 결국 하루 2만 번의 순간을 긍정적인 감정으로 채우느냐, 부정적인 생각으로 채우느냐에 따라 하루가, 한 달이, 한 해가, 평생이 달라진다.

블로그 소개글 하나만 봐도 뽑고 싶은 구직자가 있다. '세상에는 왜 이렇게 신나고 즐거운 일이 많을까?', '너무 좋아를 연발하는 나는 스물두 살 이상주의자', '신을 믿는다! 하지만 내 자신을 더 믿는다' 이런 글을 남기는 사람과 '살기 싫다. 세상에는 왜 이렇게 힘든 일투성이일까', '짜증 속에 산다'라는 글을 올리는 사람 중 누굴 뽑고 싶겠는가.

"지금껏 만나본 한국의 많은 알부자들은 선택의 고수라는 공통점이 있습니다. 그들은 불필요한 고민과 걱정을 최소화하며, 최악의 상황보다는 최선의 상황을 선택합니다."

부자특성연구소 문승렬 회장의 말이다. 알부자들의 특징은 취업 성공자들의 특징과 닮아 있다. 그들 역시 자신감과 긍정적인 마인드로 중무장하고 있다.

입사를 희망하는 회사가 있는가. 그 회사 입사를 간절히 원하는가. 그렇다면 안 된다는 생각을 버리고 입사를 위해 꾸준히 노력해보자. 당신의 목표가 현실화될 수 있도록 우리가 함께 응원해줄 테니.

꺾인 날개로는 날지 못한다

티나 실리그가 지은 〈스무 살에 알았더라면 좋았을 것들〉에는 복권 당첨을 희망하는 골드버그 이야기가 나온다.

옛날에 골드버그라는 남자가 살았다. 그의 유일한 꿈은 부자가 되는 것. 그는 날마다 교회에 가서 복권에 당첨되게 해달라고 신에게 기도했다. 그렇게 며칠, 몇 주, 몇 달, 몇 년 동안 기도했지만 골드버그의 소원은 이루어지지 않았다. 낙담한 골드버그가 눈물을 흘리며 절규했다. "신이시여, 정말 너무하시는군요!"

그러자 정적을 깨뜨리며 신의 목소리가 들려왔다.

"골드버그야, 너야말로 너무하는구나. 적어도 복권은 산 다음에

기도를 해야지!"

복권 한 장 산 적이 없는 사람이 복권 당첨을 꿈꾼다. 이런 일은 우리 주위에서 자주 일어난다. 김이 모락모락 나는 밥을 한상 차린 다음 자신의 입에 떠먹여주기를 기다리는 구직자들이 생각보다 많다.

실천 없이 소원만 품고 사는 사람들. 그래서 신을 욕하고 인생을 저주하는 사람들. 실패의 기억에 사로잡힌 나머지 자신을 무기력의 나락으로 떨어뜨린 사람들. 그들은 벼랑 끝에 매달린 채 기어오를 생각도 하지 않고, 떨어지는 꿀만 받아먹으며 몽롱하게 취해 있다. 팔의 힘은 점점 빠져 가는데 어떻게 해야 절벽을 오를지 방법도 찾지 않는다. 그런 구직자들을 보면 안타깝다.

과거에는 요즘처럼 취업난이 심하지 않았지만 요즘처럼 취업을 도와주는 기관이나 컨설턴트도 없었다. 보자, 언론이든 정부기관이든 학교든 취업컨설턴트든 당신이 적극적으로 도움을 요청하면 손을 내밀 사람들이 줄을 서서 기다리고 있다. 한창 커리어를 쌓아가는 취업 선배들 중에는 지금처럼 많은 곳에서 팔 벌려 도움을 주었다면 자신의 인생이 바뀌었을 거라고 아쉬워하는 사람이 많다. 그런데 요즘은 도리어 많아서 문제인가 보다. 지원해주겠다는 곳이 많다보니 구직자들이 스스로 구직활동에 나서지 않는 경향이 심해졌다.

어떤 구직자는 채용공고를 대신 찾아달라고 요청한다. 어떤 구직자는 지원 동기와 입사 후 포부를 대신 써달라고 말한다. 어떤 구직자는 회사 정보를, 어떤 구직자는 면접 기출 문제를 찾아 달라고 애걸복걸한다.

아니, 이런 걸 왜 남이 대신해야 하나? 당신은 손이 없나 발이 없나. 많은 구직자들이 한 가지 잊은 게 있다. 바로 취업의 주체는 자신이라는 점이다.

적극적으로 노력함에도 불구하고 한발 잘못 디뎌 미끄러지는 구직자들이 얼마나 많은데 이렇게 한가하게 배나 두드리고 있는가. 이런 구직자들을 보면 안타깝기도 하고 화도 난다. '그런 마음가짐이라면 그냥 집에서 쉬세요.' 오죽하면 이 말이 목구멍까지 올라왔을까. 물론 모든 구직자들이 이렇다는 것은 아니다. 하지만 생각보다 꽤 많은 구직자, 적어도 내가 만난 구직자 5명 중 2명 이상이 초점 없는 눈동자로 이력서를 내민다.

나는 구직자들이 이력서를 쓰기 전 자신이 왜 이력서를 쓰는지 그 이유를 정확히 알았으면 좋겠다. 왜 취업하고 싶으냐고 질문하면 도리어 나를 이상하게 바라본다. 조금 친절한 사람들은 이렇게 속내를 밝힌다.

"뭐 이유가 있나요. 그냥 남들이 하니까 하는 거죠. 돈 많으면 놀고 싶어요."

"일하는 거 좋아하는 사람이 어디 있겠어요. 부모님 눈치 보기 싫으니까 그냥 이력서 내 보는 거죠."

지금까지 우리는 '부모님이 원해서', '남들이 하니까'라는 이유로 수많은 선택을 해왔다. 그런데 일자리마저도 이렇게 수동적으로 떠밀려서 선택한다면 얼마나 슬프겠는가. 새로운 도전을 하면 긴장하고 설레야 하는데, 왜 그 일을 하는지조차 명쾌하게 설명하지 못하니 이력서를 쓰는 구직자들의 표정이 무미건조한 건 어쩌면 당연한 일인지 모르겠다.

구직자들이여, 부디 무기력하고 지쳐 있는 표정을 짓지 말자. 밝은 표정, 자신감 넘치는 표정을 만들지 못하겠다면 최소한 두 눈이라도 부릅떠보자. 그리고 어금니를 깨물자. 손뼉을 짝짝 치고 주먹을 꽉 쥐어보자. 역도 선수처럼 기합도 넣어보고, 두 손으로 뺨도 때려보자. 그리고 나지막이 소리 내어 말해보자.

"삶은 단 한 번뿐이다."

예전에 누군가와 이문열의 소설 제목을 두고 다툰 적이 있다. 나는 '추락하는 것은 날개가 없다'고 주장했고, 그는 '추락하는 것은 날개가 있다'고 주장했다. 그러나 지금 생각해 보니 날개가 있는 것이 옳다. 날개가 없었다면 추락할 만한 높이까지 무슨 수로 올라갔겠는가. 그 비행체는 분명 날아오르기 전에는 멀쩡한 날개를 지니고 있었을 것이다.

그렇다, 날아오르기 위해서는 두 날개라는 자신감이 필요하다. 기죽은 채 살지 말고, 차라리 화라도 내보자. 자신감을 찾지 못하겠거든 분노라도 터뜨려 보자. 과거의 그 어떤 기억도 지금의 당신을 갉아먹도록 내버려두어서는 안 된다.

사진을 찍을 때 어떤 높이에서 바라보느냐에 따라 피사체에 대한 느낌이 달라진다. 피사체를 위에서 내려다보며 찍으면 사진 속 인물은 위축된 듯이 보이고, 반대로 피사체를 아래에서 올려다보며 찍으면 사진 속 인물은 도도해 보인다.

지금 당신은 현재의 자신을 어떤 위치에서 바라보고 있는가? 아마도 당신은 2층 건물 창가에 서서 인도를 지나가는 자신의 초라한 모습을 바라보고 있을지 모른다. 그 위치에서 바라본 당신은 의기소침하고, 못났고, 볼품없다.

그런데 이 사실을 아는가. 이 각도에서도 얼마든지 새로운 표정이 연출된다. 그렇게 어깨를 축 늘어뜨리고 지나가는 당신 자신에게 소리를 질러보라. 그가 맥없이 고개를 들어서 당신을 바라보는가, 아니면 두 눈을 부릅뜨고 고개를 쳐드는가. 이 둘 사이에는 무슨 차이가 있는가. 어떤 자가 부러진 날개를 고칠 것 같은가.

그들의 행복 취업 이야기 ④

칠흑 같은 밤바다에서 북극성을 찾는 당신에게

사례1 **전문대생**

스케치와 명작 사이

: **이상열** 취업컨설턴트

4년 전 부산 소재 한 전문대학에서 취업캠프가 열렸다. 첫날 프로그램은 입사지원서와 자기소개서 작성하기였다. 지원서 작성이 한창인 가운데 제일 먼저 펜을 내려놓는 학생이 있었다. 김필수 씨였다. 컴퓨터공학 전공자인 그의 이력서에는 그 흔한 자격증 하나 없었다. 단지 '학력'란을 채운 것이 전부였다. 자기소개서도 몇 줄에서 그쳤다.

첫날 프로그램이 끝날 즈음 그와 개인 면담을 했다. 그는 평범한 집안의 막내아들로 태어나 어머니의 지극정성으로 큰 어려움 없이 살아왔다. 그가 원하는 직장은 연봉 3천만 원의 안정된 기업이었다. 그러나 현실적으로 쉽지 않은 일이었다. 다양한 경험을 쌓고 열심히 준비한 학과 선배들도 2천만 원 미만의 연봉으로 사회에 첫발을 내딛는다. 그는 세상을 너무 만만하게 보고 있었다.

처방1 지금 필요한 것은 충격 요법

상담을 마치면서 나는 그가 물속에 둥둥 떠 있는 듯한, 모태 속에서 안전하고 편안하게 헤엄치는 듯한 느낌을 받았다. 그는 성인이 되었지만 여전히 어머니의 뱃속에서 살아가고 있었다. 현실의 중력을 경험하지 못한 그에게 필요한 것은 무엇일까? 지금 필요한 것은 인생의 쓴맛이었다.

"우선 현재의 스펙으로 컴퓨터 관련 회사에 이력서를 넣어 보자."

그 외에는 아무런 도움도 주지 않았다. 캠프가 끝난 지 한 달 뒤에 김필수 씨에게서 연락이 왔다. 이력서를 제출했지만 면접을 보러 오라는 곳이 없어 상처를 받았다고 했다.

때마침 아는 분의 회사에서 신입사원을 모집하고 있었기에 부탁을 드려 면접 자리를 마련했다. 회사는 부산에서 제법 탄탄한 중소기업이었고 채용파트도 마침 전산실이었다. 면접을 볼 수 있다는 이야기를 들은 김필수 씨는 무척 고무되었다. 나름대로 준비도 많이 한 모양이었다.

드디어 면접 날. 그러나 현실의 벽은 높았다. 그는 탈락의 소식만 빠르게 전하고는 전화를 끊었다. 목소리는 여전히 면접장의 숨 막히는 긴장감 속에 있는 듯 살며시 떨렸다. 아마 그는 면접관 앞에서 꿀 먹은 벙어리처럼 앉아 있었을 것이다. 입을 떼려고 해도 머릿속이 하얘져 무엇을 어떻게 말해야 할지 몰랐을 것이다. 그렇게 그는 지구를 방문한 외계인처럼 현실의 중력을 난생처음 맛보았다.

며칠 뒤, 그가 달라진 얼굴로 찾아왔다.

"면접을 보고 나오는 길에 많은 생각을 했습니다. 제가 얼마나 부족한지 새삼 깨달았습니다. 이 상태로는 취업도 어렵고, 취업을 한다고 해도 발전이 없을 것 같습니다. 편입을 한 후 좀 더 준비를 해보고 싶습니다."

처방 2 작은 성취에 만족할 텐가

목표를 정한 그는 열정적인 사람이 되었다. 내가 알던 소극적인 김필수가 아니었다. 그는 부지런히 공부에 매진했고 4년제 대학 컴퓨터공학과 편입에 성공했다.

하지만 그는 편입 합격이라는 작은 성취에 만족한 나머지 예전의 자신으로 돌아가려고 했다. 우리를 아래로 잡아당기는 중력의 힘은 참으로 무섭다. 김필수 씨뿐 아니라 많은 사람들이 자기 한계를 극복하기 위해 노력하기보다는 자신의 몸을 중력에 맡긴 채 주저앉으려고 한다. 살아온 시간보다 살아가야 할 시간이 더 많은 사람이 벌써 안주를 생각한다는 것은 그야말로 한 번뿐인 인생을 모욕하는 일이 아닌가. 나는 20대인 그가 보다 역동적이고 활기차게 살기를 원했다.

며칠 뒤 김필수 씨를 만나 맥주를 들이켜며 더 높은 곳으로 나아갈 것을 주문했다.

"편입생은 학과에 어울리기 어려우니까 학생들에게 먼저 다가갈 필요가 있어. 영어공부 시작한 거 이왕이면 꾸준히 하고 전공과 취업에 필요한 자격증도 취득하고. 마지막으로 한 가지, 취업캠프가 있을 때는 무조건 참석해서 배우는 거야. 알았지?"

특히 나는 취업캠프 참여를 권했다. 캠프의 내용이 다 비슷비슷하지만 그곳에는 항상 다른 강사들과 학생들이 오기 때문에 그만큼 자극을 받을 수 있고 취업에 대한 새로운 정보도 얻을 수 있다. 나는 이런 활동을 통해 그가 자신의 현재 위치를 계속 확인하길 바랐다. 발전하고 있다면 발전하는 데서 자신감을 찾을 수 있을 것이고, 퇴보하고 있다면 그만큼 긴장감을 갖게 될 테니까 말이다.

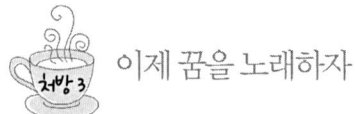

그는 주기적으로 연락을 해왔고, 나의 채찍과 격려에 자극을 받는 듯했다. 그는 시간의 흐름과 함께 더욱 발전했다. 영어성적과 자격증 취득 등 부족한 실력을 채워 나갔고, 대인관계도 한결 개선되었다. 4학년이 되어서는 취업에 대해 어느 정도 자신감을 갖더니 스카우트 제의도 몇 차례 받았다. 그에게서 전화가 왔다. 막상 공부를 시작해보니 공부에 욕심이 생겼다는 말이다. 대학원으로 진학할지, 취업을 할지 선택의 갈림길에 놓였다고 했다.

"지금 당장의 현실보다는 꿈이 무엇인지 생각해 봐. 꿈을 이루기 위해 지금 해야 할 일이 무엇인지, 어떤 선택이 너의 미래에 도움이 될지를 고민해 보는 거지. 다른 학생들이 취업이 되지 않아 마지못해 대학원에 진학하는 것과 지금 네가 대학원을 생각하는 것은 달라. 지금 너는 자신을 한 단계 업그레이드시킬 수 있는 기회 앞에 놓여 있는 거야."

나는 그동안 김필수 씨에게 현실에 대해서 이야기했다. 그에게는 현실 인식이 부족했기 때문이다. 하지만 이제는 '현실' 대신 '꿈'을 이야기했다. 꿈이 있는 사람은 누가 간섭하지 않더라도 스스로 자신의 길을 찾아가기 때문이다.

김필수 씨는 고심 끝에 대학원 진학으로 방향을 정했다. 그는 더 멀리 보기로 결심했다. 대학원 진학 후에도 다채로운 연구 프로젝트에 참여해 경력을 쌓았으며, 전공 실력도 인정받아 학과 내에서도 주목받게 되었다. 더 이상 그는 꿈도 미래도 불투명한 학생이 아니었다.

힘들고 먼 길을 선택했지만 그 선택의 결과는 값진 열매를 맺었다. 그는 대학원 졸업과 동시에 대기업 연구원으로 취업했다. 예전부터 그를 알던 지인들은 그에게 "용 됐다."고 말한다. 그러나 전문대생이었던 그가 편입하고 대학원까지 진학한 과정을 지켜본 나로서는 그가 얼마나 갈림길에서 고민하고 노력했는지 잘 알고 있다.

"……그를 평탄하고 안이한 길로 인도하지 마옵시고 고난과 도전에 직면하여 분투 항거할 줄 알도록 인도하여 주옵소서……"

_맥아더, 〈아버지의 기도〉

생각해 보기

수많은 선을 그을 때 명작이 탄생한다

파리는 미술관 천국이다. 완성된 작품뿐 아니라 습작을 함께 전시하는 미술관도 많다. 가장 그리기 어렵다는 손의 다양한 포즈를 그린 스케치북을 넘기다가 고개를 들면 완성품 속에서 그 손을 발견하게 된다. 하나의 손을 그리기 위해 화가는 셀 수 없이 많은 선을 그으면서 가장 이상적인 손을 찾아간다.

우리의 삶도 수많은 연필선이 그어지면서 완성된다. 하나의 그림을 완성하기 위해 얼마나 많은 연필과 지우개, 종이 그리고 시간이 필요했겠는가. 인생은 캐리커처가 아니다. 몇 개의 선으로 슥슥 그려낼 수 있는 것이 아니다. 설령 지우개로 지우더라도 가능한 많은 선을 그을 때 우리는 삶을 후회 없이 살아가게 된다. 재능을 믿고 게으름을 피우는 화가가 아니라 나에게는 24시간이라는 한정된 시간밖에 없다고 믿고 자기 자신과 싸움을 벌이는 화가가 되기를 바란다.

사례 2 **정년퇴직 예정자**

기운 달은 다시 차오른다

: **김명자** 제이엠커리어 이사

"당신 말이야, 당신이 당사자가 아니니까 말을 그렇게 쉽게 하는 것 아냐? 막상 내 입장 되어보라고. 내가 무슨 뒷방 늙은이로 보이는 모양인데 앞으로 나보고 오라 가라 하지 마. 오늘 내가 여기 참석한 것은 회사 입장도 있고 해서 나왔을 뿐이라고."

정년퇴직 예정자를 위한 프로젝트의 오리엔테이션 도중 내일모레 예순을 앞둔 정 선생님이 불쑥 일어나 한바탕 퍼붓고 자리에 앉으셨다. 물벼락을 맞은 듯 분위기가 싸늘해졌다.

컨설팅을 하다 보면 나를 낭황스럽게 만드는 내담자를 종종 만난다. 그러나 정 선생님만큼은 아니었다. 난감한 상황이었지만 달리 방법도 없었다. 다만 정 선생님의 호통에 정신을 바짝 차렸다.

'그래, 지금 내 앞에 계신 이분들이 처한 상황을 이해해보자. 이

분들은 얼마나 힘드신 걸까. 참 막막하게 느껴질 수밖에 없지 않을까. 저렇게라도 분노를 터뜨리지 않으면 안 될 만큼 눈앞에 닥친 이 상황을 받아들이기 힘드신 거야.'

정년퇴직 예정자를 위한 생애설계 프로젝트는 30년 남짓의 인생 후반부를 어떻게 준비할 것인지 고민하고 계획하는 시간이다. 생애설계 준비과정에서 제일 필요한 것은 '내려놓기'이다. 지금까지 누렸던 명예, 돈, 삶의 방식에서 한 발자국 떨어져서 자신을 반추해 보며 툭툭 털어내야 할 것과 꼭꼭 챙겨야 할 것을 가리는 데서부터 설계는 시작된다. 그러나 출발은 고사하고 정년퇴직이라는 변화를 받아들이는 것 자체가 힘든 일이었다.

정 선생님은 둘째 날도, 셋째 날도 빠짐없이 나왔다. 두드러지게 바뀌는 점은 없었지만 시간이 갈수록 표정에 변화가 감지되었다. 하루는 직접 물었다.

"정 선생님, 참석해 보니 어떠세요?"

"글쎄, 이런 곳에 참석한다는 게 썩 내키지 않았는데 도움이 되는 것 같기도 해."

그렇다, 바닷물을 막은 제방에 손가락만 한 구멍 하나가 쏙 뚫린 것이다.

진단

끝이 아니라 출발이다

인생의 중대한 변화를 겪는 사람들에게는 변화를 마주할 시간이 필요하다. 정 선생님도 그랬다. 시간이 필요했다. 한 달이 지날 즈음 정 선생님과 함께 점심식사를 했다. 정 선생님이 먼저 말문을 여셨다.

"김 선생, 내가 제일 걱정된 것이 두 가지였는데 '재정과 늙음'이었어요. 그래서 가슴 한구석이 늘 무거웠어요. 그런데 이곳을 다니다 보니 끝이 아니라 시작이라는 희망이 생기는 것 같아요."

이때다 싶었다.

"어떤 희망이 생기셨는데요?"

"퇴직에 포커스를 맞췄을 때는 정말 못 견디게 힘들었어요. 그런데 끝이 아니라 출발이라고 생각하니 아직도 내가 하고 싶은 일이 많고, 희망이 싹터요."

"두 가지 문제, 그러니까 재정과 늙음에 대해서는 해답을 찾으셨나요?"

"사실, 제일 큰 걱정이 돈이에요. 신문이나 방송을 보니 10억은 있어야 한다고 합디다. 걱정입니다. 참 답답해요."

그래서 재정에 대한 준비상태를 하나씩 따져보기로 했다. 보통 일반인들은 돈이 얼마나 있어야 노후를 편히 보낼까를 먼저 생각하지만 실제로 중요한 것은 '어디서 살 것인가'이다. 대도시 생활이라면 월 200~250만 원, 중소도시는 150만 원, 전원생활은 월 80만 원이면 충분하다고 한다.

그런데 정 선생님은 동생 댁과 함께 하동에 있는 고향에서 전원생활을 준비하고 있었다. 그렇다면 국민연금으로도 해결될 일이었다. 그러나 지금 당장 내려가고 싶지는 않다고 했다. 그래서 앞으로 갖게 될 수익(연금, 적금, 부동산 등)을 월 수익으로 바꾸어 보았다. 크게 욕심 부리지 않는다면 무리가 없어 보였다. 다만 두 딸들에게 결혼자금을 지원하지 않는다는 조건으로 말이다. 일반적으로 월 수익과 월 지출을 계산했을 때 매달 40만 원 정도가 부족하다면 40만 원 벌이의 일을 찾으면 된다. 지나치게 먼 미래까지 걱정하지 말고 가볍게 접근하여 지금 이 순간을 열어가는 것이 가장 현실적이기 때문이다.

그날 저녁 정 선생님은 딸 둘과 사모님 앞에서 이렇게 선언했다고 한다.

"나는 평생 동안 직장생활을 했다. 정년퇴직 후에는 월급을 받을 수 없으니 아쉬움이 많겠지. 그러나 나는 너희 둘에게 손을 내밀 생각이 없단다. 아빠가 그동안 준비한 것으로도 가능할 것 같다. 다만 너희 결혼자금은 너희가 마련했으면 좋겠다. 아빠는 너희에게 대학까지 공부시킨 것으로 아빠의 역할은 다했다고 생각한다. 이제는 너희 앞가림은 스스로 했으면 한다."

그 후 정 선생님 가족에게 일대 변화가 찾아왔다. 특히 작은 딸은 직장생활에 적응하지 못하고 이직이 잦았는데 그 후로는 한 직장에서 열심히 커리어를 쌓기 시작했다.

처방 내려놓기

다음으로 우리는 직업에 대한 이야기를 나눴다. 정년퇴직 후의 직업을 택하기 전에 해야 할 일이 있다. 평생을 당연한 것으로 여겼던 직업정체성을 완전히 버려야 한다. 직장이 우리에게 제공해주었던 지위, 권력, 명예, 돈, 자긍심과 같은 것에 연연해서는 안 된다. '이 일을 하면 사람들이 나를 어떻게 볼까?'라는 생각도 깨끗이 지워야 한다. 오로지 자신의 실제적인 필요에 따라 직업을 갖는 것이 무엇보다 중요하다. 30~40대처럼 이력서를 쓰고 지원하는 것은 의미가 없다. 임원급으로 가는 경우를 제외하고는 지원할 곳도 찾기 힘들고 받아주는 곳도 드물기 때문이다.

정 선생님도 부지불식간에 변하고 있었다. 이제는 포인트를 옮겨야 할 시점임을 이해한 것이다. 더 이상 '타인을 위해 하는 일'이 아니라 '내가 하고 싶은 일'을 해야 할 때가 온 것이다. 프로젝트 진행을 통해 인생을 6대 영역(자아, 재정, 직업, 인간관계, 건강, 여가)으로 나누고 충분히 탐색해 보고 목표를 정하기로 했다.

프로젝트가 진행될수록 정 선생님은 적극적으로 바뀌어 가고 있었고, 과정 자체를 즐기고 있었다. 프로그램에서 탐색한 숲생태해설사, 문화관광해설사도 해보고 싶다고 했다. 그런데 정 선생님의 장점은 따로 있었다. 한문과 해설에 특별한 흥미와 능력을 가지고 있었다.

프로젝트 진행 중 휴식시간에는 꼭 강단에 서서 사자성어든 한 시든 한 소절 적어 놓고 멋들어지게 해설을 붙여주셨는데 매번 나에게 한번 읽어보라고 권한다. 그날도 어김없이 한문으로 '足家之馬'(족가지마, 족 씨 가문이 분수를 모르고 말을 키우다 큰 아들을 죽게 한 데서 유래한 말로 분수에 맞지 않는 행동을 일컫는 말)를 쓰셨다. 우리 모두가 얼마나 즐거웠는지 모르는 순간이었다.

정 선생님과 다시 상담실에서 마주했다.

"정 선생님, 아무리 보아도 선생님은 한문에 관심이 많고 능력도 있으세요. 선생님은 어떠세요?"

정 선생님의 눈빛이 반짝인다. 그래서 한문 관련 직업까지 포함하여 4가지 직업 후보를 선정하고, 그중 가장 우선순위인 한문 관련 직업정보를 제공하였다.

지금껏 쌓아온 경력과 무관한 분야로 접근할 때는 자격증을 취득하는 것이 가장 빠른 길이다. 정 선생님의 경우도 마찬가지다.

일반기업 출신인 정 선생님을 한문 관련 분야로 진출시키기에는 연결고리가 없다. 이력서만 봐서는 정 선생님의 한문 실력을 증명할 길이 없기 때문이다. 그래서 한문 관련 자격증을 먼저 준비해야 했다. 굳이 1급 시험을 준비하시겠다며 5개월간 두문불출하시더니 그해 11월에 기어이 자격증을 손에 넣으셨다. 한문 1급 자격증은 효과가 확실했다. 문화센터에서도 대환영이었다.

지금 정 선생님은 회사에서 파트타임 기회를 줘서 다시 출근을 하고 있다. 정 선생님은 한문과 관련된 직업을 꼭 갖고 싶다고 하셨다. 좋아하는 분야이므로 놓치고 싶지 않다는 것이다. 지금 도전하지 않으면 늦지 않을까 걱정된다며 내심 서두르신다.

"비록 지금은 이렇게 직장에 나가고 있지만 머지않아 이 사회의 어른으로서 살아가고 싶습니다. 그래서 작으나마 자원봉사를 시작하고 싶습니다."

"……한창 힘이 좋을 때는 등산, 즉 산을 오르는 것만 즐겼으나 나이 들고 철이 드니 새로울 것 없던 하산길이 달리 보이누나……"

_어느 산악인의 하산 예찬

사례 3 **고졸 구직자**

달리던 발걸음을 멈추고 고개 들어 당신의 미래를 보라

: **서정미** 고용노동부 직업상담원

약속한 상담 시간이 지났는데 내담자 성호 씨가 나타나지 않는다. 전화를 해보니 길을 못 찾고 있다. 30분이 지나서야 문을 열고 빠끔히 고개를 내민다. 노랗게 염색한 긴 머리가 얼굴을 반쯤 덮고 있다. '과연 이 친구를 취업시킬 수 있을까?' 부담감을 느끼며 인사를 나눴다.

나이는 26살, 공업고등학교 전기전자과를 졸업했다. 왜 전공을 살려서 취업하지 않았느냐고 물었다. 일에는 불만이 없었지만 박봉이 싫어서 배달 일을 시작했단다. 중국집에서 일하면 한 달에 150만 원을 벌 수 있고 오토바이도 마음껏 탈 수 있다는 게 이유였다.

나는 일단 그의 선택을 존중하기로 했다. '미래를 생각하면 그 일을 그만두는 게 낫다.'고 말하는 것은 예의도 아니고 정답도 아니기 때문이다. 성호 씨에게 나를 찾아온 목적을 물었다.

"얼마 전 교통사고를 당했어요. 큰 사고는 아니었지만 그때부터 겁이 좀 나더라고요. 지금 당장은 돈벌이가 괜찮지만 언제까지 이렇게 살 수는 없지 않을까 싶어서요."

순간 나는 안도했다. 나는 그가 빠르게 가려고만 했지 멀리 가는 방법에 대해서는 모르는 줄 알았다. 그러나 이 천만다행한 사고 덕분에 그는 인생을 조금 더 길게 바라볼 수 있게 되었다. 이런 경우, 대개 본인이 스스로 답을 찾아가기 마련이다. 다만 그가 얼마나 빨리 자기 모습을 찾을지는 알 수 없는 일이었다.

개별 상담이 진행될수록 성호 씨는 기계 분야에 흥미를 가지고 있음이 밝혀졌다. 성호 씨는 공업고등학교 진학을 부끄럽게 여기고 있었지만 사실 그는 적성과 흥미에 따라 학교를 잘 선택한 것이었다. 성호 씨도 이 사실을 반겼다. 개별 상담에 이어 집단 면접 시간이 다가왔다. 나는 참가자들에게 모의면접을 위해 정장을 갖추고 올 것을 권했다. 몇몇은 트레이닝복을, 몇몇은 말끔한 정장을 입고 왔다. 정장차림을 한 사람 중에 성호 씨가 있었다.

모의면접 시간이 되자 참가자들은 면접관과 면접자로 나뉘어 가상 면접을 진행했다. 성호 씨가 굳은 얼굴로 면접자 좌석에 앉았다. 하지만 면접관들이 "3D업종인데 왜 굳이 이 일을 하려고 하느냐?"고 묻자 자신의 적성과 미래의 청사진에 대해서 이야기를 풀어갔다. 의외의 모습이었다. 말주변이 모자란 듯 늘 쑥스러워하던 그가 잠깐 사이에 청산유수가 되다니.

대부분의 구직자들은 기능직에 지원할 때 '배운 것이 도둑질이니 어쩔 수 없다.'고 변명하듯 말한다. 하지만 성호는 자신이 기능장으로서 어떤 위치에 오를지에 대한 명확한 그림을 가지고 있었다.

여섯 번째 개별상담일, 성호 씨는 한 기업에 최종합격했다는 소식을 전했다. 파주 산업단지에 있는 회사로, 대기업에 부품을 납품하는 곳이라고 했다. 다행히 교통편도 좋아 다니기 괜찮을 것 같다고 소감을 전했다.

나는 그를 위해 박수를 아끼지 않는다. 요즘 세상에는 기피하는 직종과 선호하는 직종 두 가지밖에 없는 듯하다. 나는 이것이 편견이라고 믿고 있지만 우리는 대체로 이 분류법을 따른다. 그런 의미에서 성호 씨는 용기 있는 결정을 내렸다. 모두가 꺼리는 힘든 일을 택했기 때문이 아니라 자신에게 잘 맞는다는 판단 아래 소신 있게 선택했기 때문이다. 성호 씨는 첫째 언제 어떻게 닥칠지 모르는 오토바이 사고로부터 자신을 구했고, 둘째 세상의 편견으로부터 자신을 구했다. 이제 그의 삶은 그 자신의 것이 되었다.

생각해 보기

어떤 늑대에게 먹이를 줄 것인가?

한번은 30대 초반쯤 되어 보이는 여성이 8개월 된 아이를 안고 들어왔다. 알고 보니 26세란다. 벌써 아이도 둘이다. 그녀는 결혼 전 경리업무를 했는데 이번에는 간호조무사를 꿈꾸고 있었다. 두 아이의 엄마로서 의료지식이 있으면 아이들을 돌보는 데 유리하고 경력을 잘 관리하면 나이 들어서도 언제든지 이직이 가능하므로 나 역시 그녀의 꿈을 지지했다.

그런데 문제가 있었다. 그녀는 흡연자였다. 임신했을 때도 담배를 피웠다고 한다. 흡연이 태아에 미치는 영향에 대해서 모를 리 없는 그녀였지만 그래도 피우지 않을 수 없을 만큼 담배에 깊이 중독되어 있었다. 안타깝게도 둘째 아이는 사시로 태어나고 말았다.

이런 그녀가 자신의 꿈을 위해 금연을 할지는 미지수였다. 물론 간호사라고 반드시 금연해야 한다는 법은 없다. 그러나 환자들에게 흡연 사실이 알려지면 문제는 달라진다. 자신의 직장 생활에 방해가 될 수 있는 문제를 안고 갈 것인지, 아니면 깨끗이 포기할 것인지 결정해야 하는 문제이다.

나는 그녀에게 '늙은 인디언 추장의 지혜'를 들려주었다.

한 늙은 인디언 추장이 자기 손자에게 마음에서 벌어지고 있는

'큰 싸움'에 관해 이야기했다.

"얘야, 우리 모두의 마음속에는 두 마리의 늑대가 살고 있다. 그 둘은 사사건건 싸움을 벌인단다. 한 놈은 화, 질투, 슬픔, 후회, 탐욕, 거만, 자기 동정, 죄의식, 회한, 열등감, 거짓, 자만심, 우월감, 그리고 이기심이란다. 또 다른 한 녀석은 기쁨, 평안, 사랑, 소망, 인내심, 평온함, 겸손, 친절, 동정심, 아량, 진실, 그리고 믿음이란다."

손자가 추장 할아버지에게 물었다. "그럼 누가 이기나요?" 추장이 이렇게 답하였다.

"내가 먹이를 주는 놈이 이기지."

나는 이 말에 덧붙여 그녀에게 언제까지 담배를 피울 것인지 물었다. 인생을 120세까지 산다고 가정하면 언제까지 피울 것인지 말이다. 언젠가는 끊어야 할 텐데 그게 오늘이면 어떠냐고 제안했다. 다행히 그녀 역시 아이들을 위해 금연해야겠다고 생각을 해오던 터였고, 마침 내 얘기를 듣고 한번 실천해보겠다고 약속했다.

현재 그녀는 1년짜리 간호조무사 과정에서 공부를 하고 있는 중이다. 아직까지는 문제가 없지만 앞으로도 오롯이 자신의 몫이다. 어떤 늑대에게 먹이를 줄 것인지는 말이다.

오토바이 사고를 당한 성호 씨처럼 코앞이 아니라 멀리 바라보며 걷자. 담벼락이 눈앞을 가로막고 있다면 까치발을 들고서라도 저 너머를 바라보도록 노력하자. 그 사이 마음의 키가 쑥쑥 자랄 것이다.

사례 4 부모와의 관계

당신의 마음에 사는 10살짜리 아이와 이별하라

: 윤성원 K up Dream Team 연구원

1 병진이는 어려서부터 조용하고 차분한 아이였다. 터울이 많이 지는 누나와 형은 결혼하면서 분가했고, 병진이는 아버지, 어머니와 함께 살았다. 그런데 병진이가 대학교에 입학하자마자 날벼락이 떨어졌다. "이제 너도 컸으니까 네 일은 알아서 해라." 부모님은 이혼하셨고 어머니는 집을 나가셨다. 혼란스런 상황이었다. 지금껏 병진이에게 부모님은 든든한 울타리였다.

병진이는 매일 친구들과 술만 마셨다. 어렵게 입학한 명문대도 사퇴했다. 방송국 PD인 형의 도움으로 스텝활동을 시작했지만 3개월을 버티지 못했다. 병진이의 방황을 보다 못한 어머니가 다시 돌아왔다. 그리고 지금 병진이는 부모님과 한집에서 살고 있다. 그는 다시 예전의 모습으로 돌아왔고, 공무원 시험에 매진 중이다.

2 어느 4학년 여학생은 준비가 부족함에도 불구하고 대기업에만 입사 원서를 냈다. 그녀의 목표는 대기업 회사 배지를 부모님 가슴에 달아주는 것이다. 알고 보니 이것은 그녀의 목표가 아니라 부모님의 목표였다. 부모님은 몇 년째 입버릇처럼 대기업에 들어가야 한다고 말씀하셨다. 그녀의 부담은 갈수록 커졌다. 그녀는 대기업 채용에서 탈락할 때마다 눈물을 흘렸는데 나중에는 부모님을 원망하기에 이르렀다.

3 한번은 영어영문학을 전공하는 2학년 남학생이 고민을 털어 놓았다. 자신은 전공을 살려 항공 스튜어드가 되고 싶지만 의사인 아버지는 당신의 직업을 이어받아 의사가 되기를 바라신다는 얘기였다. 문제는 본인이 갈피를 잡지 못하고 갈팡질팡하고 있다는 점이었다.

하루는 그 학생이 수업 시간 내내 정신없이 졸고 있었다. 살도 부쩍 빠진 듯해서 무슨 일이 있었는지 물었다.

"휴가 나온 군대 친구랑 만났는데 옆 테이블에 떨어진 지갑을 친구가 주웠어요. 그런데 친구가 바보같이 지갑에 있는 수표를 유흥비로 쓴 거예요. 그 일로 경찰서까지 갔어요. 합의 때문에 돈을 구하고 있는데 정신이 없어요. 제가 그런 건 아니지만 같이 책임져야 하니까."

부모님께 의논해보라고 권했더니 그가 펄쩍 뛴다.

"아버지가 아시면 저는 죽어요."

진단

부모의 그늘을 벗어나지 못하는 대학생들

취업 고민의 근원을 거슬러 오르다 보면 종종 부모와의 관계라는 벽에 부딪치게 된다. 취업은 자아 찾기의 한 과정인데 구직자의 자아 형성에 가장 막대한 영향을 행사하는 사람이 부모이기 때문이다.

자신의 판단보다는 부모의 의견에 따라 전공이나 일자리를 선택하는 학생도 많고, 인턴이나 심지어 아르바이트를 고를 때도 부모의 간섭과 참견을 받는 학생도 상당수다. 요즘은 부모가 수강신청을 대신해주는 신입생도 많다. 어떤 이는 30대가 되어도 독립하지 않고 경제적으로 부모에게 의지하며 산다. '일하는 부모, 노는 자녀' 가정의 비율이 64%나 되는 건 자신의 삶을 스스로 개척하지 않고 부모에게 의사결정권을 떠넘긴 캥거루족 때문이다.

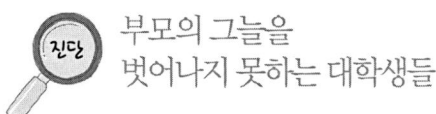

처방 부모 앞에 당당한 내가 돼라

부모와의 관계 문제가 원만히 해결되지 않으면 행복 취업은 어렵다. 아직 몸만 성인이고 마음은 어린이인 당신에게 하나의 해결책을 제시한다.

나는 이 문제의 핵심을 어린 시절에 형성된 기억에서 찾는다. 어린 시절, 부모는 우리에게 무언가를 기대했고, 우리는 부모의 기대를 충족시키려고 노력했다. 그곳에 사랑이 없다고는 할 수 없지만 기대치가 지나치면 사랑은 집착이 된다.

문제는 자녀가 기대치를 충족시키지 못했을 때 생긴다. 자녀의 뇌리에는 부모의 기대를 충족시키지 못했다는 기억이 깊이 새겨진다. 그 기억은 죄의식으로 바뀌고 자녀는 나이가 든 뒤에도 부모 앞에만 서면 고개를 숙인다.

사람은 어린 시절의 기억으로부터 완전히 자유로울 수 없다. 부모를 포함한 타인의 기대나 관심을 통해 '나'를 형성해 왔기 때문이다. 그 기억 한가운데 어린 시절의 내가 있다. 어린 나는 부모의 기대를 저버린 '나쁜 아이'다. 그때 남은 상처는 여전히 아물지 않았다. 누군가 상처를 건드릴 때마다 다시 어린 시절의 나로 돌아간다.

지금 우리에게 필요한 것은 기억 속의 어린 나와 이별하는 일이다. 지금까지 우리 마음에는 20살의 나와 10살의 내가 함께 살아왔다. 어떨 때는 20살답게 처신하지만 어떨 때는 10살짜리처럼 감정을 조절하지 못하고 남에게 의존한다. 당신 가슴에 사는 그 10살짜리 아이의 상처가 아물도록 위로해주고 쓰다듬어 주어라. '네 잘못이 아니다.'라고 말해주어라. 그때는 부모도 어렸고, 너도 어렸다고 말해주어라. 그 일은 다 지났다고 말해주어라.

화해가 제대로 이루어졌다면 과거의 상처는 빗물에 씻겨 강물로 흘러든다. 기억 속에서 완전히 사라진 것은 아니지만 더 이상 지금의 나를 좌지우지하지는 못한다. 그것으로 충분하다. 이제 성인이 된 내가 부모를 만나는 일만 남았다. 부모가 원하는 것이 아니라 당신이 하고 싶은 것, 그것을 들고 부모를 만나는 일만 남았다.

어쩌면 마찰이나 갈등이 뒤따를지 모른다. 그렇더라도 헤쳐 나가라. 나중에 부모를 원망하는 것보다는 낫다. 지금 당신에게 필요한 것은 용기이다.

다섯 번째 미스매칭

당신의 길을 가고 있는가

남의 깃털로 자신을 꾸미는 구직자와
세상에 단 하나뿐인 사람을 찾는 회사

Who am I?

친분이 있는 동생의 집에는 털이 복슬복슬한 예쁜 고양이 세 마리와 호기심이 왕성한 강아지 두 마리가 산다. 이들은 설과 추석, 생일 이렇게 딱 3번만 목욕을 한다. 이렇게 목욕은 안 시키면서도 고양이와 강아지를 자식처럼 끔찍이 사랑하는 주인장은 얼마 전 내게 이런 말을 했다.

"언니, 코코가 이상하게 고양이들보다 강아지들이랑 친한 거 있지. 당연하다는 듯 강아지 집에서 자고 강아지 쉬하는 데서 쉬하고, 강아지들이 싫어하든 말든 가끔 털을 정리해주기도 해. 이렇게 강아지들을 졸졸 따라다니는데 강아지들도 이젠 포기한 눈치야."

며칠 전 그녀는 코코라는 그 고양이에게 이렇게 소리쳤다.

"코코, 너는 Dog가 아니라 Cat이야."

상담을 하다보면 자신이 Dog인지, Cat인지 정확히 아는 구직자를 만나기가 쉽지 않다. 하루에도 몇 차례씩 거울을 보면서도 얼굴 너머의 마음을 들여다보지 않기 때문이다. 그런 까닭에 자기 속마음을 손금 보듯 훤히 들여다보는 사람은 드물다. 그러나 "나도 내 마음을 모르겠어요."라는 말만큼 듣는 이를 답답하게 만드는 말도 없다.

사실 듣고 있는 상대방도 자기 자신이 누구인지 정확히 설명하지 못한다. 하루에도 수십 번 씩 마음이 바뀌는데 나는 딱 이렇다고 못 박아서 말할 수 있는 사람이 과연 몇이나 되겠는가.

〈세계의 교양을 읽는다〉를 쓴 문학박사 최영주는 이렇게 말했다.

"'나는 누구인가'에 대해 정확히 답하는 것은 그리 중요하지 않다. 만약 그런 확신을 갖는다면 그것은 교만한 환상, 혹은 허무한 항진 명법에 불과할 수 있다. 중요한 것은 '나는 누구인가'보다 '나는 어떻게 되어가고 있는가'이다."

사람을 한 단어로 정의하기 힘든 이유는 사람은 끊임없이 변하기 때문이다. 만일 우리가 바코드 찍힌 인스턴트 라면이라면 간단하게 설명할 수 있겠지만 우리 자신은 수십 년 동안 경험과 학습, 가치관, 주위 환경 등을 함께 넣고 우려낸 사골육수 아닌가. 그 고소하면서도 깊은 맛을 한마디로 이야기한다면 그게 더 거짓인지도 모른다.

그럼에도 구직활동을 하는 우리는 자신을 명확히 설명할 수 있어야 한다. 왜냐고? 면접 첫 질문이 '자기소개' 아닌가. 요즘은 '여러분 자신을 동물이나 사물에 비유해보세요', '여러분을 한마디로 표현한다면' 이런 질문도 많이 나온다.

자기탐색은 다른 누구도 아닌 자기 몫이다. 또한 구직활동을 하는 사람으로서 갖춰야 하는 기본 예의다. 내가 나를 모르는데 인사담당자인들 나를 어찌 알겠는가. 적어도 기업 인사담당자들은 '내가 누구인지 모르겠다'고 무책임하게 말하는 구직자보다 자신이 누구인지 알기 위해 노력하는 구직자를 선호한다. 나아가 다른 누구를 모방하는 사람보다 자신의 목소리로 당당히 이야기하는 사람을 좋아한다. 그것이 창의적 인재를 찾는 요즘 기업들의 특징이다.

당신은 독수리인가, 닭인가

〈날고 싶지 않은 독수리〉, 이 책은 자신의 정체성을 찾기 위해 노력하는 독수리의 삶을 그린 책이다. 우연히 한 남자에게 잡혀온 독수리는 닭, 오리와 함께 키워져 자신이 독수리라는 사실조차 깨닫지 못한다. 몇 년 후 한 동물학자가 닭장 속의 독수리를 보며 놀라자 주인이 말한다.

"저 독수리는 이제 독수리가 아니라 닭이 됐다."

과연 독수리는 닭일까, 독수리일까?

당신이 닭인지, 독수리인지 정확히 알기 위해서 꼭 알아봐야 하는 게 있다. 흥미와 적성, 성격, 가치가 그것이다. 흥미는 단적으로 말해 자신이 좋아하는 것이다. 적성은 잘하는 것으로, 미래의 과제수행능력을 의미한다. 성격은 자신이 어떤 자극에 대해 비교적 일관되게 반응하는 성향을 말한다. 가치는 의사결정을 할 때 자신이 보다 중시하는 것을 말한다. 직업을 선택할 때는 이처럼 다양한 개인특성을 통합적으로 고려해야 한다. 따라서 자기탐색의 여정을 떠나는 것이다.

나를 찾는 방법 중 아주 효과적인 도구가 있다. 바로 'Who am I?'다. 이 도구는 매우 간편하여 지금 당장 당신도 해볼 수 있다. 일단 종이와 연필을 준비한다. 그리고 가장 빠른 시간 안에 자신이 누구인지 20가지를 적어 내려간다. 무엇을 적어야 하는지 정해진 룰은 없다. '마흔 번 탈락한 구직자, 길을 잃고 방황하는 23살, 지름신이 자주 강림하는 여자, 엄마의 잔소리를 못 견뎌 하는 딸……' 어떤 식이든 좋다. 머릿속에 떠오르는 대로 가급적 빨리 적는 것이 중요하다. 당신도 지금 한 번 '내가 누구인지' 적어보라.

한번은 주부들을 대상으로 'Who am I?' 툴을 진행했는데 한 주부가 이렇게 적었다.

"남편의 아내, 딸의 엄마, 아들의 엄마, 학부모, 아줌마, 엄마의 딸, 아빠의 딸, 남동생의 누나, 며느리, 큰형님, 고모, 이모, 조카, 조카며느리, 이종사촌누나……."

지금껏 'Who am I?' 도구를 진행하면서 이렇게 철저히 자신을 가족이라는 테두리에서 파악하는 사람을 처음 보았다. 보통은 자신이 누구냐는 질문에 자신의 이름과 나이, 직업, 성격, 흥미, 가족관계, 취미, 교우관계 등을 고루 적는다. 왜냐하면 '나'는 성격과 흥미, 가치관, 취미, 특기, 건강, 직업, 가족관계, 인간관계 등 다양한 퍼즐로 구성되어 있기 때문이다.

가족과의 관계 속에서 자신을 파악한 그 주부처럼 만일 어느 한 쪽의 나만 강조하다보면 불협화음이 생길 수 있다. 지금 나만의 퍼즐을 들여다보라. 넘치는 조각은 무엇인가? 잃어버린 조각은 무엇인가?

나를 찾는 과정에서 한 가지 주의할 점이 있다. 남과 비교된 내가 아니라 남들과 비교할 수 없는 나를 찾아야 한다는 사실이다.

그림책 〈넌 참 우스꽝스럽게 생겼구나!〉에는 하마가 등장한다. 하마는 진흙탕에서 텀벙거리다 코뿔소를 만난다. 코뿔소는 하마에게 자신처럼 코에 뿔이 없다며 우스꽝스럽다고 이야기한다. 하마는 사자, 코끼리, 원숭이, 기린, 거북이, 밤꾀꼬리에게 도움을 청하지만 만나는 동물들마다 자신들의 신체 한 부분을 콕 집으면서 자신과 다른 하마의 모습이 우습다고 말한다. 만약 당신이 책 속의 하마였다면 어떻게 하겠는가?

하마는 크게 상처를 받았다. 그리고 뿔과 갈기, 큰 귀, 긴 꼬리, 긴 목, 등딱지, 고운 목소리가 없는 자신의 모습을 원망하며 울다 지쳐 잠이 든다. 책이 여기서 끝났다면 독자들은 실망에 빠졌을지 모르겠다. 다행히 그 다음 장면이 이어진다. 하마는 꿈속에서 동물들의 특징을 모두 갖게 되지만 최고일 거라 생각했던 자신의 모습은 한마디로 '괴물'에 가까웠다. 하마는 자신의 모습에 놀라 꿈에서 깨어나고 '크고, 뚱뚱하고, 멋진' 자신의 모습을 자랑스럽게 여기게 된다.

이 책은 아이들을 위한 그림책이지만 어른들에게도 시사하는 바가 크다. 우리 대부분도 하마처럼 다른 이들의 장점인 뿔과 갈기, 긴 목을 부러워하며 살기 때문이다. 하지만 세상은 공평하다. 100% 장점으로만, 100% 단점으로만 똘똘 뭉쳐 있는 사람은 없다. 우리는 모두 자신만의 색깔을 갖고 이 세상에 태어났다.

박연정 취업컨설턴트가 강사로 데뷔하는 무대를 방문한 적이 있었다. 평소 열정적이고 진솔한 그녀가 어떤 이야기를 풀어갈지 내심 기대했다. 주제는 '나에게 쓰는 편지'였고 대상은 대학교 1학년생이었다. 박 컨설턴트의 강의에는 딱딱한 이론이 없었다. 그는 자신의 인생을 술술 풀어냈고, 청중의 반응은 뜨거웠다.

중학교 시절 모범생이었던 그녀는 사춘기 열병을 심하게 앓았다. 전교 2등이었던 성적은 전교 꼴찌로 추락했고 4층 집 외벽에 연결된 보일러용 파이프를 타고 외출할 만큼 반항기가 넘쳤다. 방황을 하던 그녀는 부모님의 오랜 관심과 격려로 어느 정도 제자리를 찾았다. 다행히 부모님이 원하던 사회복지학과에 진학하였지만 다시 또 방황이 시작되었다. 이번에는 학과에 대한 의문이었다. 그녀가 스스로 전공을 선택하지 않은 게 발단이었다.

"기말고사 때 사회복지가 무엇인가라는 질문에 답을 쓸 수가 없었어요. 2년 동안 배웠는데도 말이에요. 학자 이름을 쓰라는 질문에는 기억이 나지 않아 샴푸 이름을 썼어요. 동생이 제게 공부도 안 하면서 책은 왜 들고 다니느냐고, 학교는 왜 가느냐고 물을 정도였어요. 정말 창피했죠. 이렇게 학비를 날리고 싶지는 않았어요. 제가 왜 사회복지학을 공부해야 하는지, 이것이 제 인생에 무슨 의미가 있는지 답을 찾아야 했어요."

그녀는 1년 동안 휴학을 하고 자신을 찾는 여행을 떠났다. 아르바이트는 물론이고 자원봉사활동에 적극적으로 참여하면서 자신이 무엇에 흥미를 느끼는지, 삶의 진정한 가치는 무엇인지 탐색했다. 한번은 저소득층 자녀를 대상으로 방과 후 교실 자원봉사를 했는데, 그때 자신이 누군가를 돕는 일에 흥미를 갖고 있고, 그중에서도 중고등학교 학생들에게 애정이 있다는 사실을 깨닫게 되었다. 긴 방황은 그렇게 종지부를 찍었다. 그녀는 지금 전국의 중고등학교를 다니며 과거의 자신처럼 방황하는 청소년들의 손을 잡아주고 있다.

혹시 당신도 과거의 박 컨설턴트처럼 자신을 찾지 못해 방황하고 있는가? 자신이 무엇을 좋아하고 잘하는지 몰라 힘이 드는가?

그렇다면 지금 이 순간 조용한 배경음악을 깔고 하얀 종이와 뭉툭하게 깎은 연필을 꺼내 들어라. 그리고 종이 맨 앞에 자신의 이름을 꾹꾹 눌러 써라. 그렇다. 바로 자신에게 편지를 써 보는 것이다. 박연정 컨설턴트도 자신을 찾지 못하고 방황할 때 스스로에게 쓴 편지가 매우 큰 위안이 되었다고 했다. 혹시 아는가. 몇 년 동안 찾지 못해 몸살 났던 '나'라는 보물을 이 순간 단번에 찾게 될지.

첫 번째 질문
왜 일하려고 합니까?

"왜 일하려고 합니까?"

나는 처음 만난 구직자들에게 이 질문을 빠짐없이 던진다. 이 질문에 대다수 구직자들이 뜨악한 표정을 짓는다. 하지만 이 질문은 당신이 취업하는 데 매우 중요한 단서가 된다.

63세 택시 아저씨는 3년 전 대장암 수술을 받고 일을 쉬었다. 그런데 가만히 집에 틀어박혀 있다 보니 합병증이 생겨 건강이 악화되었다. 아저씨는 다시 핸들을 잡았다. 그가 일하고자 하는 이유는 돈도 벌고 건강도 챙길 수 있다고 판단했기 때문이다. 풀빵을 파는 70대 아주머니는 가족의 생계를 위해 돈을 번다고 했다. 우울증에 걸려 사회생활을 하지 못하는 마흔 살 딸과 몇 년째 구직 활동을 하는 서른두 살 아들, 두 자녀를 위해 70대 아주머니는 오늘도 풀빵을 굽는다.

17세 소녀 가장은 화장품 가게에서 일한다. 그녀의 꿈은 화장품 가게 사장이 돼서 지금까지 자신에게 도움을 준 사람들에게 은혜를 갚는 것이다. 그녀는 꿈을 위해 화장품을 판다. 얼마 전 갓 상경한 24세 박 씨는 가슴에 간직한 목표를 달성하기 위해 일자리를 잡았다. 그녀는 20년 동안 돈을 번 후 고향에 돌아가 도서관을 짓고 싶다고 했다. 36세 공무원 김 씨. 그는 얼마 전까지 대기업 프로그래머로 일했다. 그는 대기업 프로그래머가 된 것도, 공무원이 된 것도 모두 '어쩌다 보니'였다고 한다.

우리가 일하려고 하는 이유는 이처럼 다양하지만 크게 3가지로 나눠볼 수 있다. 생계유지, 자아실현, 사회적 기여가 그것이다. 이는 바로 직업의 3요소다. 3요소의 균형은 직업이 갖는 아주 이상적 형태의 조건이다. 당신이 갖고자 하는, 혹은 과거에 가졌던 직업을 3요소 측면에서 살펴보라. 각각 몇 점을 줄 수 있나?

사람은 유전적 조건이나 환경, 교육 같은 후천적 조건에 따라 다 다르다. 그렇기 때문에 자신만의 재능과 소질을 찾아 생계를 유지하고 자기계발도 하고 사회적 역할도 분담한다면 아주 이상적인 사회를 만들 수 있다. 이론적으로는 아주 쉬운 얘기다. 그런데 이 이론이 종종 현실의 벽에 부딪친다. 자신의 재능을 발견하기 위해 노력하지 않고, 재능이 있다 하더라도 개발하지 않거나 사회에 나누지 않는 사람들이 많기 때문이다.

일하는 이유, 내가 지금껏 가장 많이 들었던 '이유'는 바로 돈 벌기 위해서다. 그런데 생계를 꾸리고 보상을 얻기 위해서만 일을 한다면 일에서 개인적인 만족감을 오랫동안 유지하기 힘들다. 일을 할 때 외적인 동기와 내적인 동기가 적절한 균형을 이루지 못하면 일은 치명적인 독이 될 수 있다.

내적인 동기 중 하나가 자아실현이다. 많은 사람들이 자신의 재능을 발견하고 이를 발전시키기 위해 일한다. 그런데 대부분의 사람들은 여기까지만 생각한다. 보다 큰 의미의 내적인 동기를 고려하지 않고 오로지 자기 배 불리고 자기 재능 키우는 데만 관심을 갖는다.

그런데 직업에서 성공한 사람들은 자신만 생각하지 않는다. 그들은 자신이 하는 일을 통해 이 사회에 어떤 도움을 줄지 고민한다. 책 〈보이지 않는 차이〉는 운 좋은 사람들의 '보이지 않는 차이'를 파헤친 탐구서다. 이 책의 저자 연준혁과 한상복은 "진심으로 좋아하는 일을 하면서 다른 사람들을 기쁘게 해주는 과정에서 행운을 만날 기회가 늘어난다."고 말했다.

한국의 2030세대가 가장 닮고 싶어 하는 사람, 안철수 한국과학기술원(KAIST) 석좌교수. 안 교수의 인생 첫 번째 고민은 의대 박사과정 첫 학기 때 컴퓨터 백신 프로그램의 세계를 만나면서 시작

됐다. 오전 3시부터 6시까지는 컴퓨터 백신 프로그램을 만들고 6시부터 오후 10시까지는 환자를 진료하며 7년간을 살아왔다.

그러다 프로그래머를 할 것인가 의사를 할 것인가 선택해야 하는 시기가 찾아왔다. 그는 어떤 것이 더 의미 있고, 재미있고, 잘할 수 있는 일인지를 놓고 6개월간 고민했다. 그 결과 10년 넘게 걸어온 의료인의 길을 접고 컴퓨터 백신 프로그램을 만드는 기업을 만들었다. 젊은이들의 멘토 안철수, 그가 직업을 선택할 때 고려했던 1순위는 바로 의미 있는 일, 즉 사회적 기여다. 그가 생계유지를 1순위로 삼았다면 의사를 포기할 수 있었을까.

세사람선교회를 이끄는 김중기 목사는 국민일보와의 인터뷰에서 "사람은 누구나 다른 사람을 감동시켜야 한다. 사장은 사원을 감동시키고 사원은 고객을 감동시켜야 한다. 목사는 교인을 감동시키고 음악가는 청중을 감동시켜야 한다."고 말했다. 당신이 일을 통해 다른 사람을 감동시키려고 노력한다면 사회도 감동하고 하늘도 감동해 당신의 성공을 도울 것이다.

이쯤 되면 어떤 독자들은 이런 말을 하고 싶어 입이 간질간질할지 모른다. 평범한 우리가 직업의 3요소 중 사회적 기여에 큰 비중을 두는 건 어려운 일 아니겠느냐고. 사는 게 넉넉한 사람들이나 타인에게 마음을 쓰는 것 아니냐고. 자, 이렇게 말하고 싶은 독자들에게 따뜻한 글 세 편을 소개한다. 이 글은 얼마 전 지하철 내벽에 소개된 서울메트로 스토리텔링 공모전 당선작들이다. 우연찮게 본 이 사연들에는 새벽을 달리는 사람들의 따뜻한 마음이 담겨 있었다. 나는 이 소중한 글을 놓칠세라 휴대폰 카메라를 꺼내 들었다.

"나는 사랑을 파는 김밥장수"

우리 집의 하루는 새벽 3시 고소한 참기름 냄새로 시작됩니다. 새벽마다 부모님이 정성들여 싼 김밥을 출근길 사람들에게 파는 게 제 일이죠. 저는 식구들 중에서 키가 제일 큽니다. 아버지, 어머니의 키를 합해도 제 키를 넘지 않습니다. 어렸을 땐 부모님 등에 업힌 친구들이 부러웠고 사춘기 때는 부모님의 장애가 짐스러워 방황도 했지만 그때마다 두 분은 작은 품으로 저를 더 따뜻하게 안아주셨습니다. 누군가는 이 일이 비전이 없다고 하지만 전 생각합니다. 내가 하는 일은 부모님이 만드신 사랑을 더 많은 사람들과 나누는 거라고…….

서울 마포구 강성국 고객님

"천 명의 아이들을 위한 합창"

새벽 5시 30분, 수도권에 태풍이 몰아칩니다. 의자가 날아다니고 나뭇가지가 부러지고 순간 오늘 급식 걱정이 먼저 들었습니다. 뉴스에서는 초중학교의 등교시간이 늦춰진다고 하는데 1,000명 새싹들의 급식을 책임지고 있는 나는 출근을 서두릅니다. 다행히 학교는 아무 이상이 없습니다. 이 태풍을 뚫고 재료들도 모두 제

시간에 좋은 물건으로 들어왔습니다. 천재지변에도 아랑곳하지 않고 매일 아침 영양교사, 조리원, 급식업체 직원들이 하나가 되어 만드는 아이들을 위한 하모니, 어떤 합창보다 아름답습니다.

서울 강남구 김옥자 고객님

"내 이래도 만두 하나는 두 눈 감고도 만든다!"

할아버지의 퇴근시간은 새벽 5시. 할머니가 만드신 만두소와 만두피로 밤새 만두를 빚다 그때서야 가게를 나서십니다. 젊은 시절 미군부대에서 취사병으로 일하다 교통사고로 시력을 잃으신 할아버지는 울고 있는 할머니에게 이렇게 말씀하셨다죠. "내 이래도 만두는 두 눈 감고도 만든다. 하루 백 개만 빚어도 산 입에 거미줄이야 치겠나." 그렇게 문을 연 만두집은 삼십 년 남짓 남대문 한 귀퉁이를 지켜왔고 심야택시를 모는 최 기사님, 할아버지를 "아재"라 부르던 옷가게 정 사장님, 밤을 낮 삼아 일하는 고단한 사람들의 허기진 배를 달래주고 있습니다.

서울 강서구 고경태 고객님

요즘 세상은 인정이 없고 삭막하다고 말한다. 하지만 이렇게 타인을 생각하고 배려하는 마음을 엿보면 영하 5℃ 강추위에서 따뜻한 군고구마를 후후 불며 먹을 때처럼 얼었던 마음이 사르르 녹는다. 자, 어떤가. 당신이 원하는 일이 거창한 일이든, 소소한 일이든 상관없지 않은가. 당신이 부자이든, 그렇지 않든 상관없지 않은

가. 당신이 어떤 마음으로 일을 대하는지가 중요하다.

처음 출발이 돈 벌이여도 괜찮다. 자기 계발이 목적이어도 괜찮다. 조금만 더 넓게 생각해보자. 당신은 당신의 일을 통해 이 사회에 무엇을 나눌 것인가. 독자들 모두가 이 질문을 한 번씩만 하면 어떤 마음으로 직업에 임해야 하는지 스스로 깨닫게 될 것이다.

유명 일러스트레이터 '밥장(본명 장석원)'은 3년째 작은 도서관에 무료로 벽화를 그려주는 재능 기부를 하고 있다. 일러스트레이터 밥장은 직업을 통해 생계유지를 하고 자아실현도 하고 사회 나눔도 실천하고 있다. 이처럼 직업의 3요소를 균형감 있게 추구하고 있기에 우리는 수많은 일러스트레이터 중 밥장을 사랑하는 것이 아닐까.

두 번째 질문
일을 선택할 때 무엇을 중시합니까?

당신이 일자리를 구하는 데 도움이 될 만한 두 번째 질문을 소개하려고 한다. 먼저 친분이 있는 취업 컨설턴트 이야기를 하겠다. 홍혜리 컨설턴트는 대학 때 식품영양학과를 전공하고 식품영양학 석사과정도 마쳤지만 정작 사회생활은 부모님께서 운영하시는 정형외과와 노인요양원에서 비서와 행정 업무를 맡았다. 본인은 식품 전문가를 희망했지만 바쁘신 부모님을 도와드리는 것도 자신이 해야 할 일이라고 여겼다. 몇 년 후 그녀는 식품 지식과 함께 비서, 행정 경험을 쌓은 자신을 발견하고 이렇게 다양한 경험을 살려 취업컨설팅을 해야겠다고 마음먹었다.

그녀처럼 전공을 살리지 않은 동기나 선후배들이 생각보다 많다. 아이들과 있을 때가 제일 행복하다며 보육교사 자격증을 취득해 어린이집 교사로 활동하는 동기, 세무에 흥미가 있다는 것을 알고 관련 자격증을 취득해 로펌 재경팀에서 근무하고 있는 선배, 한 인터넷업체에서 저작권 업무를 전담해서 처리하고 있는 후배까지 다양하다.

나는 보통 식품영양학 석사과정을 마치면 식품연구소에서 식품을 개발하거나 대학병원에서 인턴 영양사를 하거나 식품 월간지에서 외식업체 컨설팅을 할 줄 알았다. 물론 이렇게 전공을 살린 이들도 있지만 그렇지 않은 이들도 많다.

한때 홍 컨설턴트의 동기나 후배들은 전공을 살려 취업한 친구를 부러워했다. 그러나 몇 년이 지난 후 그들은 직장생활에 만족해하며 꾸준히 자기계발 하는 친구들을 부러워한다. 재미있는 사실은 전공을 살렸다고 해서 만족하는 것도, 그렇지 않다고 해서 불만족스러운 것도 아니라는 점이다.

상당수는 취업한 후 자신도 모르게 일터나 업무와 관련한 불평불만을 늘어놓는다. 덜 불평하느냐, 더 불평하느냐의 차이다. 그래도 기왕이면 덜 불평할 만한 일자리를 찾고 있는가? 그렇다면 스스로에게 물어보라.

"나는 일을 선택할 때 무엇을 가장 중시하는가?"

우리가 직업과 직장을 선택할 때 고려해야 할 것은 참 많다. 홍미, 적성, 성격, 가치관, 보수, 전공과의 연관성, 고용안정성, 발전가능성, 부모님의 바람, 양성평등, 출퇴근거리, 복리후생 등등. 그런데 이 모든 조건을 만족시켜줄 수 있는 일자리는 드물다. 아니, 없다. 사람의 욕심은 끝이 없기 때문이다.

며칠 전 유명 아이돌 그룹의 한 멤버가 인터뷰 중에 이런 말을 했다.

"우리 그룹을 아는 사람이 단 한 명이라도 있으면 좋겠다고 꿈꾼 적이 있었다. 하지만 하루 2~3시간씩 자는 요즘은 이런 일정을 소화하는 게 힘들고 피곤하다. 잠시 쉬고 싶다."

화장실 들어가기 전과 나온 후의 마음이 다른 게 사람이다.

홍 컨설턴트는 3년 전 같은 과 후배가 취업 때문에 고민하고 있을 때 직업가치를 물었다. 그랬더니 후배는 딱 두 가지를 꼽았다. 여자라고 무시하지 않는 것, 정년보장 되는 것. 그녀는 이 두 가지 키워드를 가장 잘 살릴 수 있는 직장으로 공공기관을 추천했다. 1년 후 후배는 경기도에 위치한 공사에 취업했고 지금까지도 만족하며 잘 다니고 있다.

꿈은 일자리 나침반

세계적인 탐험가 존 고다드는 열다섯 살 때 노란종이를 꺼내 127개의 드림리스트를 작성했다. 그중에는 셰익스피어의 작품 읽기, 낙하산 점프하기, 비행기 조종법 배우기, 달나라 여행하기, 에베레스트 등정하기, 아마존 강 탐험하기 등과 같은 목표들이 있었다. 30년 후 잡지 라이프에는 '꿈을 이룬 사나이'라는 제목으로 존 고다드의 이야기가 실렸다. 그는 그때까지 127개의 꿈 가운데 106개를 이루어냈다. 존 고다드는 꿈은 머리로 꾸는 것이 아니라 가슴으로 느끼고 손으로 적어 발로 뛰는 것이라고 했다.

당신은 돈 많은 사람이 부러운가? 키 크고 날씬한 사람이 부러운가? 공부 잘하는 사람이 부러운가? 나는 꿈이 큰 사람이 부럽다. 배부르면 행복해진다는 것이 우리 부모님 세대의 생각이었다면 지금은 꿈이 있어야만 행복해질 수 있다.

성탄절 연휴에 경상남도 진주에 있는 한 대학교에서 1학년 학생들을 대상으로 꿈과 직업에 대해 이야기를 나눴다. 그들의 목소리 중 기억에 남는 것은 이렇다.

"어릴 때부터 축구, 마라톤, 골프 등 다양한 운동을 즐겼어요. 그러다 보니 자연스럽게 스포츠웨어에 관심을 가졌죠. 올 초 이집트에서 열리는 사하라사막 마라톤에 참가하면서 아웃도어 브랜드에 소위 필이 꽂혔어요. 모래폭풍이 불고 영상 50℃를 넘는 사막을 달리는 사람들은 진정 살아있는 것 같았어요. 저는 사막에 미친 전문가들에게 도움이 되는 일을 하고 싶어요. 제가 좋아하는 아웃도어 명품 브랜드 회사에 입사해서 어드벤처 레이스 전문가들에게 필요한 의류와 장비를 공급할 거예요."

"고등학교 때 어르신들 목욕 봉사활동에 참여했어요. 그때 제가 당뇨병에 걸린 할아버지께 귤을 드렸는데 그 귤을 드신 할아버지께서 당 수치가 크게 올라 매우 놀란 적이 있어요. 같은 음식이라도 누군가에게는 약이, 누군가에게는 독이 된다는 사실을 처음 알았죠. 음식에 대해 전문적으로 알고 싶어 식품공학을 선택했어요. 제 꿈이요? 바로 암 환자들의 치료를 돕는 식품전문가가 되는 거예요."

"제 꿈은 작곡가예요. 지금도 틈만 나면 작곡을 하고 있는데 여름방학 때 인도를 다녀온 후 목표가 하나 생겼어요. 갠지스 강에 가면 목욕하는 사람들이 많은데 그곳에서 제가 작곡한 음악을 연주하고 싶어요."

"청소년기에 참 많이 방황했어요. 중학교 때는 건달들과 어울렸고 고등학교 때는 운동에 매진하면서 공부는 손 놓았죠. 그때 체육선생님께서 흔들리는 제 어깨를 잡아주셨어요. 저는 체육선생님처럼 되고 싶어요. 임용고시에 합격하면 지금은 고인이 되신 선생님을 찾아뵐 거예요. 당당히."

느껴지는가. 성탄절 연휴에 강의장에 모여 앉은 스무 살 학생들이 얼마나 고무되었는지. 그들은 꿈의 열기로 후끈 달아올랐고 눈빛은, 곳곳에서 번쩍거리는 소망트리 불빛에 반사되어 더욱 빛나고 있었다. 이렇게 서로의 꿈을 나누던 중 한 여학생이 삐죽삐죽 자리에서 일어서더니 힘없는 목소리로 말했다.

"다른 분들의 이야기를 듣는데 너무 부끄러웠습니다. 왜냐하면 저는 꿈도 목표도 없거든요. 아무리 생각해봐도 제가 무엇을 원하는지 떠오르지 않습니다. 다만 한 가지 약속드리고 싶습니다. 내년 이맘때가 되면 저도 여러분처럼 목표를 당당히 이야기할 수 있도록 지금부터 제 꿈을 열심히 찾아보겠습니다."

여학생은 이렇게 말하고는 고개를 푹 숙였다. 스무 살 학생들은 그 여학생의 이야기를 강 건너 불구경하지 않았다. 또래 친구들은 그녀의 진솔한 고백에 큰 박수를 보내고 꿈 찾기를 격려했다. 그해 겨울, 그렇게 또 한 명의 20살 친구는 꿈을 위해 한 발짝 한 발짝 나아가고 있었다.

당신은 앞의 이야기 중 누구의 꿈이 가장 공감되는가? 어드벤처 레이스 전문가? 식품전문가? 체육선생님? 작곡가? 고개 숙인 여학생?

혹시 고개를 숙인 여학생의 이야기가 와 닿는다면 당신 역시 지금 이 순간 꿈이 없어 초라하다고 느낄지 모르겠다. 그렇지만 부끄러워할 이유는 없다. 다만 꿈이 없는 당신은 의사결정을 내릴 때마다 불편함을 느낄 수 있다.

꿈은 인생의 나침반이다. 꿈이 있다면 진학할 때나 전공을 선택하거나 일자리를 고를 때 방향을 잡기가 수월하다. 반대로 꿈이 없다면 당신은 매순간 망설일 것이다. 그동안 당신이 일자리를 구하면서 왜 이렇게 우왕좌왕했는지 알겠는가? 그것은 바로 당신이 구직활동을 하는데 필요한 나침반, 즉 꿈이 없었기 때문이다.

당신의 심장에게 물어라

2009년 한비야는 한 예능 프로그램에 출연해 오지여행가에서 국제구호팀장으로 활동해 온 경험담을 진솔하게 풀어놨다. 어린 시절부터 자신의 방 벽에 세계지도를 붙여놓고 세계 일주를 꿈꾸던 한비야. 그녀는 대학 졸업 후 다니던 회사를 그만두고 오지탐험가로서의 첫발을 내디뎠다. 이후 구호활동가로 변신해 세계 각지를 누볐다.

"800원짜리 링거가 없어 설사에 시달리던 어린아이들이 죽어갑니다. 필요한 약이 없거나 먹을 게 충분치 않아 사망하는 경우가 수두룩합니다. 2시간에 한 번씩 2주간 영양죽을 주니 아이가 살아났어요. 그 가격은 우리 돈으로 약 만 원입니다."

가슴 아픈 지구 반대편의 참상을 전하며 우리의 관심을 촉구하는 한비야에게 MC는 왜 이 일을 하느냐고 물었다.

"구호활동은 내 심장을 뛰게 하고 피를 끓게 하는 일입니다. 이 일을 할 수만 있다면 죽어도 여한이 없습니다."

인생에 연습은 없다. 한 번 살다 가면 그만이다. 우리는 죽지 않을 것처럼 하루를 살지만 언제 어떻게 이 세상을 떠나게 될지 아무도 모른다. 그렇다면 오지탐험가 한비야 씨처럼 자기 가슴을 뛰게 하는 일에 나를 거는 것은 어떨까. 사람은 누구에게나 마음그릇이 있다. 자기 집 앞을 쓸더라도 지구의 한 편을 쓸고 있다고 생각하는 사람과 그저 내 집 앞을 쓸고 있다고 생각하는 사람의 마음그릇은 다를 것이다. 사람은 꿈의 크기만큼 마음그릇이 달라지고 세상에 미치는 영향력이 달라진다. 이왕이면 우리가 오랜 시간을 투자하는 일터에서 생의 의미를 찾는다면 마음그릇은 더욱 풍요로워질 것이다.

워런 버핏이 말했다.

"오늘 누군가가 그늘에 앉아 쉴 수 있는 이유는 오래 전에 누군가가 나무를 심었기 때문이다."

당신은 누구를 위해 어떤 나무를 심고 싶은가. 그것이 바로 당신의 오랜 친구, 직업을 찾는 좋은 질문 중 하나다.

최근 박종신 드림페인터에 대한 인터뷰 기사를 읽었다. 그는 타인의 꿈을 그림으로 그려주는 '드림페인터(Dream Painter)'다. 이렇게 꿈을 꾸고 꿈을 개척한 사람들의 이야기를 들으면 내 가슴이 덩달아 뛴다. 나는 몇 시간씩 박 씨가 운영하는 홈페이지(dreampainter.co.kr)에 머물며 그의 꿈 에너지를 전달받았다.

그는 어릴 때부터 그림에 소질이 있었다. 만화, 상상화 등을 그리기 좋아해서 미술을 전공하겠다고 결심했지만 부모님의 반대로 미술을 멀리하게 되었다. 그 후 무역회사 영업사원, 웹 디자이너 등을 전전했다. 그런데 늘 마음 한구석이 허전했다. 고민이 깊어가던 어느 날 회사 상사가 답을 줬다.

"너는 아직 준비가 안 된 것 같아. 간절함이 느껴지지 않아. 나는 아직 내 꿈이 뭔지도 모르겠는데 그래도 너는 하고 싶은 꿈이라도 있지 않니. 네가 지금 그것을 하지 않는다는 건 정말로 간절하지 않기 때문이야. 진심으로 말하는데 내가 만약 너라면 그리고 그것이 정말 간절히 원하는 것이라면 나에게 남은 인생을 걸고 원하는 것을 해보겠다. 더 늦기 전에……."

상사의 진심은 그의 마음을 움직였다. 박 씨는 다니던 회사에 사표를 내고 '꿈'을 그리기 시작했다. 입소문이 난 그의 홈페이지에는 꿈을 그려 달라고 글을 올리는 이들이 하나둘 늘었다. 박종신 드림페인터는 타인의 꿈을 자신의 꿈, 즉 그림에 녹여냈다. 많은 이들이 자신만의 이익을 생각하며 직업을 선택할 때 박 씨는 자신의 꿈과 타인의 꿈을 더해 새로운 직업을 창조한 것이다.

로버트 프로스트는 '진흙시대의 두 뜨내기 일꾼(Two Tramps in Mud Time)'이라는 시에서 다음과 같이 말했다.

그 둘의 분리를 인정하는 이들도 있지만,
내 두 눈이 하나가 되어 세상을 바라볼 수 있듯이
내 삶의 목표는 취미와 직업을
하나가 되게 하는 것이다.
사랑하는 일과 필요한 일이 하나가 되는 곳에서만
일이 지독한 관심으로 놀이가 되는 곳에서만
진정한 결합이 이루어진다.
천국을 위해서, 그리고 미래를 위해서.

어떤 말을 만 번 이상 되풀이하면 반드시 이루어진다

환갑, 트럭운전기사, 중졸 학력…… 얼핏 들어보면 '퀴즈 영웅'과는 어울릴 것 같지 않은 단어다. 그런데 이런 편견을 깬 분이 있다. 환갑을 바라보고 있는 임성모 씨. 평소 퀴즈 프로그램을 볼 때마다 아는 문제가 별로 없어 고개를 떨어뜨리던 내게 임성모 씨의 퀴즈 영웅 스토리는 반성의 계기가 되었다.

임 씨는 7년 전 같은 프로그램에서 중졸 학력의 50대 열쇠 수리공이 퀴즈 영웅이 되는 것을 보고 큰 자극을 받았다고 한다. 그 후 '나도 할 수 있다'는 마음가짐으로 5년간 퀴즈 풀기에 몰두했다. 낡은 트럭 안에서 1~2분의 자투리 시간을 아껴가며 공부했다고 하니 퀴즈 영웅을 향한 그의 노력이 얼마나 대단했는지 짐작이 간다. 5년간 손때 묻은 '표준국어 대사전'과 그간 퀴즈 프로그램에 나온 문제들을 직접 받아쓰기 하며 정리한 20여 권의 노트는 그를 퀴즈 영웅으로 만든 1등 공신이 되었다. 퀴즈 영웅은 하늘에서 뚝 떨어진 것이 아니었다. '퀴즈 영웅이 되겠다'는 구체적인 목표와 5년 동안 자기와의 싸움에서 승리한 결실이었다.

"희망의 끈을 놓지 않고 쉼 없이 간다면 느리더라도 누구든지 꿈을 이루게 될 거라고 생각해요."

임성모 씨의 이야기를 들으며 나 역시 희망의 끈을 놓지 않았던 기억이 떠오른다.

증평이란 시골에서 태어난 나는 중학교 3학년 때 청주에 있는 대형서점을 처음 방문하고 소스라치게 놀랐다. 수많은 책이 진열돼 있는 것에 놀랐고 오랫동안 책을 뒤적이고 있어도 점원이 쫓아와서 얼른 책 사라고 강요하지 않는 것도 신기했다. 내가 태어나 자란 마을 증평은 한적한 시골 동네여서 서점도 귀했다. 서점이라고 해봐야 두 평 남짓한 규모에 문제집과 전과가 대부분이었다. 어린 시절 내 기억 속의 서점은 책을 읽는 곳이 아니라 재빨리 문제집을 골라서 나와야 하는 곳이었다. 조금이라도 책을 뒤적이고 있으면 주인아저씨가 손때 묻는다며 타박했다.

마음 편히 책 한 번 읽어봤으면 소원이 없겠다고 생각했던 내게 대형서점은 신선한 충격이었다. 중학교 3학년 때 처음으로 책더미에 빠져 허우적거리며 행복한 비명을 지르던 나는 목표가 하나 생겼다. 바로 이 서점 한 귀퉁이를 장식할 나만의 책을 써 보는 것이다. 특히 내가 쓰고 싶었던 장르는 사춘기 소녀인 내 가슴에 불을 질렀던 원태연 시인의 시처럼 가슴 설레는 산문시집이었다. 나는 한 남자를 짝사랑하는 소녀의 마음을 담은 에피소드를 한 편씩 한 편씩 써 내려갔다. 글을 쓰면 곧 반 친구들에게 돌렸고 친구들은 그 다음 에피소드를 재촉했다. 나는 꿋꿋하게 100편의 글을 써서 출판사 문을 두드렸다. 그것도 원태연 시인의 시집을 발행한 출판사에 원고를 보냈다. 그때는 지금처럼 이메일을 쓸 수도 없고 원고지에 삐뚤빼뚤 글을 옮겨 적었던 기억이 난다. 3주쯤 지났을까. 출판사에서 엽서가 날아왔다.

"당신의 원고는 우리 출판사 성향과 맞지 않습니다. 다음에 좋은 글이 있으면 투고해 주세요."

엽서를 받고 두 눈 빨개지도록 울었다.

그 후 16년이 지난 어느 날, 나는 내 이름이 적힌 책을 처음으로 서점에서 만나게 되었다. 그때 얼마나 행복했는지 모른다. 지금도 그 순간만 생각하면 가슴이 벅차오른다. 그리고 2년이 지난 지금, 나는 나뿐 아니라 내가 존경하는 다른 강사들의 원고를 모아 두 번째 책을 내기 위해 새벽 3시가 넘은 시간까지 방안 불을 환하게 밝히고 있다.

원고를 쓰기 위해 바짝 깎은 손톱으로 키보드를 두드리는 소리가 피아노 건반으로 베토벤 소나타를 두드리는 것보다 값지게 느껴진다.

인디언 속담에 '어떤 말을 만 번 이상 되풀이하면 반드시 이루어진다'라는 말이 있다. 만 번 이상 되풀이해서 말할 수 있을 만큼 간절하다면 그 소망은 반드시 이루어진다는 의미다. 나는 17살 때부터 '책을 내고 싶다, 책을 내겠다'라는 말을 만 번 이상 되풀이했다. 그리고 지금 이 책이 나의 두 번째 책이다.

모사재인 성사재천

〈삼국지연의〉에는 전략가 제갈공명에 대한 의미 있는 일화가 나온다. 유비가 죽은 뒤 제갈공명은 오나라와 손잡고 위나라를 공격했다. 위나라에는 제갈공명과 쌍벽을 이루는 책사 사마의가 있었는데, 공명은 그의 군대를 호로곡이라는 계곡으로 유인하여 불을 질러 몰살할 계획을 세웠다. 일은 착착 진행되었다. 사마의는 함정에 빠지고 불길이 하늘로 치솟았다. 그런데 그 순간 갑자기 먹구름이 몰려오더니 하늘에서 소나기가 내려 순식간에 화공이 힘을 잃게 되었다. 제갈공명은 기상을 보는 데 뛰어난 전략가였다. 하늘을 보고 바람을 느끼면서 날씨의 변화를 알아차리는 데 뛰어난 그가 하늘의 이 자그마한 구름 하나를 알아차리지 못하고 중요한 전쟁에서 실패하고 만 것이다. 그 순간 제갈공명은 몹시 탄식하면서 이렇게 말한다.

"모사재인(謀事在人)이요 성사재천(成事在天)이로다."

일을 계획하는 것은 사람에게 달렸고, 일을 이루는 것은 하늘에 달렸다는 말이다. 뜻을 이루는 것은 우리가 관여할 바가 아니니다.

이 이야기를 하는 이유는 설령 우리가 꿈을 위해, 혹은 그 어떤 목적을 위해 열심히 뛰었으나 그 결실을 거두지 못할 수도 있기 때문이다.

그러나 오늘날 우리가 제갈공명을 기억하는 것은 그가 삼국을 통일했기 때문이 아니라 목표를 향해 부단히 나아갔기 때문이다. 결실을 거둔 것이라면 도리어 조조가 제갈공명을 능가하지 않는가.

줄리아드음대에서 예술교육학을 강의하고 있는 에릭 부스는 〈일상, 그 매혹적인 예술〉이란 책에서 성공이란 단어를 이렇게 재해석했다.

"성공은 목표 달성이 아니라 개인적인 목표를 향해 부단히 움직이는 것을 뜻한다. 목표의 성취 여부는 그다지 중요하지 않다. 우리가 앞으로 계속 나아간다면 계량적으로 큰 성취를 이루지 못했더라도 이미 성공한 사람이다."

현재에 안주하지 않고 성과에 만족하지 않고 계속해서 앞으로 나아간다면, 우리는 에릭 부스가 말하는 성공한 사람이라고 할 수 있다. 그런 의미에서 제갈공명 역시 실패한 삶이 아니라 최선을 다한 성공의 삶을 산 것이다.

얼마 전 제주도 여행길에 올랐다가 면세점에서 여행 전문 월간지 '더 트레블러'를 보고 한동안 잡지에서 눈을 떼지 못했다. 더 트레블러에는 평소 내가 좋아했던 무계획 여행의 아이콘, 다카하시 아유무에 대한 인터뷰 기사가 실려 있었다.

그는 얄미울 정도로 멋진 삶을 살고 있다. 1972년 도쿄에서 태어난 다카하시 아유무는 스무 살에 대학을 중퇴하고 돈을 모아 미국식 바를 개업, 대성공을 거뒀다. 스물세 살엔 자서전을 내기 위해 직접 출판사를 설립했다. 스물여섯에 아내를 만나 결혼했고 결혼식이 끝나자마자 아내와 함께 2년 동안 세계를 누볐다. 이후로도 마음 가는 대로 살다가 2008년부터 지금까지 가족과 함께 무기한 세계 여행을 하고 있다.

그가 쓴 에세이 〈어드벤처 라이프〉에는 다카하시 아유무의 스펙터클 어드벤처 라이프가 담겨 있다. 그중 인생과 관련한 그의 매력적인 철학을 몇 마디를 소개한다.

"그러고 보니 나는 인생 설계라는 게 없네. 항상 그때그때 가장 하고 싶은 일에 완전 연소하는 것뿐이지. 한 가지 프로젝트를 끝마치면 다시 백수로 돌아가서 내 마음 가는 대로 다양한 곳에 가고 다양한 일을 하고 다양한 사람을 만나는 사이에 그 다음의 '이거 재미있네!'라는 게 생겨나고. 다시 거기에 완전 연소하고……. 매번 그게 되풀이되는 거야. 내게는 '와 굉장하다, 재미있다, 대박이다'라는 원시적이고 단순한 감각이 인생을 결정하는 최고의 기준이야."

다카하시 아유무는 "꿈은 살다 보면 그때그때 생긴다."고 했다. 지금 하고 싶은 게 그의 꿈이고, 새로운 꿈은 지금 하고 있는 것을 하다 보면 저절로 생긴다고 그답게 말한다.

우리는 직업을 찾고 일자리를 구하기 위해 한자리에 모였다. 하지만 처음부터 자신에게 완벽하게 맞는 일을 구할 가능성은 그리 높지 않다. 그렇다면 다카하시 아유무처럼 행동하면 어떨까. 그때그때 주어진 일에 나 자신을 완전 연소하는 것 말이다.

〈행운에도 법칙이 있다〉의 저자 모로토미 요시히코의 생각도 다카하시 아유무와 비슷하다.

"삶이라는 건 파도를 타는 일과 무척 닮았다. 인간의 예상을 벗어난 것이며 계획하기도 어렵다. 우연히 예상한 대로 계획한 대로 될 수도 있겠지만 그렇지 않은 대다수의 경우라도 즐길 수 있다. 그저 부지런히 저어가고 파도가 왔을 때 그 파도 앞에 일어설 용기만 있으면 되는 것이다."

당신에게 맡겨진 일이 천 일 동안 목 놓아 기다렸던 것이든, 누군가 등 떠밀어서 어쩔 수 없이 하게 된 것이든 최선을 다해 수고하라. 당신의 선택에 누군가 영향을 미쳤다 하더라도 도장은 당신이 찍은 것이다. 뒤돌아보지 말고 변명하지 말고 불평하지 말고 지금 주어진 일에 최선을 다하자. 맡겨진 일에 최선을 다하는 사람은 기회를 잡을 가능성이 크다. 새로운 기회를 거머쥐면 또 다시 열심히 노력하면 된다. 이렇게 한 땀 한 땀 씨줄과 날줄을 꿰다보면 당신의 이력이 쌓이고 역사가 쌓이고 감동이 쌓인다. 그렇게 당신만의 커리어 로드맵이 그려지는 것이다.

"믿고 첫 걸음을 내디뎌라. 계단의 처음과 끝을 다 보려고 하지 마라. 그냥 발을 내디뎌라."

마틴 루터 킹 주니어의 말처럼 자신을 믿고 사회를 믿고 하늘을 믿고 우주를 믿고 첫걸음을 내딛자. 목표가 있든 없든, 꿈이 있든 없든 상관없이 말이다. 행복과 불행은 하늘에 달려 있다. 우리가 할 일은 오직 수고일 뿐이다.

그들의 행복 취업 이야기 ⑤

콤플렉스의 벽에 갇힌 당신에게

사례1 지방대생

지게문을 높여라

: 이재은 여자라이프스쿨 원장

일주일에 한 번씩 지방 국립대에서 특강을 진행했던 적이 있었다. 학생들은 가슴에 주홍글씨를 새긴 듯 지방대 출신이라는 콤플렉스에 스스로를 가두고 있었다. 동기부여가 될 만한 이야기를 들려주어도 분위기는 냉랭했다.

"그건 스펙 좋은 애들의 성공 사례 아닌가요?"

"지방대는 대기업 입사가 힘들다고 봐야 하지 않나요?"

학생들은 냉소적인 질문들로 나를 괴롭혔다.

경험담도 소용이 없었다. 교사 시절을 회상하며 사범대 학생들에게 사립학교 지원 전략에 대해 조언했지만 학생들은 뚱한 얼굴로 나를 쳐다봤다. 우리에게는 해당 사항이 없다는 표정이었다.

"사립학교에 들어가는 게 임용고사보다 어렵다던데요?"

"사립학교는 스카이 출신만 지원하는 거 아니에요?"

눈앞이 막막했다. 소를 물가로 끌고 갈 수는 있으나 물을 먹고 안 먹고는 오로지 소의 의지에 달린 문제이다. 자신들을 지방대라는 틀 안에 가둬놓은 채 눈과 귀를 닫고 있는 이들에게 어떤 말로 용기를 전해줄 수 있을까.

통계의 함정에 빠지지 말자

그들의 말이 아주 틀린 것은 아니다. 지방대의 취업률이나 만족도는 서울 소재지 대학보다 낮다. 통계가 이를 증명한다.

그러나 통계가 늘 옳을까? 만일 통계가 전부라면 우리가 사는 세상은 예측된 범위에서 벗어나서는 안 된다.

세상에는 법칙도 있지만 우연도 존재한다. "모든 법칙에는 예외가 있다."는 법칙도 존재하지 않은가. 이 우연을, 이 운을 어떻게 자신의 것으로 만들 것인가 하는 것이 핵심이다. 김연아 선수가 어려서 스케이팅을 한다고 했을 때 사람들은, 혹은 도박사들은 그녀가 몇 %의 확률로 세계 1위가 될 것이라고 예측했을까? 박지성은 어땠을까? 통계에 사로잡혀 자신의 모든 노력은 헛수고에 그칠 것이라고 여기는 사람은 아무런 노력도 강구하지 못할 것이다.

“너는 해보지도 않고 스스로 한계를 긋는구나!”

공자와 제자의 문답이 있다.

“스승님의 말씀은 참으로 좋으나 제가 힘이 부쳐 따르지 못하겠습니다.”

그러자 공자가 대답한다.

“힘이 부족한 사람은 길을 가는 중에 그치기 마련이다. 그러나 너는 해보기 전에 스스로 한계를 긋는구나!”

나는 해보기도 전에 포기를 선택한 그들에게 내 경험담을 들려줬다. 나는 스카이 대학 출신도 아니었고, 서른 살이 넘는 나이에 사립학교에 지원했다. 물론 교사 경력은 전무했다. 하지만 여러 학교를 다니며 면접을 봤고 기어이 교사생활을 시작했다. 나이가 많은 것은 마이너스 요인이 될 수 있지만 사회경험이 풍부했던 점은 플러스 요인이 되어 면접에서 좋은 점수를 땄던 것 같다는 얘기도 들려주었고, 스카이 출신이 아니라는 약점을 극복하기 위해 더 노력했던 점을 자료로 만들어 제시했다는 얘기도 들려주었다. 더불어 사립교사 계약직 교사들 중 상당수가 정교사로 발령되고 있음을 알려주었다.

“인생은 우리가 생각하지 못한 곳에서 열리기도 합니다. 여러분, 저도 불리한 여건이었지만 기죽지 않고 도전했습니다. 결과가 중요한 것이 아니라 도전한다는 것 자체가 중요합니다."

굳이 이야기할 필요가 없는 내 옛 기억까지 끄집어냈지만 과연 그들이 마음을 열고 받아들일지 의심스러웠다. 그렇게 며칠이 지났을까? 한 통의 메일이 날아왔다.

"선생님, 정말 감사합니다. 덕분에 저 사립학교에서 교사생활을 시작하게 됐어요."

늦은 밤 한 통의 메일을 받고 나는 기뻤다. 뚱한 표정으로 수업 내내 나를 곤란하게 했던 학생이었다. 그는 내 스토리를 듣고, 어쩌면 자신에게도 기회가 올 수 있겠다고 생각하며 스스로를 독려했다고 한다. 사립학교를 스펙 좋은 학생들만 지원하는 곳이라고 여겼던 자신의 좁은 생각을 버리고 자신처럼 성실하고 꼼꼼한 사람이라면 얼마든지 빛을 발할 수 있겠다고 생각을 고쳐먹었다. 꼬박 하루를 자기소개서 쓰기에 투자하고 지원서를 제출했고, 그 결과 서류 합격에 이어 면접 역시 '뜻밖'의 합격으로 이어졌다고 한다.

"우선은 6개월 계약직인데요, 학교 측에서 정교사 채용을 고려한 선발이라고 하셨어요. 6개월 동안 인생을 걸고 열심히 하려고요. 선생님이 말씀하신 것처럼 정말 도전하는 게 중요한 것 같아요. 당일 들려주신 이야기에 큰 용기와 힘을 얻었습니다. 오늘 첫 출근했고 지금은 교무실이에요. 선생님이 제일 먼저 생각나 이렇게 마음을 전합니다."

생각해 보기 열등감

상담을 하다보면 생각보다 열등감에 시달리는 이들이 많다. 열등감이란 다름 아닌 '스스로 한계를 긋는 것'이다. 나는 그들에게 '위인전'을 추천한다. 위인전은 일반적인 통계로는 가능성을 점칠 수 없는 희박한 확률에 자신의 모든 것을 걸었던 사람들의 이야기이다. 그들은 통계와 무관한 삶을 살고 있다. 지금 대통령으로 있는 사람들, 기업의 CEO로 있는 사람들, 각계각층의 지도자들 모두 좁은 문을 뚫고 올라갔다.

그런데 그들에게 성공 요인을 물어보면 많은 사람들이 '열등감'을 원동력으로 꼽는다. 오프라 윈프리도 그렇고, 박지성도 그렇다. 부정적인 시선으로 바라보면 열등감은 나의 발목을 잡는 덫이 된다. 그러나 긍정적인 시선으로 바라보면 열등감은 에너지가 된다. 열등감은 우월해지고 싶은 욕망이다. 이 욕망을 에너지로 삼게 되면 자신의 한계를 뛰어넘을 수 있다.

사기열전에 사공자 가운데 한 사람인 맹상군의 출생에 얽힌 이야기가 전한다. 당시 중국에서는 5월 5일에 태어난 아이가 지게문(옛날 집에서 마루와 방 사이에 난 문이나 부엌의 바깥문) 높이만큼 자라면 그 부모를 해친다는 미신이 있었다. 마침 맹상군이 5월 5일에 태어났다. 아버지는 아이를 죽이라고 명령을 내렸다. 그러나 어머니는 아이를 숨겨서 키웠다. 오랜 세월이 흐른 후 어머니는 기회를 보아 맹상군을 지아비에게 보였다. 아버지가 불같이 화를 냈다. 맹상군이 넙죽 엎드려 이렇게 말했다.

"아버지, 사람의 운명은 하늘로부터 받는 것입니까? 지게문으로부터 받는 것입니까?"

"모르겠다."

"만일 하늘로부터 받는 것이라면 걱정할 필요가 없습니다. 만일 지게문으로부터 받은 것이라면 지게문을 높이면 그만이지 않습니까."

그 말에 맹상군의 아버지는 더 이상 말을 잇지 못했다.

만일 보잘것없는 자신의 모습 때문에 열등감을 느끼고 있다면 당신 역시 지게문을 높이면 된다. 지게문이 낮다고 탄식하지 말고 능력을 키우면 된다. 지게문만 바라보며 언제까지 한숨만 푹푹 내쉴 텐가.

사례 2 **사법고시생**

당신을 따라다니는 그림자로부터 벗어나려고 하지 마라

: **박 윤** 인천종합일자리지원센터 직업상담사

2009년 9월 29일, 인천대학교 송도 캠퍼스에서 중소기업 채용박람회가 열렸다. 우리 센터에서는 나를 포함해 두 명의 상담사가 이력서 클리닉과 이미지 메이킹을 위해 지원에 나섰다. 신종플루가 한창 기승을 부릴 시기여서 참가자들이 적을 것으로 예상했지만 행사 30분 전부터 많은 구직자들이 부스 앞으로 몰려들었다.

사실 행사에 앞서 걱정이 많았다. 대개 이런 행사에 참가하는 젊은 구직자들 중에는 정말 취업을 원하는지 의심스러울 만큼 준비가 소홀한 사람들이 많기 때문이다.

"이력서 클리닉을 해준다면서요? 어떻게 작성해야 합격하나요?"

"어떤 일을 희망하고 있나요?"

"다 할 수 있어요. 조건만 맞으면. 근데 앞으로 전망 있는 직업이 뭐예요? 지금은 대졸 평균임금이 얼마예요?"

대개 이런 식이다. 진로가 결정되지 않은 상태에서는 이력서를 아무리 들여다봐도 뾰족한 수가 없다. 그래서 대개 이런 경우 진로탐색이 필요하다고 설명하고 좀 더 구체적인 상담을 위해 센터를 방문해 줄 것을 요청하며 명함을 건넨다. 찾아온다면 해주고 싶은 말이 많을 것 같다는 말도 덧붙인다. 정말로 온다면 말이다.

행사가 거의 끝날 무렵, 또 다른 학생이 내 앞에 앉았다. 그냥 한번 와봤다는 29세 청년, 털썩 내 앞에 앉았는데 이력서도 없다.

그는 서울 소재 대학교의 법학과를 졸업하고 사법고시를 준비하다 수차례 고배를 마셨다. 이 길이 자신의 길이 아니구나 싶어서 취업하기로 마음먹었다고 했다.

어떤 일을 하고 싶으냐고 물었다. 그는 딱히 하고 싶은 것은 없다며 내게 일자리를 추천해달라고 했다. 그에게 취업을 하기 위해서 무엇을 준비했냐고 물었다.

"무슨 준비를 해야 할지 모르겠어요. 컴퓨터 활용능력 3급 자격증은 있는데."

말문이 막혔다. 물론 이 사람보다 심한 경우도 종종 목격했다. 일자리가 필요하다고 해서 업체를 소개시켜주면 이 핑계 저 핑계 대며 면접을 미루는 구직자들도 존재한다. 이렇게 짧은 만남으로는 이 친구의 본심을 파악하기 어려웠다. 확신이 없으니 무슨 말을 들려주어야 할지 갈피를 잡을 수 없었다.

나는 그에게도 역시 센터에 다녀갈 수 있느냐고 물었다. 찾아오면 상담을 해주겠다고, 그리고 본인이 무엇을 하고 싶은지 모른다니 심리검사를 통해서 적성을 알아보자고 제안했다.

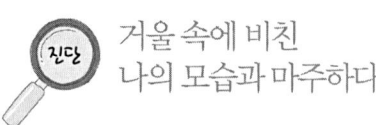

진단 거울 속에 비친 나의 모습과 마주하다

그런데 바로 다음 날, 법대생 청년이 나를 찾아왔다. 의외였다. 의욕을 상실한 것은 아닌지 의심스러울 정도로 의기소침해 있던 그가 나를 찾았다.

"올까 말까 많이 망설였습니다. 저를 도와줄 곳이 있다는 걸 알았지만 손을 내밀기 싫었어요. 제가 너무 초라해 보여서요. 하지만 지금 도망치면 더 후회할 것 같았습니다. 지금 저는 무엇을 어떻게 해야 할지 아무것도 모르는 아이와 같습니다. 도와주세요, 선생님."

그가 상담실을 방문하기로 결정을 내리기까지 망설였을 시간을 헤아려본다. 고시 실패 뒤에 그를 괴롭혔을 그 숱한 시간을 생각해본다. 저 문만 열면 자신이 꿈꾸는 세상이 펼쳐지리라고 철석같이 믿었는데 문은 꿈쩍도 하지 않고, 뒤에서는 자꾸 길을 비키라고 재촉한다. 기대는 한순간에 무너졌고, 그는 먼지가 폴폴 피어오르는 폐허 한가운데 우두커니 서 있었을 것이다.

대학 졸업 후 3년 동안 고시 실패를 거듭하면서 그의 마음은 갈가리 찢겨 있었다. 친구들은 고시 합격이다, 대기업 취업이다 하면서 환호성을 지르고 있을 때 그는 1평짜리 고시원에 틀어박혀 머리를 벽에 짓찧었다. 손을 뻗으면 닿을 것처럼 가깝게 느껴졌던 고시 합격이 바람을 타고 날아간 풍선처럼 그의 손을 빠져나갔다.

"몇 년 동안 시간만 낭비했습니다. 아무것도 이룬 게 없었습니다. 현실을 받아들이기 쉽지 않았습니다. 이대로 주저앉기는 싫었습니다. 어제 채용박람회에 가서 인사담당자들과 구직자들을 보면서 나는 지금껏 무엇을 하며 살았는지 반성했습니다. 볼품없고 나약해 보이는 제 모습이 싫었습니다. 다행히 저는 어제의 일을 하나의 자극으로 받아들이기로 마음을 먹었습니다. 그러고 나니까 다시 해보자 하는 생각이 들었습니다."

현실을 받아들이기로 다짐한 순간, 지금까지 나를 괴롭히던 문제는 피할 수 없는 고통이 아니라 해결할 수 있는 그 무엇, 도전해 볼 만한 그 무엇으로 바뀐다. 나는 그의 말을 들으며 이런 마음이라면 얼마든지 가능하겠다고 생각했다.

나는 그에게 도움을 주고 싶었다. 자신의 그림자가 미워서 도망치는 수많은 사람 중에 그는 드물게 자신의 못난 점을 다 받아들인 사람이었다. 현실을 직시하는 데는 얼마나 큰 용기가 필요한가. 그 생각만으로 나는 그의 편이 되기로 했다.

처방 크든 작든 모든 돌은 쓸모가 있다

마침 다음 주부터 집단상담 프로그램이 진행될 예정이었다. 우리 센터의 집단상담 프로그램은 청년층의 진로선택을 돕고 취업계획을 세워 적절한 취업지원을 해주기 위한 프로그램으로, 지금 그에게 필요한 교육이라는 생각에 참석을 권유했다. 진로탐색에 도움이 되고 심리검사까지 받을 수 있다는 말에 그는 바로 신청을 했다.

그는 교육 기간 내내 30분 일찍 출석하여 상담 준비를 도왔다. 이런 적극성과 배려심은 교육을 담당한 선생님에게 좋은 인상을 남겼다. 교육이 끝나고 가끔 상담실에 들러 인사를 하고 가기도 했다.

집단상담이 끝날 무렵 그는 총무사무원이 자신에게 맞을 것 같다며 우선 경험을 쌓을 수 있는 일을 하면서 영어와 회계 관련 공부를 하고 싶다고 조심스럽게 계획을 밝혔다.

마침 그 무렵 ○○선거관리위원회에서 6개월 정도 경험을 쌓을 수 있는 일자리가 들어왔다. 이듬해에 치러질 선거를 대비해 사무보조원을 구하고 있는데 선거법에 대해 설명할 수 있는 법대 출신 지원자가 필요하다고 했다. 아무런 경험이 없는 이 친구에게 어쩌면 사회경험을 쌓을 수 있는 좋은 기회가 되지 않을까 싶어 그를 불렀다. 그도 나와 같은 생각이었는지 흔쾌히 지원의사를 밝혔다. 우리는 두 팔을 걷어붙이고 함께 지원서를 작성했다.

그는 사법고시를 준비하던 경험과 학창시절의 활동, 일자리센터와의 인연 등을 소재로 자신이 얼마나 꼼꼼하고 성실한지 입사지원서에 잘 녹여냈다. 원서를 제출하러 가는 날도 감청색 정장을 차려 입고, 지원서가 구겨지지 않도록 큰 봉투에 넣어왔다. 며칠 후 그는 면접을 통과해서 당당히 합격했다는 소식을 알려왔다. 그리고 그곳에서 근무하는 동안 그는 자신감을 되찾았다.

일을 통해 얻을 수 있는 가장 큰 소득은 보람이다. 자신이 어딘가에 쓸모가 있다는 생각은 사람을 자신감으로 충만하게 만든다. 하루는 그가 선거관리위원회의 공채를 준비해보겠다고 내게 포부를 밝혔다. 시험에 떨어져 상심했던 사람이 다시 시험을 준비하기로 마음을 먹었다는 것은 그에게 다시 살아볼 용기가 생겼다는 뜻이다. 길고 긴 터널의 끝에서 그는 한줄기 빛을 발견했다.

보조국사 지눌은 이렇게 말했다.

"땅에서 넘어진 자 그 땅을 짚고 일어서라."

사람들은 돌부리에 걸려 넘어지면 누군가의 손을 잡고 일어서려고 한다. 그러나 지눌은 그렇게 해서는 안 된다고 말한다. 넘어진 그 땅, 그 바닥을 짚고 자신을 일으켜 세워야 한다. 그러기 위해서는 넘어진 자신의 모습을 직시해야 한다. 장피해하고 있을 틈이 없다. 타인의 손길을 기다리고 있을 틈이 없다. 넘어졌으니 일어서야 한다. 힘이 없으니 힘을 내라고 하듯이 말이다.

사례 3 경력단절 여성

가슴속에 묻힌 당신의 이름이 흙을 뚫고 싹을 틔울 때까지

: **조세화** 더조은컨설팅 커뮤니케이션연구소 소장

남들은 어떻게 생각할지 몰라도 나는 내가 지각 인생을 살고 있다고 생각한다. 대학도 남보다 늦었고 사회 진출도, 결혼도 남들보다 짧게는 1년, 길게는 3~4년 정도 늦은 편이었다. (중략) 돌이켜보면 그때 나는 무모했다. 하지만 그때 내린 결정이 내게 남겨준 것은 있다. 그 잘난 석사 학위? 그것은 종이 한 장으로 남았을 뿐, 그보다 더 큰 것은 따로 있다. 첫 학기 첫 시험 때 시간이 모자라 답안을 완성하지 못한 뒤 연구실 구석으로 돌아와 억울함에 겨워 찔끔 흘렸던 눈물이 그것이다. 중학생이나 흘릴 법한 눈물을 나이 마흔셋에 흘렸던 것은 내가 비록 뒤늦게 선택한 길이었지만 그만큼 절실하게 매달려 있었다는 방증이었기에 내게는 소중하게 남아있는 기억이다. 혹 앞으로도 여전히 지각 인생을 살더라도 그런 절실함이 있는 한 후회할 필요는 없을 것이다.

_손석희 〈지각 인생〉 중에서

다이어리에 빼곡한 지방 강의 일정을 보다가 한숨이 나올 때면 손석희의 〈지각 인생〉을 읽는다. 어리석은 실수를 저지르는 바람에 뜻하지 않게 대학 삼수생으로 20대를 시작한 나의 삶과 조금은 닮은 듯해서다. 지루하리만큼 평범한 일상을 살아온 나는 대입 시험에서 마킹 오류를 범해 지각 인생을 살게 되었다.

남보다 늦었다는 생각 때문인지 일찍부터 내게 맞는 직업이 무엇인지 고민하기 시작했다. 대학 시절 경험한 소소한 성공 체험과 뽀뽀뽀 녹화 보조, 웨딩홀 안내 도우미, 강사 등의 아르바이트들이 대학교 2학년생인 나에게 '이미지컨설턴트'라는 꿈을 갖게 해주었다. 분명한 것은 지각 인생을 살면서 느꼈던 절실함이 이제는 나를 남보다 조금 빠르게 살도록 만들어주었다는 사실이다.

유난히 더웠던 2009년 8월, 경력단절 여성을 위한 재취업 교육을 제안받았다. 경력직 여성들보다 한참이나 지각 인생을 살고 있는 사람들. 아이의 엄마로서, 주부로서 바삐 살아오느라 뒤늦게 재취업에 도전하는 여성들이 교육 대상이었다.

'아줌마'가 많은 교육장은 늘 분위기가 좋다. 대한민국 아줌마 특유의 넉살, 친화력과 추진력, 삶의 혜안, 열정, 그들만의 공감대 때문이다. 하지만 프로젝트 추진 과정은 교육장 분위기와는 달리 순조롭지 않았다.

집에만 있던 사람이 단순히 이론 교육만 받는다고 해서 떡하니 취업할 수는 없는 노릇이다. 한 분야의 전문가로서 긍지를 갖도록 하기 위해 마인드 교육에 많은 시간을 할애했지만 개인 사정으로 중도포기를 고민하는 사람들이 발생했다.

남보다 조금 이른 나이에 '전문가'라는 이름을 갖기 위해서 꽤나 많은 기회비용을 포기했던 나로서는 이러한 상황이 안타까울 뿐이었다. 물론 짧게는 3년, 길게는 10년 이상 경력이 단절되었던 주부들로서는 집안일을 잠시 미뤄두고 낯선 사회로 과감히 도전하는 것 자체가 두려운 일이었을 것이다. 더구나 요즘에는 회사에서 기혼 여성의 채용을 꺼린다는 얘기도 돌고 있었다. 아이 걱정하느라, 반찬 걱정하느라, 집안 일 걱정하느라 회사 일에 집중하지 못하는 기존의 여직원 때문에 '아줌마'들을 고용하기가 망설여진다는 회사가 많다는 것이다.

나는 '그럼에도 불구하고' 그들이 도전하기를 바랐다. 그래서 더더욱 보란 듯이 일에 욕심을 내어주었으면 했다. 자랑스러운 아내, 자랑스러운 엄마를 넘어 '아줌마는 이렇다'는 사회적 통념을 통쾌하게 깨뜨렸으면 싶었다.

진단 자신을 위한 시간에 인색한 엄마들

과연 무엇이 그네들로 하여금 이 멋진 세상으로의 도전을 방해하는 것일까 고민하다 집에 돌아왔다. 습관처럼 컴퓨터 앞에 앉아 일을 하고, 냉장고에서 반찬 꺼내 대충 끼니를 해결한 뒤, 청소기를 돌리는 엄마를 뒤로 한 채로 다시 일거리에 매달리려는 순간, 엄마들이 하고 있는 방대한 양의 노동을 떠올려보았다.

집안 구석구석 엄마의 손이 거치지 않은 곳이 있을까. 옷을 찾을 때도, 아플 때도, 음식을 먹을 때도 삼남매가 돌아가며 엄마를 불러대며 정신을 쏙 빼놓는다. 조용한 평일에도 엄마 한 사람이 감당해야 하는 일의 양은 어마어마하다.

이런 생각 끝에 나는 집에서도, 직장에서도 늘 최선을 다하는 슈퍼우먼이 되라는 말은 입 밖에 내지 말자고 다짐했다. 대신 편견의 시선으로부터 자유로워진 당당한 여자가 될 것을 주문해야겠다고 생각했다.

처방 편견을 벗고 나답게!

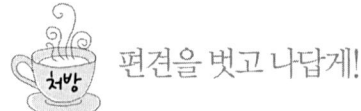

이미지컨설팅에서 강조하는 당당한 여자가 되기 위한 비밀은 바로 '자기 분석', 즉 '나 바로알기'다. 세상의 기준에서 벗어나 자신의 모습을 있는 그대로 바라보고 누구와도 비교되지 않는 '나다움'을 발견하기 위함이다. 먼저 간단한 테스트를 통해 입꼬리가 어느 쪽이 올라가는지, 어깨의 높이가 어느 쪽이 더 높은지, 팔과 다리는 어느 쪽이 더 긴지, 척추가 어느 쪽으로 휘었는지 등등 그간 방치했던 자신의 몸에 대해 하나씩 알아보도록 했다. 늘 남편과 아이를 향하던 마음이 자신을 향하도록 하자 그들 스스로도 놀라워하는 눈치였다.

또한 성격 유형 검사 MBTI와 행동유형검사 DiSC를 통해 자신의 강점을 알고 개발해야 할 점도 체크했다. 놀랍게도 교육생들은 짧은 시간 동안 자신에 대한 분석뿐 아니라 자녀와 남편에 대한 유형 분석까지 마쳤다. 설거지를 하면서도 전화를 받고, 아이가 하는 행동을 살필 수 있는 뛰어난 다중지능을 지닌 엄마들의 초능력이 돋보이는 순간이었다.

자기 분석 이후 우리에게 많은 변화가 찾아왔다. 교육장으로 향하는 표정이 점점 밝아진 것이다. 자녀들에게 '우리 엄마가 달라졌어요!'라는 이야기도 들었단다. 그간 짊어지고 있던 현실의 버거움을 잠시 내려놓고 깜빡 잊고 살던 개인으로서의 자신을 새롭게 발견하며 일상의 소소한 기쁨을 되찾은 것이다.

또 다른 변화는 습관의 변화이다. 객관적으로 진단된 자신의 모습을 인지하고, 스스로 변하고자 하는 모습에 맞춰 생활을 관리하기 시작했다. 단지 젊게 보이는 것이 목적이 아니었다. 삶이 행복해지는 변화가 우리가 추구한 목표였다.

자부심과 당당함, 그리고 자기 관리. 그들의 심장이 다시 뛰기 시작한다. 취업 준비를 하는 동안 교육생들이 남긴 글들을 읽어보니 '새로운 삶의 시작'이란다. 그리고 '나'를 위해 어떻게 살아야 하는지 알게 되었단다. 고목나무에 피어난 새싹처럼 다시 살기로 결심한 교육생들은 오늘도 현장에서 자신만의 역사를 써가고 있다. 스무 살이나 어린 직원들 틈에서도 전혀 움츠러들지 않고 전업 주부로 살아온 노하우와 삶의 혜안으로 순간순간을 잘 대처하고 있다며 연봉협상, 진급, 수상, 취재 등 기쁜 소식을 전해온다.

생각해 보기

나의 취업에 왜 '나'가 없나

우리는 종종 세상의 평가, 사회적 통념에 갇힌 채 살아간다. 그 때문에 진정한 나를 찾지 못하고 헤맨다. 사회적 통념은 편견 그 이상도 이하도 아니다.

나 역시 이미지컨설턴트라는 직업을 시작하면서 '누가 나이 어린 너에게 강의를 듣겠느냐'며 염려 섞인 조언을 들어야만 했다. 당시 컨설턴트를 꿈꾸는 이들은 사회에서 충분히 커리어를 쌓은 30대 중반이 대다수였다. 대학교 2학년짜리가 함부로 도전할 만한 직업은 아니었다. 하지만 내 인생 처음으로 '목표'라는 것이 가슴속에 꿈틀거렸다. '그럼에도 불구하고' 할 수 있는 방법을 찾아내겠다는 오기가 생겼다. 나는 그렇게 나이에 대한 사회적 통념을 깨고 내 직업에 도전했다.

나는 구직자들이 사회의 기준에 따라 살기보다는 자기의 마음이 이끄는 삶을 살기를 바란다. 취업은 각자가 꾸려갈 인생인데 왜 그곳에 자기 자신이 없어야 하는 것일까. 우선은 자신의 이름부터 다시 찾아야 한다. 누구의 엄마, 누구의 아내가 아닌 젊은 시절 줄기차게 불렸던 그 이름, 그렇게 나만의 이름으로 불리던 그 시절이 그립지 않은가.

나는 무엇인지 그리워 / 이 많은 별빛이 내린 언덕 위에 / 내 이름자를 써 보고 / 흙으로 덮어 버리었습니다

_윤동주, 〈별 헤는 밤〉

별을 헤다가 그리웠던 옛 친구들의 이름들을 떠올리고 그 끝에서 자신의 이름자를 흙 위에 쓴 윤동주. 그가 흙으로 자기 이름을 덮은 것은 그 이름이 씨가 되어 아름다운 싹을 틔우기를 바라는 마음에서가 아닐까.

누구의 엄마, 누구의 아내로서 살아가는 것이 잘못이라고 말하고 싶지 않다. 다만 아직 가슴에 내 이름 석 자가 뜨겁게 타오르고 있다면 우리는 그 이름이 싹을 틔울 수 있도록 물을 주고 거름을 주어야 할 의무가 있는 것이다.

사례 4 구직활동을 위한 조언

유머는 우리를 새로운 세상으로 인도한다

: 성원숙 스펀지교육연구소 대표

취업 현장에서 만난 대학생, 경력단절 여성, 퇴직 후 제2의 삶을 설계하는 분들의 얼굴에 왜 웃음이 없을까. 그들이 내뱉는 말도 곱지 않다. '미치겠어요, 돌아버리겠어요, 죽겠어요' 불면의 밤을 보낸 듯 눈동자는 불안하고 눈빛은 불만에 가득 차 있다.

그들에게 '스펀지'를 제안한다. '스(☺)'는 스마일을, '펀(Fun)'은 삶의 재미를 '지(知)'는 생활의 지혜를 실천함을 말한다. '스펀지'가 당신의 합격을 보장하지는 않는다. 그러나 최소한 후회 없는 취업 활동을 선사할 것이다.

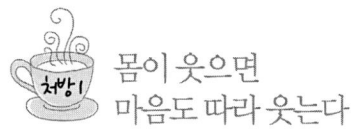

처방 1 몸이 웃으면 마음도 따라 웃는다

먼저 스마일. 보통의 구직자들은 면접관 앞에서 어떻게 웃을 것인지 고민한다. 그러나 내가 말하는 스마일은 자기 자신을 위한 웃음이다.

독일의 사회심리학자 프리츠 스트랙은 한 가지 실험을 했다. 한 실험군에게는 입술로 볼펜을 물게 하고, 한 실험군에게는 치아로 볼펜을 물게 한 뒤 같은 책을 읽게 했다. 결과는 어땠을까? 치아로 볼펜을 물고 책을 읽은 사람들이 책을 더 재미있게 읽은 것으로 나타났다. 입술로 볼펜을 문 것은 불만스런 표정을, 치아로 볼펜을 문 것은 미소 짓는 표정을 만들기 위해서였다.

이 실험 결과는 우리에게 중요한 정보를 알려준다. 몸이 웃으면 마음도 웃는다는 진리이다. 제아무리 웃긴 코미디도 '어디 네가 얼마나 웃기는지 한번 보자.'며 팔짱 끼고 쳐다보면 재미없기 마련이다.

일단 거울을 보며 미소 짓는 연습을 해보자. 어떤가? 마음에 일말의 변화가 생기는가? 그렇다면 다음 단계, 발성연습을 해보자. 이때 '아에이오우'라고 하지 말고 'ㅎ' 음을 첨가하여 '하헤히호후'로 발음한다. 단순히 소리만 질러도 스트레스는 풀리기 마련이다. 거기에 웃음소리와 가장 닮은 'ㅎ' 음을 추가하면 효과는 높아진다.

충분히 마음의 긴장이 풀어질 때까지 되풀이하여 연습하자. 여기까지 진행했다면 이미 몸은 준비가 되었다고 본다. 그렇다면 본격적으로 마음을 공략할 차례이다.

종종 부정적인 말로 자신을 표현하는 구직자들을 만난다.

"저는 원래 말을 잘 못합니다."

이미 말을 하고 있으면서도 굳이 자신은 말을 못한다고 이야기 한다. 갑작스런 긴장으로 마음이 얼음처럼 굳었기 때문이다. 면접관은 아직 아무 정보도 가지고 있지 않다. 떨리면 떨리는 대로 자신이 준비한 말을 해야 한다.

취업 현장에서 한 여드름투성이 대학생을 만났다. 그는 대인기피증을 앓고 있었다. 나는 그 학생을 보며 과거의 나를 발견하였다. 나 역시 사람을 피하고 싶었던 시절이 있었다. 나는 그에게 내 옛 이야기를 들려주며 힘내라고 응원했다. 더 이상 그 늪에 빠져 있지 말라고, 당신은 소중한 사람이라고 얘기해주었다. 단지 응원만으로도 그 학생은 달라졌다. 목소리에는 힘이 실렸고 표정이 밝아졌다. '저는 사람들 앞에서 말을 잘 못해요. 사람들이 저를 싫어해요!' 이렇게 이야기하던 학생이 '교수님, 저 이번 방학 때 아르바이트 하게 되었어요!'라며 흥분된 목소리로 소식을 전해왔다.

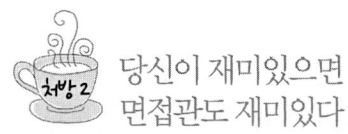

처방 2 당신이 재미있으면 면접관도 재미있다

'펀(Fun)' 기법은 취업 준비의 재미(Fun)를 말한다. 내가 재미있으면 면접관도 재미있다. 하루에도 수백 명의 대동소이한 이야기를 듣는 면접관의 기분은 어떨까? 한마디로 그 밥에 그 나물이다. 면접 자기소개도 이왕이면 재치 있게, 재미있게 준비해보자. 물론 재미가 핵심은 아니다. 나를 나답게 잘 표현할 수 있는 방법을 찾은 후에 거기에 재미 요소를 추가하는 것이다.

늘 면접만 보면 떨어지던 4학년 남학생이 있었다. 군대도 다녀왔고 기본 성적은 물론 영어점수도 높았으며 학교도 명문대 출신이었다. 그 학생을 한 학기 동안 관찰해 본 결과 낙천적이고 긍정적이었지만 조금만 긴장하면 금세 경직되어 자신의 매력을 잘 드러내지 못하는 유형이었다. 그러다 보니 서류전형은 잘 통과하면서도 번번이 면접에서 미역국을 먹었다. 그 학생에게 과제를 냈다. 생활 속 재미의 실천이었다.

"먼저 상황에 맞는 유머 몇 가지를 암기하고 가족 앞에서 한번 해봐. 가족은 너를 사랑하니까 좋은 피드백을 해줄 거야. 그렇게 해서 자신이 생기면 친구들에게도 그 유머를 던져 봐."

이렇게 유머에 익숙해진 후 다음 단계로 자신을 소개할 때 재미있었던 일화를 스토리텔링 기법으로 발표하기로 했다. 의미 없는 시간은 없다. 자신의 경험 속에서 의미를 찾아야 한다. 단순한 흥미가 아닌, 그 이야기에 재미와 의미를 동시에 부여하는 것이 중요하다. 그 남학생은 이렇게 몇 달 동안 재미를 실천한 끝에 자신감을 회복했고, 끝내 원하는 회사에 취업했다.

처방 3 지금까지 배운 것을 완성하는 것은 당신의 몫이다

삶을 살아가며 우리는 많은 것을 보고 듣고 많은 것을 경험한다. 이를 통해 우리는 지식과 지혜를 얻는다. 그러나 제아무리 운동이 좋다는 것을 알아도 실천하지 않으면 무슨 소용인가. 앎 자체는 우리에게 어떤 이익도 가져다주지 않으니 앎을 삶 속에서 실천하는 것이야말로 참된 지식, 즉 지식의 완성이다.

스펀지의 마지막인 '지(知)'는 행동하는 지식, 실천하는 지혜이다. 아이들은 생각하지 않는다. 눈에 보이는 대로 즉각 반응을 나타낸다. 전두엽이 판단을 내리기 전에 손이 먼저 움직인다. 나이가 든 지금 우리에게 필요한 것은 아이처럼 알고 있는 대로, 배운 대로 행동하는 것이다.

관점의 변경

스펀지 기법의 핵심은 유머와 웃음이다. 유머와 웃음은 세상을 다른 각도에서 바라보게 한다. 우리는 '현실'을 확고부동한 무엇으로 여긴다. 그러나 코미디언은 늘 뒤집기를 시도한다. 옆이나 뒤 혹은 위에서 바라본다. 그렇게 바라보면 우리가 몰랐던 새로운 사실을 접하게 된다. 작은 흠집 하나를 크게 생각하여 '나는 못났어.'라고 말하던 사람이 '이까짓 거 아무것도 아니야.' 하고 자신감을 찾게 된다. 그것이 유머의 힘이다.

물건을 잃어버리면 어떤가? 기분이 나쁘지 않은가? 그런데 어느 노승은 도둑이 절의 물건을 훔치는 현장을 목격하고 이렇게 말했다. "네가 가졌으니 그 물건은 이제 너의 것이다."

이 노승에게는 소유에 대한 개념이 없다. 그러므로 그 물건을 필요로 하는 사람이 주인이라고 말한다. 인식의 대전환이다. 이 노승의 이야기를 우습다고 생각지 말자. 그에게 어떤 불행이 닥치더라도 그는 결코 실망하거나 좌절하지 않을 것이기 때문이다.

취업의 실패 속에서 우울해하지 말고 부디 새로운 관점에서 지금의 나를 바라보길 바란다. 우주 위에서 바라본 나는 지구 위의 한 점에 불과하다. 수십 년의 시간 가운데 오늘 하루가 차지하는 비중은 매우 작다. 그런데 왜 오늘 하루의 일 때문에 이렇게 큰 고통에 빠졌는가. 장자는 달팽이 더듬이 위에서의 싸움이라는 말로 두 나라의 전쟁을 비유하기도 했다.

이제 웃음이 잠시의 기분전환이 아니라 당신의 취업 활동에, 당신의 인생 전체에 얼마나 큰 값어치를 지니는지 스스로 깨닫기를 빈다.

'우스운 사람'이 아닌 '웃긴 사람'이 이긴다.

사례 5 역차별을 당한 명문대 출신

꿈이 없는 사람은 웅덩이에 고인 물과 같다

: **김현빈** Bankers&Company 이사

얼마 전 전도유망한 직장인 한 사람이 상담을 요청했다. 그는 대기업 2년차로 이직을 심각하게 고려하고 있었다. 누구나 부러워하는 우리나라 최고의 대학 경영학과를 졸업한 데다 어릴 때 해외에서 거주한 경험이 있어서 영어에도 능통했다. 요컨대 본인이 희망하면 얼마든지 기회를 잡을 수 있는 사람이었다.

같은 과 동기들이 금융계로 진출하거나 해외로 유학을 가거나 좀 더 좋은 기회를 찾고 있을 때, 그는 당장의 조건보다는 자신의 패기와 꿈을 믿고 제조업이 기반인 대기업에 과감히 지원했다. 근무조건은 기대에 미치지 못했다. 그러나 핵심인재가 되어 회사에 기여하고, 나아가 기업에 대해 공부할 수 있는 좋은 기회라고 여겨 선택한 길이라고 했다.

나는 이런 좋은 조건의 후보들을 많이 만나온 터라 그의 결정이 생각보다 쉽지 않았음을 잘 알고 있었다. 말 그대로 순수한 젊음으로 용기 있게 도전한 사람이었다.

그러나 그는 지난 2년간 회사에서 상처를 받았다. 보기 드문 명문대 출신에 국제적 감각까지 겸비한 인재가 입사하자 직장 선배들과 상사들은 차갑고 냉소적인 시선을 보냈다.

그 대학을 나온 사람이 뭐 하러 우리 회사에 왔느냐? 대충 시간 때우다가 유학 가려고 입사한 것 아니냐? 다른 데 지원했다가 모두 떨어지고 왔느냐? 정말 그 대학 출신이 맞느냐?

곱지 않은 시선들이 그를 괴롭혔다.

그때마다 그는 열심히 일해보고 싶다, 일을 배우고 싶어 왔다고 진심으로 이야기했다. 그러나 돌아오는 답변은 차가웠다. '처음에는 너처럼 말하던 애들도 철들면 나가더라. 그 대학 출신치고 오래 있는 애들 못 봤다.' 선배들의 비아냥거림은 끝날 줄 몰랐고, 그는 업무에 대한 의욕이 떨어져 심적으로 고통을 겪고 있었다.

임원들 가운데는 나름 기대를 갖고 핵심인재로 성장해 보라며 격려하는 분들도 계신다고 한다. 그러나 매일 얼굴을 마주하는 상사들의 시선은 견디기 힘든 일이었다.

"서로 응원해 주고, 성과를 거두면 박수 쳐 줄 수 있는 조직으로 가고 싶습니다. 하고 싶은 일도 중요하지만 존경할 수 있는 선배나 상사를 만나고 싶고 저 또한 그런 선배가 되고 싶습니다. 후배들에게 좌절을 안겨주기보다는 좋은 경험을 이야기해주고 많이 가르쳐 주고 싶습니다."

그는 현재 새로운 직장을 알아보고 있는 중이다.

비슷한 사례가 또 있다. 예전에 상담했던 경력 4년차의 명문대 출신 여성은 비록 근무환경은 떨어지지만 자신이 하고 싶은 업무를 하기 위해 이직을 선택했다. 당장의 급여나 회사의 명성은 이전만 못했다. 그러나 장기적인 성장 가능성을 보고 내린 결정이었다. 마침 그 회사에 동문 선배가 재직 중이었다. 당연히 인사도 하고 함께 대화도 나누었던 모양인데 이게 주위 사람들의 꼬투리가 되었다.

"어머 S대학교 나왔어? 그런데 어쩌다 우리 회사에 들어오게 됐어? 그래서 둘이 잘 어울리나 보네."

좋은 말도 여러 번 들으면 짜증나는 법인데 비꼬는 말투야 두말하면 무엇 하랴. 그녀는 얼마 후 자신의 선택을 후회하기 시작했다.

진단 역차별의 함정

나는 직업 특성상 꿈보다는 자신의 능력을 발판 삼아 현실적인 선택을 하는 사람들을 많이 만난다. 그런데 앞의 사례처럼 가끔은 현실적인 대우 대신에 꿈을 향해 나아가다 벽에 부딪치는 사람들도 본다. 어쩌면 독자 중에는 그들을 배부른 사람이라고 여기는 사람이 있을지 모른다. 누구는 가고 싶어도 못 가는데 누구는 샐러드 바에서 음식 고르듯 자기 입맛에 맞는 것을 선택한다. 이런 상황이 못 견디게 힘든 것이다.

이 역차별 사례를 통해 나는 우리 사회를 짓누르고 있는 학력 콤플렉스를 본다. 이 콤플렉스의 희생자는 사례에 등장하는 그들이 아니다. 그들은 허들을 뛰어넘다 잠시 넘어졌을 뿐이다. 다시 일어나서 달리면 된다. 다만 조금 늦을 뿐이다.

진짜 희생자는 역차별의 공격자들이다. 그들은 '잘난 사람'과 '못난 사람'이라는 대립각을 세워놓고, 자신을 '못난 사람'의 범주에 넣는다. 자신의 출신과 능력이 그들만 못하다고 생각한 끝에 이처럼 비생산적인 역차별을 시도한다. 역차별의 공격자들에게는 꿈이 없다. 지금보다 나은 나를 만들겠다는 생각이 없다. 그러다 보니 '잘난' 그들이 '못난' 나의 영역을 침해한다고 느끼고 자기 방어에 나선 것이다. 그래서 더더욱 내 자리를 지키려고 전전긍긍한다.

학력 콤플렉스의 뒤에는 꿈꾸지 않는 사람이 있다. 나는 지금껏 꿈은 원대하나 학력이 떨어져 내가 할 수 있는 것이 아무것도 없었다고 말하는 사람을 본 적이 없다. 꿈을 품고 있는 자는 능력이 없으면 없는 대로 고지를 향해 나아간다. 반면 꿈이 없는 사람은 자신의 과거를 탓하며 웅덩이에 고인 물처럼 더 넓은 세계로 나아가려고 노력하지 않는다. 그 물은 오래지 않아 썩기 마련이다.

사람은 꿈을 꾸는 동물이다. 꿈은 우리에게 장애물을 뛰어넘을 수 있는 힘을 준다. 꿈은 우리에게 넘어져도 일어설 수 있는 힘을 준다. 꿈은 우리에게 세상을 원망하지 않고 다시 도전할 수 있는 힘을 준다.

당신의 꿈이, 낡은 옷처럼 서랍장에 처박혀 있지 않기를 바란다.

"……부디 누군가에게서 꿈을 빼앗지 말라. 그가 가진 것의 전부일 수 있으니……"

_H. 잭슨 브라운 주니어

여섯 번째 미스매칭

당신의 손을 잡아줄 누군가가 있습니다

| 나 홀로 취업족과 당신의 의지 표명을 기다리는 사람들 |

세상을 당신 편으로 만들어라

우리는 지금까지 수많은 사람들을 만나왔다. 옷깃만 스쳤던 인연이든, 몇 번씩 된장찌개에 숟가락을 함께 담갔던 인연이든 당신의 취업에 직간접적인 도움을 줄 수 있다. 그들에게 도움을 받으려면 먼저 당신이 구직활동 중임을 적극적으로 알려야 한다. 당신에게 어떤 꿈이 있고 이를 위해 어떤 노력을 기울여왔으며, 어떤 성과를 낼 수 있는지 말이다.

얼마 전 대형 아울렛 상가 앞에서 떡볶이를 팔고 있는 아주머니께 이런 질문을 드린 적이 있다.

"떡볶이 가게를 운영하려면 어떻게 해야 하나요?"

아주머니는 한마디로 아주 간단하게 말씀하셨다.

"나처럼 이런 일을 하는 사람한테 물어보면 되지."

아주머니는 처음 본 사람들에게도 자신의 노하우를 모두 알려 주신단다. 그들 중에는 자신보다 더 매출을 많이 올리는 사람들도 있다고 했다. 튀김을 만드는 데도 기술이 필요하다. 불 조절에 실패하면 튀김옷이 벗겨지고 물과 밀가루의 양을 적절히 배합하지 못하면 금세 눅눅해진다. 이런 기술을 가장 잘 아는 사람은 바로 떡볶이와 튀김을 파는 분들이다.

구직활동도 마찬가지다. 당신이 알고자 하는 기술은 사회 선배들이 매우 잘 알고 있다. 그들을 찾아가서 답을 물어보자. 전 직장 상사는 창업에 대한 꿈을 키우고 있을 때 우연히 창업 관련 서적을 보고 이 책의 저자를 직접 찾아갔다. 그 저자는 친절하게도 처음 본 그에게 자신만의 노하우를 모두 전수해 주었다. 한번은 내 조언을 듣고 스포츠웨어 마케팅 취업을 꿈꾸고 있던 27세 남학생이 업계 소식을 취재한 신문기자에게 메일을 보냈다가 해당 업계 선두주자인 A회사 이사님과 식사를 하는 행운을 누리기도 했다.

이렇게 적극적으로 인연을 만들기 위해 노력하던 중 그 회사에 취업한 사례도 있다. 김동일 씨의 이야기다. 몇 해 전 12월 21일, 물리학을 전공한 29세 김 씨는 졸업을 앞두고 취업을 희망하는 회사 20곳의 전화번호를 메모한 후 차례차례 전화를 걸었다.

"취업을 희망하는 구직자입니다. 이력서를 보내려고 하는데, 긍정적인 검토 부탁드리겠습니다."

그의 뜬금없는 전화에 담당자는 모두 당황스러워했지만 화를 내는 사람은 한 곳도 없었다. 오히려 몇 곳은 반기는 눈치였다. 3일 뒤인 12월 24일, 그는 음료수를 사 들고 가장 반가운 목소리로 전화를 받았던 회사를 찾아갔다.

김 씨는 우연찮게도 그 회사의 사장님을 만나게 되었다. 사장님은 그 자리에서 이렇게 제안했다.

"우리 회사는 모두 경력자만 일한다. 당신이 다른 회사에서 경력을 쌓은 후 지원한다면 그때 함께 일해보자."

사장님은 바쁜 상황에도 불구하고 그를 바로 돌려보내지 않고 한 시간 동안 취업과 경력관리에 대한 조언을 해주셨다. 김 씨는 사장님의 조언을 가슴 깊이 새겼다. 한 해를 마감하는 12월 31일, 그는 사장님의 인자하신 미소가 떠올라 감사의 메일을 보냈다. 그리고 경력을 쌓은 후 그 회사에서 근무하고 싶다는 마음을 전했다. 그렇게 새해가 밝고 열흘이 지났다. 김 씨는 낯선 곳으로부터 한 통의 전화를 받았다. 사장님의 호출이었다.

"연말 연초 당신 생각이 나서 잠을 설쳤네. 당신처럼 적극적인 인재를 마다하면 내가 후회할 거란 생각이 들었소. 괜찮다면 우리 회사에서 인턴으로 일해 보겠나?"

김동일 씨의 사례는 평범하지는 않지만 그렇다고 특이한 것도 아니다. 각종 매체에 등장하는 취업 성공 스토리의 주인공을 보면 모두 자신의 취업을 위해 발 벗고 나선다. 열정이 만남을 만들고 만남이 축복이 된다. 이처럼 의미 있는 만남은 당신의 취업에, 당신의 꿈에 희망이 되어줄 것이다. 지금, 자신의 인맥을 돌아보라. 취업에 도움을 줄 수 있는 인맥은 누가 있을까. 지인이 많지 않다면 지금부터라도 소중한 인연을 만들기 위해 노력하자. 누가 아는가. 김동일 씨처럼 당신의 노력이 당장 취업 결실로 이어질지.

얼마 전 어느 출판사 발행인과 식사를 한 적이 있었다. 그때 그분은 '궂은 날에는 옷차림을 단정히 하고 약속을 잡아라.'라는 삶의 철학을 들려주었다. 그는 출판사를 차린 후 지인을 만나기로 했는데 그날따라 폭우가 쏟아졌다. 그는 빗길을 마다않고 지인이 근무하는 사무실로 찾아갔다. 그때 지인은 폭우를 뚫고 찾아온 그를 매우 반가워하며 좋은 원고를 하나 건넸다. 그 책은 좋은 인연이 되어 그 출판사의 첫 책이 되었다.

"보통 날씨가 좋지 않으면 사람들은 약속을 취소하는 경향이 있는데, 그러다 보니 맑은 날보다 궂은날 상대방은 더 여유가 있습니다. 이런 날 찾아 가면 상대방은 저와의 만남을 더욱 반가워하지요."

그날 이후로 그분의 철학을 생활 속에 실천했더니 신기하게 일이 술술 풀렸다. 이 자세는 구직활동을 하는 당신에게도 유용할 것이다. 궂은날 지인을 만나기 위해 노력하는 사람은 맑은 날도 분명 남다른 노력을 기울일 것이다. 핵심은 바로 이거다. 남들이 모두 웅크리는 날에도, 어깨를 펴고 두 배로 노력하라는 것이다. 그런 당신은 매력 에너지를 마구마구 내뿜기 때문에 세상은 당신 편에 설 수 밖에 없다.

"……모든 새의 입 속은 빨갛다. 특히 새끼일 때 색이 진하다. 어미가 먹이를 물어오면 새끼 새들은 붉은 꽃잎처럼 입을 활짝 벌린다. 그래야 하나라도 더 먹이를 먹을 수 있기 때문이다……"

_자연의 순리

가족을 당신 편으로 만들어라

오픈소스 프로그램 개발자들 사이에 '많은 눈이 버그를 줄인다.'는 말이 있다. 더 많은 사람들이 오픈소스 개발에 참여할수록 결함을 찾고 개선할 확률이 높아진다는 뜻이다. 주위를 돌아보라. 구직활동의 버그를 줄여줄 사람들은 어디에 있을까. 우선 가까이에서 찾아보자. 구직활동을 도와줄 첫 번째 도우미는 가족이다. 가족은 당신의 성공취업을 위해 누구보다 발 벗고 나설 준비가 되어 있다. 구직 스트레스로 상처받은 당신에게 쉼터를 제공하는 것은 물론 직접 일자리를 알아봐 주기도 한다.

가족은 구직활동을 하는 당신에게 최고의 버팀목이다. 몇 개월 동안 도시락을 싸주며 당신의 성공취업을 응원하거나 삼겹살에 소주 한잔 기울이며 스트레스를 받은 당신을 위로하기도 한다. 얼마 전 진행한 취업상담 시간에는 양쪽 손이 불편한 남동생을 위해 누나가 상담에 동행해 중요한 내용을 메모하기도 했다. 그렇게 가족은 당신이 구직활동 기간 지쳐 쓰러지지 않도록 정신적으로 지지해준다.

또한 가족이 일자리를 만들어주거나 소개해주는 경우도 많다. 며칠 전 상담했던 20대 여성은 아버지가 운영하는 작은 회사에서 비서와 경리업무를 하고 있었으며, 내 후배는 어머니가 추천한 회사에서 첫 사회생활을 시작하기도 했다. 이렇게 가족은 직간접적으로 당신의 취업을 돕는다. 이런 가족을 만난 당신은 행운아다. 심리적인 위안과 지지를 받으니 오랜 기간의 구직활동에도 지쳐 쓰러지지 않을 것이다.

하지만 그렇지 않은 경우도 부지기수다. 가족은 때로 당신의 피를 마르게 하는 주범이 되기도 한다. 상담을 하다 보면 아이러니하게도 구직자들의 공공의 적이 가족인 경우가 꽤 많다.

"당장 돈 벌어 와라. 무슨 꿈 타령이냐."

이러면서 자식의 꿈을 짓밟거나 생계형 취업에 등 떠미는 부모님도 있었다. 심지어 휴학한 딸에게 빨리 돈 벌어오라고 손찌검을 한 아버지의 사례도 접한 적이 있다. 또 이런 경우도 있었다. 평소 유통업에 관심이 많았던 28세 남성은 대형마트에 합격한 후 수산코너에서 생선을 자르고 내장을 빼는 업무를 하다 우연히 장 보러온 어머니와 마주쳤다. 초등학교 선생님으로 일하시는 어머니는 충격으로 쓰러지셨고 은행 지점장을 하고 있는 아버지는 그를 다시 구직활동 전선으로 내몰았다.

강도는 다르더라도 부모님과 형제자매 때문에 만성 소화불량에 걸려 있거나 불면증에 시달리는 구직자들이 생각보다 많다. 한번은 26세 여성이 목 놓아 울었다.

"안 그래도 힘들어 죽겠는데 취업 못한다고 저를 무시하며 눈칫밥 주는 가족들 얼굴 보면 정말 살기 싫어져요."

그런 그녀에게 제안했다. 가족과 함께 당신의 꿈에 대해 이야기를 나누라고. 만약 마주 대하고 이야기하기 어렵다면 장문의 편지로 인생계획서를 보여드리라고. 몇 개월 혹은 몇 년 기다려달라고 진심으로 호소하라고.

만일 당신을 기다려주지 못한다면 별 수 있나. 가출하는 수밖에. 취업을 앞두고 있는 당신은 성인이다. 여러 가지로 노력했음에도 가족이 당신을 이해하지 못하고 격려하지 못한다면 어쩌겠는가. 나중에 당신이 원하는 것을 이룬 후 재회해도 늦지 않다. 너무 심하다고? 그렇게 마음 약한 당신이라면 가족 때문에 상처받지 말고 그들을 설득하라. 가족소차 이해시키지 못한다면 기업 인사담당자를 어떻게 설득하겠는가. 안 그래도 힘든 구직활동, 가족의 눈총과 부담, 갈등으로 무거운 짐을 이고 구직활동을 하는 불상사는 사전에 방지하길 바란다.

학교가 당신의 씨앗을 틔워줄 것이다

양민희 씨는 중고등학교에 근무하면서 학생들의 진로에 도움을 주는 커리어코치다. 한번은 고등학교 진학 문제로 고민하는 3학년 남학생이 그를 찾아왔다. 그 학생은 디자이너가 되고 싶은데, 어머니는 지방에 있는 농업고등학교로 진학하기를 원하고 있었다. 어머니와의 오랜 갈등으로 학생은 지쳐 있었다.

양민희 코치는 학생을 위로하고 그의 꿈을 지지해주기 위해서 서점에서 다시 만나 디자인 관련 책을 보면서 이야기를 나눴다. 학생은 결국 농업고등학교에 진학했지만 디자이너에 대한 미련을 지우지 못해 디자인 경진대회를 준비했다. 그리고 얼마 전 자신의 꿈을 지지해준 양민희 코치에게 직접 디자인한 옷을 선물하면서 감사함을 표했다.

존 맥스웰은 〈위대한 영향력〉에서 이렇게 말했다.

> "누구나 자기 안에 위대함의 씨앗을 품고 있다. 비록 그 씨앗이 아직 싹을 피우지 못했다 하더라도 누군가 믿어주면 그 씨앗에서 싹을 틔우기 마련이다."

학교에는 바로 당신을 믿어주는, 그럼으로써 당신이 품고 있는 위대한 씨앗이 꽃을 피울 수 있도록 돕는 이들이 있다. 학교 선생님과 대학 교수님은 물론이요 진로 및 취업을 전문으로 돕고 있는 커리어코치와 취업지원관들이 당신의 방문을 기다리고 있다.

요즘 각 대학에서는 취업캠프, 특강, 상담 등 다양한 프로그램을 열고 재학생들과 졸업생들의 구직활동을 돕고 있다. 또한 중고등학교에서도 학생들의 진로탐색과 구직활동을 지원하고자 입사지원서 작성법, 이미지 메이킹, 비즈니스 매너 같은 특강 시간을 마련했다.

나는 학교에서 열리는 취업캠프에 자주 참석하는데, 취업캠프에 참여한 학생들은 크게 자발적으로 신청한 학생들과 그렇지 않은 학생들로 나뉜다. 전자는 눈빛이 초롱초롱하고 적극적이며 습자지 모드로 무엇이든 다 흡수해가지만 후자는 당장 집에 돌아가고 싶다는 표정을 짓는 등 억지로 끌려온 티가 역력하다. 그런데 취업캠프가 끝날 때쯤 참석 의지가 어떠했든 학생들은 모두 변화를 겪는다. 그들은 강사를 통해 변화하고, 함께 참석한 친구들을 통해 달라지고, 꿈을 이야기하는 자신의 모습을 발견하면서 바뀐다.

캠프에 참석한 한 여학생은 이렇게 소감을 밝혔다.

"가위바위보에 져서 억지로 참석하게 되었는데 이렇게 많은 걸 얻어갈 수 있을지 몰랐어요. 취업은 인생이 걸린 문제란 걸 처음 알았고 앞으론 보다 내 인생에 책임감을 갖고 취업준비를 하겠습니다."

당신도 이렇게 달라지고 싶은가. 그렇다면 지금이라도 당신이 다니고 있거나 졸업한 학교를 방문해보라. 돈 한 푼 안 들이고 다양한 취업프로그램을 활용할 수 있다.

지인 중에는 타과 교수님 덕분에 취업한 사례도 있다. 크루즈 승무원 출신 취업컨설턴트인 주진희 씨가 그 주인공이다. 대학교 3학년 2학기, 졸업을 1년 앞둔 그녀는 크루즈 승무원을 꿈꿨다. 하지만 기계제어공학 전공에, 서비스 경험은 전무했고 토익성적은 400점이었으며 키는 160cm로 다른 지원자들에 비해 조건이 불리했다. 우선 서비스 마인드를 키우기 위해 아르바이트도 하고 신체 조건을 극복하기 위해 하루 종일 미소 연습을 했지만 외국어만큼은 넘기 힘든 난관이었다.

크루즈선에는 외국인 선원이 많아 외국어가 능숙한 사람을 우대한다. 이 사실을 아는 그녀의 부모님과 친구들, 학과 교수님까지 모두 그녀를 뜯어 말렸다. 그러나 그녀는 포기하지 않고 타 공학부 교수님의 '토익 900점 만들기 프로젝트' 모집광고를 보고 무조건 찾아갔다. 교수님은 모집기간이 끝나서 받아줄 수 없다고 했지만 몇 차례나 간곡히 부탁하는 그녀를 그대로 돌려보낼 수는 없었다. 다행히 그녀는 프로젝트 멤버가 되었고, 매일 9시간씩 강행군을 펼치며 영어를 공부했다. 그 결과는 매우 놀라웠다. 6주 만에 토익 성적 900점을 넘었던 것이다.

영어에 대한 '감'을 잡은 그녀는 국내에서 다양한 방법으로 영어 회화 실력을 쌓기 위해 노력했고 수개월 만에 능숙한 영어회화 실력을 자랑하며 로열캐리비안 크루즈 승무원에 최종 합격했다. 그녀는 자신이 취업한 데는 교수님의 공이 가장 컸다고 이야기한다.

주진희 씨도 등록금을 냈고 당신도 등록금을 냈다. 당신도 학과 교수님과 타과 교수님을 구직활동 후원자로 만들 수 있는 자격이 있다. 다만 교수님은 평범한 학생은 돕지 않는다.

지금 구직에 대한 고민으로 잠 못 이루고 있다면, 모교를 한번 찾아가보라. 1년 전에 졸업했든, 5년 전에 졸업했든 그 학교에서 청춘을 보냈다는 이유만으로도 많은 이들이 당신의 취업을 노울 것이다.

세금을 냈다면 당당히 혜택을 누려라

눈 내리던 12월 어느 날, 서울고용센터에서 주최하는 특강에 참여했다. 그날은 서울고용센터 야외광장에서 청계천 잡페어 행사가 함께 진행되었는데, 강의가 끝난 후 잠시 그곳을 방문했더니 궂은 날씨에도 아랑곳 않고 취업상담, 직업심리검사, 직업체험행사 등이 활발하게 열리고 있었다. 많은 구직자들과 취업전문가들의 열기로 야외광장에 마련된 상담 공간은 추위에 벌벌 떨 겨를이 없었다. 행사 관계자가 이야기했다.

"매월 셋째 주 금요일 청계천을 방문하면 구직활동에 도움이 되는 다양한 정보를 얻을 수 있어요. 비가 오나 눈이 오나

저희들은 구직자들을 기다리고 있을 겁니다."

구직자들을 만나보면 자기소개서를 수정하고 면접연습을 하기 위해 수십만 원에서 수백만 원의 비용을 들여 민간기관을 이용하는 경우를 종종 본다. 민간기관을 이용하기 전 먼저 정부기관의 프로그램을 이용해보라. 민간기관 못지않게 프로그램이 알차다. 게다가 참가비도 무료니 일석이조 아닌가. 당신이 낸 세금이니 기분 좋게 혜택을 누려라.

정부기관을 이용하는 데 전혀 부담을 느낄 필요가 없다. 정부기관은 우리가 낸 세금으로 운영된다. 요즘은 정부기관 관계자들도 서비스 교육을 받는다. 기관을 찾는 사람들에게 알찬 프로그램과 함께 친절한 서비스를 제공해줘야 하는 것이 그들의 의무다. 그러니 어깨를 펴고 당당히 기관의 문을 두드려라.

각 지역별 고용센터, 일자리종합센터, 여성인력개발센터, 여성발전센터, 한국노인인력개발원, 한국장애인고용공단 등의 정부기관이 검증된 취업지원서비스를 마련하고 당신의 방문을 기다리고 있다. 이중 서울강남고용센터를 비롯한 전국 72개 고용센터에서는 직업심리검사를 통한 적성발견 및 직업선택 지원, 고용동향 및 일자리 정보 제공, 직업능력진단 및 직업훈련정보 제공, 심층상담을 통한 개인 특성별 맞춤형 취업지원, 집단상담 프로그램을 통한 취업능력배양 등 구직자들을 위한 다양한 취업지원서비스를 실시하고 있다. 이런 프로그램에 참여하면 당신은 일할 의욕을 높이고 자신감과 구직기술을 향상시킬 수 있다. 자세한 프로그램 내용과 신청절차가 궁금하다면 홈페이지를 방문하라. 아주 친절하게 소개되어 있다.

지인이 경기도에 있는 일자리종합센터에서 근무하는데 하루는 그곳을 방문했다가 안타까운 사연을 들었다. 요즘 인기를 얻는 아이돌 가수처럼 말끔한 인상을 지닌 21세 박성호 씨의 이야기였다. 박 씨는 고등학교 2학년 때 교통사고를 겪은 이후 말을 더듬는 증세가 매우 심해졌다. 박 씨는 더 공부할 욕심을 내지 못하고 그렇게 고등학교를 졸업한 후 1년 동안 공장에서 일했다. 그런데 함께 일하는 동료들이 그가 말 더듬는 모습을 흉내 내며 놀리는 바람에 공장 생활을 힘겨워하다가 일자리종합센터를 방문하게 되었다. 지인은 박 씨가 학력도 높지 않은 데다 특별한 기술도 없고 장애마저 있는 상황이라 일자리 추천이 생각보다 쉽지 않다고 어려움을 토로했다.

그렇게 한 달쯤 지났을까. 나는 문득 박 씨의 소식이 궁금해 지인에게 전화를 걸었다가 아주 기쁜 소식을 전해 들었다. 박 씨가 새로운 일자리를 찾았다는 것이다. 일자리종합센터에서는 구인처를 발굴하기 위해 주기적으로 기업을 방문하는데, 한번은 패밀리레스토랑을 찾아갔다가 조리업무 담당자를 뽑는다는 이야기를 들었다고 한다. 센터 관계자는 박 씨를 적극 추천했고 다음 날 면접을 본 후 바로 취업을 했단다. 취업 후 박 씨의 표정은 활짝 펴졌다. 패밀리 레스토랑에서 근무하는 직원들은 서비스 마인드가 높아 장애우인 박 씨에 대한 배려가 남달랐고 박 씨는 이런 배려 속에서 요리를 배우는 재미에 푹 빠졌다고 한다. 요즘 박 씨는 2~3일이 멀다 하고 센터를 찾아 감사 인사를 전하고 있다.

정부기관을 방문하면 이렇게 자신에게 맞는 일자리를 찾은 구직자들의 모습을 쉽게 찾아볼 수 있다. 대가가 따르는 것도 아닌데, 피를 나눈 사이도 아닌데, 어떤 누가 이렇게 당신의 취업을 위해 발 벗고 나서겠는가. 당신도 또 한 명의 박 씨가 될 수 있다. 당신을 위해 시간을 투자하고 정성을 들이고 마음을 나눠주는 취업 전문가들이 구직자들의 방문을 기다리고 있다. 고민하는 사이 시간은 흐른다. 빨리 전화기를 들고 집에서 가장 가까운 센터를 찾아라. 준비물은 필요 없다. 일하겠다는 의지만 넉넉하면 된다.

(※고용센터 : work.go.kr/jobcenter)

달리고 싶은 택시 기사 아저씨

이제 알았을 것이다. 조금만, 아주 조금만 손을 내밀면 당신의 손을 잡아 줄 사람들이 정말 많다는 사실을 말이다. 드나드는 개가 꿩을 문다고 했다. 당신이 내 이야기를 듣고 조금만 발품을 판다면 지금보다 덜 외롭고 더 신나게 구직활동에 나설 수 있다.

얼마 전 여고생들을 대상으로 강의를 하러 가는 길에 택시를 탄 적이 있었다. 강의 장소는 도서관이었다. 이른 아침부터 택시를 타고 도서관에 가는 내 모습을 신기하게 여기신 택시 기사 아저씨는 무슨 일로 그곳에 가느냐고 물으셨다. 이렇게 아저씨와 대화의 물꼬를 텄다. 십여 분쯤 지났을까. 야윈 얼굴에 백발이 성성한 아저씨는 내게 말하셨다.

"저는 이제 어떻게 해야 할까요?"

아저씨의 사연은 이랬다. 아저씨는 헌법을 전공하고 20여 년 동안 대학에서 일해 온 시간강사였다. 그런데 몇 년째 전임교수 임용에서 미끄러지자 생계를 위해 부득불 택시 운전대를 잡았는데 그게 벌써 15년이 흘렀다고 했다. 그는 한숨을 쉬며 전공과 강의 업무를 살릴 수 있는 방법이 없는지 물었다. 나는 우선 택시 운전과 강의 경력을 살려서 운전자들에게 안전운전 강의를 하거나 문화센터에서 주부들을 대상으로 생활 속에 필요한 법을 쉽고 재미있게 강의해보는 건 어떻겠느냐고 제안했다. 또한 취업상담을 받을 수 있는 고용지원센터와 노인일자리 전담기관을 소개하고 택시에서 내렸다.

그렇게 강의를 마치고 도서관 앞 도로를 지나갈 때 자동차 경적이 세차게 울렸다. 소리가 나는 곳으로 고개를 돌리니 3시간 전에 헤어졌던 택시 기사 아저씨가 서 계신 것이 아닌가. 아저씨께서는 새로운 인생에 대한 설렘과 기대 때문에 그대로 돌아갈 수 없었다고 하셨다. 나는 아저씨와 함께 자판기 커피를 마시며 구직활동에 대한 이야기를 나눴다.

"고맙습니다, 강사님. 그동안 나이 들어 뭘 하나 했는데 아직도 제가 하고 싶은 일이 많다는 것을 깨달았습니다. 너무 무기력했는데, 뭔가 새롭게 시작할 수 있다는 생각만으로도 행복하고 기쁩니다. 앞으로 죽을 때까지 현역으로 살 거예요. 고맙습니다. 정말 고맙습니다."

아저씨는 몇 번이고 고맙다는 말을 되풀이하셨지만 아저씨께 고맙다는 인사를 받기에는 내가 한 일이 없어서 오히려 죄송하다. 아저씨를 도운 건 아저씨 자신이기 때문이다. 아저씨는 자식처럼 어린 내게 조언을 구하겠다고 바쁜 시간을 쪼개 3시간을 기다렸으며, 20분 동안 메모지와 볼펜을 들고 내 이야기를 빠짐없이 기록하셨다. 이런 열정이라면 아저씨의 인생 이모작은 누구보다 풍성하지 않을까. 아저씨는 스스로 모판을 가꾸는 방법을 알고 계셨기에, 다른 이의 작은 도움을 자신의 꿈과 연결시킬 수 있었다.

그들의 행복 취업 이야기 ⑥

뿌연 안개 속에서 길을 잃은 당신에게

사례1 20대 경력단절 여성

당신의 엉덩이가 발갛게 익었습니다

: **조연화** 단양군취업정보센터 책임자

여기 겁 많고 게으르고 마음씨 착한 한 여성이 있다. 그녀는 아파트 윗집에 사는 두 아이의 엄마로 대학교 2학년인 23살에 결혼하여 지금껏 전업주부로 살아왔다. 아직 20대인 그녀는 일자리를 필요로 했지만 그다지 절박한 심정은 아닌 듯했다.

직업상담사로 출근한 첫날, 사무직 인력이 필요하다는 전화를 받고 사무자동학과 출신인 그녀를 연결시켜주었다. 5명 남짓한 식품회사의 사무경리 정도는 충분히 감당할 수 있으리라는 판단이었다. 그런데 출근 첫날 아침 다급한 전화 한 통이 걸려왔다.

"아니 왜 사람도 안 오고 연락도 안 됩니까? 온다는 사람 다 돌려보냈더니 이게 무슨 일입니까?"

아뿔싸! 그녀는 약속시간을 밥 먹듯이 어기는 사람이었다. 식품

회사 사장님의 성난 목소리에 부랴부랴 전화를 걸었다. 변명인즉 한 시간에 한 대밖에 안 다니는 버스를 놓쳤단다. 택시라도 타고 왔어야 하지 않느냐는 말에 그녀는 토라진 듯 '안 다닐래요.' 하고 퉁명스럽게 대답했다.

세상에 이렇게 대책 없는 사람이 있단 말인가. 무대책, 무모함, 기막힘, 어이없음이라는 단어가 머릿속을 뱅뱅 돈다.

나는 이 사건 이후로 '취업을 하고 안 하고는 구직자가 얼마나 절실히 느끼는지에 달렸다'는 사실을 깨달았다. 그리고 10년 전부터 알고 지냈던 그녀를 나의 첫 구직자로 등록했다. 만일 그녀를 취업시킬 수 있다면 세상 그 무엇도 두렵지 않을 것 같았다.

"……오누이가 간절하게 기도하자 하늘에서 동아줄이 내려왔다……"

_해와 달이 된 오누이 이야기

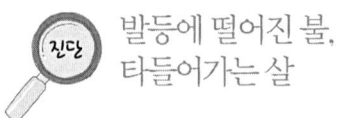

진단 발등에 떨어진 불, 타들어가는 살

나는 직업 상담에 뛰어들기 전 2년간 금연상담사로 일했다. 그때 신랑을 금연시키기 위해 밤잠도 잊고 공부에 매달렸다. 그 덕분에 금연을 희망하는 내담자들에게 큰 도움을 줄 수 있었고, 실적 우수자에게 상을 수여하는 전국 대회에서도 우수상을 두 번 수상했다. 그녀의 문제도 자세히 보면 흡연자와 비슷했다. 그녀는 흡연자처럼 자신이 망가지는 줄도 모르고 멍하니 넋 놓고 있는 사람이었다. 그 사이 그녀의 삶은 조금씩 게으름 벌레에 잠식되고 있었다.

나는 먼저 그녀의 생활상을 머릿속에 그려보았다. 집인지 창고인지 분간키 어려운 방이 먼저 떠올랐고, 그 어지러운 방의 한쪽 벽면을 빼곡히 채운 수백 권의 책이 눈앞을 스쳤다. 그녀는 두 자녀를 위해 틈틈이 책을 사들였고, 그녀 역시 독서를 즐기는 사람이었다.

나는 독서지도사 과정을 다녀보면 어떻겠느냐고 추천했다. 그녀는 기꺼이 응했고 열심히 참석했다. 다만 제시간에 오는 일이 드물었고, 기운이 없어 보였다. 한번은 보다 못한 어느 교육생이 한마디 했다.

"남편한테 맞고 사는 거 아녀? 젊은 애가 왜 그려."

하지만 이런 걱정은 기우로 끝났다. 평소 관심을 갖고 있는 분야여서 그런지 나름 열심히 준비하여 독서지도사 자격증을 취득했다. 1단계 성공이었다.

마침 다문화가족지원센터에서 아동양육지도사를 뽑는다기에 그녀에게 의향을 물었다. 흔쾌히 승낙한 그녀는 면접도 보고 합격의 기쁨도 맛보았다. 그러나 며칠 후 그녀가 앵앵거리는 소리로 이렇게 말했다.

"저 그만둘래요. 차가 없으니까 다니기도 불편하고 급여도 형편없어요."

"당장 돈을 버는 것보다는 경력개발을 위해 다녀 봐. 처음부터 옜다 하고 돈다발을 안겨주는 곳은 없어. 조금씩 벌어서 자기개발에 투자하다 보면 능력과 경력이 쌓이면서 가치가 높아질 거야."

"그 시간에 우리 애들 볼래요."

온갖 감언이설로 그녀를 설득했다. 그러나 그녀에게는 먼 미래보다는 손에 잡히는 지금이 더 중요한 듯했다. 작전상 후퇴를 택할 수밖에 없었다. 웅크린 고슴도치가 저 스스로 몸을 펴고 고개를 내밀 때까지 기다려야 한다.

나는 전화도 안 하고 그녀를 내버려두었다. 아마 예전처럼 아이들은 컴퓨터, 본인은 TV에 빠져 살거나 가끔 살림에 보탬이 되기 위해 볼펜심 박는 부업을 하면서 시간을 보내리라. 그렇게 지루한 일상을 보내다 보면 분명 내가 던졌던 작은 말들이 뿌리를 내리고 싹을 틔워 어느 날 문득 떠오를 것이다. 신랑도 담배를 끊을 때 그랬으니까.

그렇게 몇 달이 지났을까. 드디어 그녀가 나를 찾아왔다.

"왜 나 안 불러줘요?"

"아직도 볼펜심 박고 있어?"

"애 아빠가 시장에 가게를 얻었어요. 그래서 거기 매일 나가요."

"장사는 잘돼?"

"잘되긴요. 하루 종일 있어도 미꾸라지 한 마리 안 팔려요. 요즘은 생활비도 안 줘서 한전에서 전기 끊는다고 전화 왔어요. …… 이제 시간도 잘 지키고 열심히 일할게요. 한 번만 저를 믿고 기회를 주세요."

반가운 징조였다. 그녀가 이런 말을 할 줄이야. 하지만 방심은 금물.

"다문화가족지원센터에 3개월 계약직 사무보조 자리가 있는데 해볼래?"

"네, 정말이에요?"

말이 떨어지기 무섭게 얼굴이 확 피어난다. 지푸라기라도 잡을 태세다. 도대체 얼마나 어려운 지경까지 내몰렸기에 이렇게 적극적으로 변했다는 말인가. 따사로운 햇살에 늘어지게 기지개를 켜던 고양이가 불과 몇 달 사이에 막다른 구석에 몰린 생쥐가 되었다.

며칠 뒤부터 사무실에서 그녀를 보게 되었다. 다문화가족지원센터가 같은 건물 옆 사무실에 있었기 때문이다.

9시면 나는 다문화가족지원센터에 얼굴을 내밀었다. 인사 겸 그녀가 왔는지 확인하는 절차였다. 그런데 정말 바뀌었다. 헐레벌떡 뛰어다니기는 했지만 늘 9시를 지켰다. 그녀를 안 지 10년 만에 처음 보는 모습이었다. 더 이상 슬리퍼를 끌지도 않았고 머리에도 기름기가 흐르지 않았다. 아직 반듯한 직장 여성처럼 보이지는 않았지만 최소한 '문제녀' 이미지는 벗었다. 그렇게 세 달이 흘러갈 즈음 그녀가 나에게 들렀다.

"저, 차 샀어요. 전에는 엄두도 못 냈는데 옆에서 항상 채근해주신 덕분에 제가 이렇게 일도 하고 차도 샀네요. 조금씩 아껴 놓은 제 돈으로 산 거예요. 이제 제 힘으로 뭐든 할 거예요."

이번에는 걱정보다는 그녀의 미래가 기대되었다. 앞으로 얼마나 행복한 미래를 그려나갈지 모르겠지만 단 하나는 확실해 보였다. 그녀는 자기 인생의 주인공이 되어가고 있었다. 3개월째의 마지막 날 아침 9시, 복도를 쿵쾅쿵쾅 뛰는 소리는 역시 그녀답다. 그래도 얼마나 다행인가. 불과 3개월이라는 짧은 기간이지만 그녀는 9시 출근을 한 번도 어기지 않았다.

방바닥이 뜨거워지면 사람들은 엉덩이를 떼고 자리를 옮긴다. 그러나 우리 중에는 엉덩이가 발갛게 달아올랐는데도 여전히 자리를 뭉개고 있는 사람도 있다. 자기 엉덩이를 만져볼 시간이다.

사례 2 창업을 꿈꾸는 직장 여성

차는 달리고 꿈은 멀어지고

: **구미라** 고양시여성회관 취업상담실 팀장

"선생님, 저 김영희예요. 기억하시겠어요?"

이른 아침, 수화기 너머로 반가운 목소리가 들려온다. 거의 3년 만이었다.

"제가 놀라운 사실을 하나 발견해서 선생님께 꼭 전해 드리고 싶어서 전화했어요."

무슨 일일까. 그녀는 아이처럼 흥분해 있었다.

"오늘 아침 식사 준비를 하려고 냉장고 문을 여는데 냉장고에 붙여두었던 '다섯 손가락'이 새삼 눈에 띄잖아요. 선생님이 그때 냉장고에 붙여두라던 다섯 손가락 소원 말이에요. 3년 동안 까맣게 잊고 있었어요. 그런데 세상에! 엄지와 검지에 적어 놓았던 소원이 이미 이루어진 거예요. 정말 놀라워요."

신기한 일이었다. '비타민'이라는 이름으로 집단 상담을 진행한 지 1년이 가까울 무렵 김영희 씨가 상담에 참여했었다. 총 8회로 구성된 프로그램의 마지막 시간에 '나의 미래계획 세우기'라는 주제로 '다섯 손가락'을 그렸다.

이 작업은 먼저 손바닥을 쫙 펴서 종이 위에 대고 펜으로 테두리를 따라 손 모양을 그린 후 손가락마다 이루고 싶은 소원을 적은 다음, 손가락 마디 중간 중간에 연도를 표시하고 손목을 현재로 잡아서 소원을 이루려면 지금부터 무엇을 해야 하는지 계획을 세우는 일이었다. 그런 뒤에는 참가자들 앞에서 발표하고 지지와 격려를 받는 과정을 거쳤다.

많은 참가자들이 공통적으로 바라는 소원은 '세계여행'이었다. 그러나 김영희 씨는 달랐다. 자신의 이름으로 된 작은 메이크업 숍을 운영하고 싶다며 당찬 계획을 발표했었다. 그녀는 메이크업 관련 전공에 유학까지 다녀오고, 외국계 회사에서 화장품 영업을 뛰고 있었지만 직업에 대한 불만이 컸다. 게다가 결혼 2년차인데 아이가 생기지 않아 맘고생까지 심했다.

그녀의 엄지 소원은 아이를 갖는 것이었고, 검지 소원은 자신의 이름으로 된 작은 메이크업 숍을 운영하는 것이었다. 그런데 3년 사이에 그녀의 소원이 모두 이뤄진 것이다. 지난 1월에 아이 돌잔치를 했고 한 달 전에 피부관리 숍을 개업했다고 한다. 본인도 참 신기하다는 말을 몇 번이고 되뇌었다.

진단 점점 멀어지는 꿈

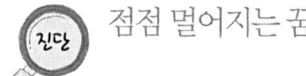

물론 다섯 손가락 소원이 다 이뤄지는 것은 아니다. 그러나 소원을 이루는 사람은 뭔가 다른 점이 있다.

세계여행과 메이크업 숍.

이 둘 사이에 커다란 차이가 느껴지지 않는가. 세계여행은 자신에게 주어진 모든 역할을 훌훌 벗어버리고 새처럼 날아갈 수 있을 때 가능하다. 말 그대로 백일몽이다. 그러나 메이크업 숍은 다르다. 이 소원은 김영희 씨에게는 현실의 연장일 뿐, 현실과 동 떨어진 꿈이 아니었다.

직업 상담을 한 지 10년, 경력단절 여성을 상담한 지 6년째이다. 많은 주부들이 '취업'의 변두리를 기웃거리고 있으나 정작 용기를 내지 못해 문 앞에서 서성거리는 경우가 대부분이다. 현실에 뛰어들 용기가 없다보니 늘 세계여행과 같은 실현 가능성이 적은 소원을 말한다. 어차피 이루지 못할 거 기왕이면 꿈이라도 크게 갖자는 생각이리라.

그들이 징검다리 앞에서 건너기를 주저하는 이유는 다중역할에서 오는 부담감 때문이다. 본인의 벌이가 남편보다 더 많다는 보장도 없거니와 아내, 엄마, 며느리, 딸, 동서 등의 역할에 직장인이라는 이름을 하나 더 추가한다는 것이 실타래처럼 얽혀있는 인간관계를 더 복잡하게 만들지 않을까, 가뜩이나 없는 시간을 더 바쁘게 살아야 하지 않을까, 그러다 보면 두 마리 토끼를 모두 놓치는 것은 아닐까 걱정스러운 것이다. 현실은 바뀔 수 없다고 여기며 세계여행처럼 당장 실행하기 힘든 소원만 꿈꾸게 된다. 내가 올라탄 차는 이미 출발했는데 정류장에 놓고 온 꿈 보따리만 자꾸 뒤돌아보는 격이다.

그 일을 안 하면 하늘이 무너진데?

꿈과 현실이 동떨어져 있는 사람들에게는 주어진 현실을 조금씩 바꿔가는 실행력이 필요하다. 이때 제일 먼저 익혀야 할 것이 시간 관리법이다. 시간 관리가 필요한 그녀들에게 피터 드러커의 질문 방식을 권한다. 바로 "그 일을 안 했을 때 어떨 일이 벌어질까?"를 물어보는 것이다.

답을 생각해 보자. 별일이 없다? 그렇다면 안 해도 된다. 과거에 했던 방식이 정답이라고 믿게 되면 변화의 여지는 사라진다. 생활이 바뀌면 처음에는 불안하겠지만 자꾸 되풀이되면 그게 또 새로운 생활패턴이 된다.

가족 중에는 당신의 취업을 반대하는 사람이 있을지 모른다. 그러나 그들이 진짜로 반대하는 것은 취업이 아니다. 가족에게 쏟는 애정의 크기가 줄어들까 봐 걱정스러운 것이다. 시간은 누구에게나 부족하다. 그러나 누구는 없는 시간으로도 화목한 가정을 이루고, 누구는 남아도는 시간으로도 불화를 막지 못한다. 애정은 '시간을 얼마나 투입하느냐'의 문제가 아니라 '주어진 시간을 제대로 투입하느냐'의 문제이다.

경력단절 여성들은 가족과 취업 문제를 제로섬 게임으로 여기는 경향이 있다. '회사에 다니게 되면 가사와 육아 시간을 줄여야 한다. 그래서 내 일을 포기할 수밖에 없다.' 우선은 제로섬 게임이라는 함정에서 벗어날 필요가 있다. 시간을 두 배로 만들 수는 없어도 마음을 두 배로 만들 수는 있기 때문이다.

밖에 나가서도 아이 걱정하느라 마음을 쓰는 엄마들, 걱정한다고 해결되면 계속 걱정하면 된다. 그러나 대개 걱정은 걱정으로 그칠 뿐이다. '지금 이 순간'에 집중하는 것이 시간을 줄이는 좋은 방법이다. 펩시의 여성 CEO 인드라 누이가 그녀의 어머니와 나눈 대화는 재취업을 희망하는 주부들에게 답이 될 것이다.

인드라 누이는 펩시의 CEO로 승진하던 날, 기뻐하며 집으로 돌아갔다. 그런데 어머니는 다짜고짜 '우유부터 사 오라.'고 하셨다. 인드라 누이가 서운해 하자 어머니는 "집에 들어올 때는 네가 밖에서 썼던 왕관을 벗고 들어와야 한다. 집에서 너에게 가장 중요한 것은 아내이자 엄마라는 자리."라고 말씀하셨다.

회사 가서 집 생각하고, 집에 가서 회사처럼 행동하는 것은 시간을 두 배로 버리는 지름길이다. 시간이 없다는 말을 입에 달고 살지 말고, 지금 곧 시간 관리법부터 익혀보자. 그게 다섯 손가락 소원을 달성하는 가장 빠른 길이다.

"……사랑하는 사람과 함께할 때는 1시간이 1초 같지만, 난로 위에 앉아 있을 때는 1초가 1시간 같다……"

_아인슈타인

사례 3 50대 후반의 실직자

죄라면 열심히 일한 것밖에

: **오상훈** 취업컨설턴트

몇 년 전인가 사무실에서 한참 서류를 뒤적이고 있을 때였다. 연세가 지긋해 보이는 분이 출입문 근처를 기웃거리고 있었다. 얼굴이 까무잡잡하고 머리카락이 희끗희끗한 분이었다.

"무엇을 도와드릴까요? 혹시 누구를 찾으십니까?"

그분은 잠시 머뭇거리더니 내가 있는 쪽으로 발걸음을 옮겼다.

"일자리를 알아보려고 왔는데 여기가 맞는지 모르겠네요. 나처럼 나이 많고 아무것도 할 줄 모르는 사람도 일자리를 알아봐주나요? 그냥 집에 있을 걸 괜히 왔나? 열심히 일한 죄밖에 없는데 이렇게 실직자가 됐네요, 허허."

어르신은 부산에서 태어나서 예순이 다 되도록 그곳에서 직장생활을 해오셨다고 한다. 부산의 대표 산업이었던 신발 공장에 어린 나이에 입사하여 수십 년 일하시다가 몇 년 전에 퇴직하셨다. 평생을 신발과 함께한 인생이었다. 그래도 퇴사 몇 년 전부터는 신발바닥용 고무를 만들기 위해 원료를 배합하고 기계를 조정하는 등 나름의 기술을 익히셨다고 한다.

경기가 한창일 때는 일할 맛도 나고 열심히 했는데 언제부터인가 신발산업이 사양길에 접어들어 부득불 일에서 손을 놓게 되셨다. 한동안 실직생활을 하시다가 공사판에도 나가보았지만 이마저 일거리 잡기가 수월치 않아 고민 끝에 무작정 상경하셨다.

진단 나 따위가 취업이 되겠어?

"큰 아들이 경기도 안산에서 신발가게를 하고 있는데 공장이 많다는 이야기를 들었어요. 그런데 어떻게 일자리를 알아봐야 할지 잘 모르겠네요. 신발고무 만드는 일 외에는 할 줄 아는 게 없으니 나 같은 게 뭐 취업이나 되겠어요? 그냥 혹시나 해서 와 봤어요. 에고, 열심히 일한 죄밖에 없는데."

열심히 일한 죄밖에 없다고 자꾸 되풀이하시는 어르신. 실직 상태에 처한 장년층 또는 고령층 구직자들이 아마도 똑같은 심정이리라.

일단 어르신이 처한 현실을 인정하는 것이 순서였다. 다만 지나치게 절망할 필요가 없듯이 지나치게 희망을 안겨줄 필요도 없었다.

"어르신, 취업이 어려운 것은 사실입니다. 그러나 어렵다는 건 말 그대로 힘들다는 뜻이지 불가능하다는 말은 아닙니다. 조금 더 시간이 걸리고 늦어질 뿐이죠. 좀 고생스러우시겠지만 저하고 한번 해보시죠."

상담이 진행되었다. 먼저 고무 관련 분야에 종사하면서 어떤 기술을 익히셨는지, 직장동료들과의 관계는 원만했는지, 현장반장을 맡으면서 하셨던 일은 무엇인지 묻고 답하는 과정을 거치는 동시에 한 회사에 오랫동안 근무했던 근면과 성실성, 연세에 비해 아직 건강한 육체 등 그분의 장점을 찾아 이력서에 담았다.

이 과정은 어르신에게 중요한 시간이었다. 막연히 '나 따위가' 하면서 지레 겁을 먹고 있었는데 일일이 찾아보니 생각보다 장점이 많았기 때문이다. 어르신은 점차 자신감을 회복했다.

다음은 구인업체 명단을 작성했다. 당장 사람을 채용하지 않더라도 어르신이 현재 거주하고 계신 곳에서 가까운 곳에 위치한 고무관련 제품 생산업체를 타깃으로 삼고 이력서를 발송했다. 다행히 어느 기업체 사장님이 인근 지역 동종업체 회사에 다리를 놔주어서 취업에 이르게 되었다. 그간의 경력을 어느 정도 인정받아 급여도 만족할 만한 수준이었고, 숙소까지 제공받았다.

취업이 된 후 어르신께서 전화를 주셨다. 취업이 되어 기쁘기 한량없으나 그보다 취업을 함께 고민하는 과정에서 생각이 바뀐 게 참 좋았다고 말씀하셨다. '나 같은 사람이 취업이 되겠어.'라는 생각은 이제 '아직 나에게 기회가 있다.'는 생각으로 바뀐 것이다. 마음 한 자락이 바뀌면 세상도 달라진다. 나는 그분이 그 마음만 잊지 않는다면 어느 곳에 가더라도 닻을 잃고 표류하는 난파선이 되지는 않을 것이라고 믿는다.

전화를 끊기 전 어르신이 밝은 목소리로 이렇게 말씀하셨다.

"우리 큰아들이 안산에서 신발 가게를 하고 있는데 시간 날 때 가 봐. 내가 얘기해놨으니 한 켤레 줄 거야. 시장표 신발이기는 해도 신을 만해. 고맙네."

10년이라는 세월 동안 많은 구직자들을 만나면서 취업 장애물 하나를 발견했다. 바로 취업에 대한 '막연한' 생각이다. 어떤 이는 '이렇게 스펙이 좋은데 왜 나를 뽑지 않을까?' 의아해하고, 어떤 이는 '준비를 소홀히 했으니 떨어지는 것은 당연해.' 하고 의기소침해한다. 둘의 공통점은 어디로 가야 하는지, 무엇을 해야 하는지 뚜렷한 방향이 없다는 점이다.

그들의 취업활동은 두 눈 감고 길을 가는 사람 같다. 그들에게 당부한다. 넘어지기도 전에 먼저 겁부터 먹지 않기를, 어디로 가는지도 모른 채 무작정 달리지 않기를…….

사례 4 **전역장교**

실패도 되풀이되면 경력이 된다

: **김남호** 취업컨설턴트

전역장교 출신 이 씨, 그의 구직활동과 직장생활은 지금까지 만난 구직자 가운데 가장 드라마틱했다.

그는 7년 동안 군 복무 후 육군 대위로 전역하였다. 그의 꿈은 직업군인이었다. 그러나 군 생활은 모질고 냉혹했다. 육체적으로는 견딜 만했지만 출신을 따지는 군 내부의 인사경쟁시스템과 차별, 진급만을 노리는 일부 상급자들의 추악한 모습이 그를 정신적으로 지치게 만들었다. 마침 데리고 있던 부하가 자살하는 사건이 벌어지며 그는 녹아웃 상태에 빠졌다. 임관 후 2년이 되던 해 그는 의무복무기간인 7년만 채우고 전역하기로 결심했다. 그로부터 몇 년 후 대학시절부터 사귀었던 애인과 결혼했고 결혼과 동시에, 중대장 발령을 받아 강원도 철원으로 전근을 갔다.

전방부대에서 시작된 결혼생활은 순탄치 못했다. 계속되는 훈련과 야근에 아내는 홀로 집을 지켜야 했고, 우울증 증세까지 보였다. 이 씨의 마음은 이미 군을 떠나 버렸다. 하루라도 빨리 취업 준비에 돌입해야겠다고 마음먹었다. 그러나 전방부대는 훈련이 많았고, 그는 100여 명 사병을 책임져야 하는 중대장이었다. 마음은 조급해졌다. 이 씨 같은 중기복무자들은 10년 이상 복무한 장기복무자들처럼 전역 전 1년간 실시되는 직업보도교육 등의 혜택을 누릴 수 없다. 단지 사회적응교육이라고 해서 며칠간 받는 교육이 전부였다.

전역이 한 달 앞으로 다가왔을 때였다. 마침 국내 유명 모 음료회사에서 영업관리직을 뽑는다는 공채 소식을 접하고 지원하여 입사를 확정지었다. 대졸자를 대상으로 뽑는 공채였는데 군 장교 출신이란 이력을 회사에서 좋게 평가한 모양이었다. 새로운 출발이 기대되었다.

한 달 후 그는 31살의 나이로 전역했고 다음 날부터 음료회사에 출근했다. 그토록 간절히 바라던 사회에서의 첫 직장이었다. 남 못지않게 열심히 일했다. 그런데 시간이 흐를수록 뭔가 이상하다는 생각이 들었다.

매일 음료박스를 트럭에 싣고 소형 슈퍼마켓부터 대형마트를 돌아다니며 납품하는 게 그의 주 업무였다. 회사에서는 영업관리를 하기 위해서는 거래처 방문부터 실제 납품까지 경험해야 한다며 독려했다. 그 말을 믿고 일단 견뎌보자는 생각으로 매일 무거운 박스를 등에 지고 날랐다. 자존심이 강한 그는 혹여나 아는 사람과 마주칠까 봐 늘 주변을 두리번거렸다. 어쨌든 그렇게 견딘 끝에 3개월 후에는 영업관리자가 되었다. 그러나 업무내용은 크게 변함이 없었다. 오히려 매달 일정한 매출을 올려야 하는 부담까지 떠안게 되었다. 급여 역시 생각했던 것보다 턱없이 부족했다.

명색이 군 장교로서 지휘관을 역임했던 사람인데 쥐꼬리만 한 월급에 막노동에 가까운 일을 하면서 버텨야 하나 회의가 생겼다. 더구나 동네 작은 공장도 아니고 인지도가 높은 회사에서 이런 일을 시키려고 대졸 구직자를 뽑았다는 사실에 화가 났다. 그는 사무실로 뛰어가 지점장을 만났다. "당신네 회사가 나를 속였다." 그는 멱살잡이까지 한 끝에 문을 박차고 나왔다. 이게 이 씨의 첫 직장 이야기다.

그렇게 음료회사를 3개월 만에 퇴사한 그는 매일같이 취업사이트나 벼룩시장 등을 이 잡듯이 샅샅이 살폈다. 하지만 그가 갈 만한 곳은 찾기가 만만치 않았다. 신입사원을 뽑는 곳은 나이가 걸렸고, 경력직을 뽑는 곳은 경력이 걸렸다.

갈 수 있는 곳은 보험영업, 자동차영업 등에 불과했다. 그러나 고정 수입이 적은 데다 본인의 적성과 맞지 않아 애초부터 열외로 취급했다. 간혹 지원한 회사에 서류가 합격되어 면접을 보면 월급이 150만 원, 심지어는 120만 원을 줄 테니 올 수 있겠느냐는 회사도 있었다. 아내와 딸을 둔 가장으로서 그리고 월 급여 300만 원을 받던 군 간부경력자로서 그런 처우와 현실이 도저히 납득할 수 없었다. 갈수록 사회에 대한 불만이 커졌다.

몇 달째 수입이 없었다. 아내와의 갈등은 심해졌다. 한번은 딸과 함께 패밀리 레스토랑을 지나다가 돈가스를 먹고 싶다는 딸의 말에 가게 문을 밀고 들어갔다. 그런데 메뉴판을 보니 가격이 3~4만 원대가 아닌가? 주머니에 달랑 만 원짜리 한 장밖에 없던 그는 울며 떼쓰는 딸을 어르고 달래느라 애를 먹었다. 전역하기 전까지만 하더라도 딸을 위해 예쁜 옷을 사주고 맛있는 음식도 사주는 멋진 아빠였는데 어쩌다 이런 무능력한 아빠가 되어버렸나, 그는 남몰래 눈물을 훔쳤다.

며칠 후 지인이 찾아와 부동산 매매업을 같이 해보자고 제안했다. 잘하면 목돈을 긁어모을 수 있다는 말에 전세를 줄여서 마련한 거금 2,000만 원을 투자했다. 신축빌라에 대해 매매를 알선하거나 경매로 나온 건물과 빌라를 사들여서 되파는 일이었으나 이 역시 호락호락하지 않았다. 결국 멀쩡한 2,000만 원만 날리고 다시 구직시장을 전전하는 신세가 되었다.

이제는 선택의 길이 없었다. 자기만 바라보는 아내와 딸의 생계를 위해서는 일을 가릴 처지가 아니었다. 생전 해보지 않았던 공사장 막노동을 시작했다. 5층까지 벽돌을 지어 나르고 뜨거운 뙤약볕에서 건축자재를 옮겼다. 역겨운 냄새를 맡으며 페인트를 칠했고, 먼지가 풀풀 풍기는 땅바닥에 앉아 인부들과 끼니를 때웠다. 흙투성이가 된 옷을 벗어 놓기도 미안했고, 그 더러운 옷을 빠는 아내의 모습에도 마음이 아팠다.

그는 막노동으로는 미래를 보장할 수 없다고 생각했다. 공무원 시험을 준비해야겠다고 결심했다. 고달픈 생활이 시작되었다. 낮에는 공사장이나 물류센터에서 일하고 밤에는 공무원 9급 시험서와 씨름했다. 3시간 동안 눈을 붙인 뒤 아내와 어린 딸이 깰까 조용히 방문을 열고 길을 나섰다. 고이 잠든 어린 딸과 아내의 얼굴을 보면 가슴이 찡했다.

그러나 1년간 힘들게 달려온 그의 노력은 실패로 돌아갔다. 수년간 밤낮으로 시험을 준비해온 경쟁자들을 뛰어넘을 수 없었다.

아무것도 한 게 없는데 전역한 지 벌써 2년이 지났다. 사회에 나오면 정장을 차려 입고 도심 속 빌딩을 오가는 멋진 회사원이 되어 있을 것이라 믿었는데 현실은 정반대였다. 사회는 군대보다 더 냉혹했다.

그의 이야기는 여기서 끝이 아니다. 그는 지인의 소개로 어느 중소기업에 취업했는데 한동안 잘 다니나 싶었지만 곧 직원을 불신하는 회사 간부들과 마찰을 빚고 다시 퇴사하고 말았다.

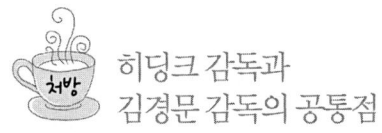

히딩크 감독과 김경문 감독의 공통점

그때가 2009년이었다. 그해 가을 나는 34살의 이 씨를 만났다. 이 씨는 국방취업지원센터를 통해 취업상담을 알게 되었고 수소문 끝에 나를 찾아왔다. 당시 그는 무엇을 해야 할지, 무엇을 할 수 있을지 모르겠다면서 답답한 심정을 토로했다.

나는 그를 만나 대화를 나누면서 10여 년 전의 기억들을 떠올렸다. 나 역시 군 장교로 전역하고 직장을 구하기 위해 수십 번 이력서를 쓰고 면접을 보았다. 그래서 그에게 해줄 말이 많았다.

이 씨는 군에서 인사장교와 중대장 직책을 수행하면서 행정능력과 논리적인 언어 구사력을 갖춰왔다. 또한 많은 병사들을 상대하면서 그들의 병영상담과 부하간부들의 신상상담을 해왔던 경험도 있었다. 그는 인상도 참 좋았다. 그의 얼굴에는 인자함과 깊은 신뢰감이 풍겼다.

나는 그에게 나의 직업, 즉 취업컨설턴트는 어떤지 물었다. 실패를 겪어본 사람만이 구직자의 간절한 심정을 제대로 이해할 수 있기 때문이다.

축구감독 히딩크, 야구감독 김경문, 농구감독 전창진. 이 세 감독의 공통점은 선수시절에는 빛을 못 봤지만 감독으로서는 성공한 사람들이다. 이 씨 역시 본인은 취업에 매번 실패했지만 구직자들을 코치하는 일은 잘할 수 있지 않을까.

그는 고개를 끄덕였다. 흥미가 있다고 했다. 특히 자신처럼 전역 후 사회적응에 고생하는 전역군인들을 위해 도움을 주고 싶다고 했다. 그렇게 해서 그는 길고 긴 방황에 마침표를 찍었다.

현재 그는 직업상담사 자격증을 취득하기 위해 준비 중이다. 아직 1차 시험까지만 합격했지만 그의 열정으로 보아서 2차 시험 역시 합격이 예상된다. 또한 관련 직능과 경험을 쌓기 위해 노동부 취업프로그램에 참가했으며 각종 상담교육과정을 이수했다. 직접적인 관련은 없으나 내가 소개시켜준 지인을 통해서 사회복지관에 출근하며 상담분야 행정업무를 시작했다. 물론 생계유지가 쉬운 일은 아니지만 뚜렷한 목표가 생긴 것에 대해 부인도 힘찬 응원을 보내고 있으며 본인도 그 어느 때보다 열심히 하루하루를 살아가고 있다.

맺음말

연탄 한 장의 행복

: 이영웅 창업컨설턴트

2008년 겨울은 금융위기 여파로 유난히 부산했다. 정부에서도 경기변동에 민감한 소상공인(5인 미만 사업자)을 위해 유례없는 자금 지원계획을 발표하고 연초부터 정책자금을 지원하고 있었다.

내담자들의 행렬이 이어지는 가운데 중년 여성 김복임 씨가 찾아왔다. 자그마한 사업을 시작하기 위해 상담을 원한다고 했다.

전업주부로 살던 그녀는 3년간 암 투병을 한 남편과 사별했다. 이후 김 씨는 가족을 책임지는 가장이 되었고 주위의 도움으로 방문요양을 시작하게 되었으며, 일에 대한 보람과 만족을 통해서 새로운 삶을 꾸려가고 있었다. 그녀는 방문요양센터 가맹점을 내고 싶어 했다.

다행히 근로복지공단에서 운영하는 여성가장 점포임차보증금 사업의 자격요건이 되어 접수기간에 맞춰 사업계획서와 신청서를 접수했다. 김 씨는 가장 높은 점수로 선정되었다며 함박웃음으로 소식을 전해왔다. 이제 또 다른 출발이었다.

그렇게 2년여의 시간이 흘렀다. 하루는 김 씨에게서 반가운 메일 한 통이 왔다. 그 메일에는 김 씨가 지금까지의 창업과정을 회상하며 사별한 남편에게 보내는 글이 적혀 있었다.

나는 메일을 읽으면서 눈시울을 적셨다. 행복한 직업이란 무엇일까. 슬픔과 기쁨의 오묘한 조화일까. 일과 행복을 꿈꾸는 당신에게 이 글을 전한다.

접시꽃 당신 **김복임** 나누미 방문요양센터 부평지사 원장

옥수수 잎 위로 빗방울이 나립니다. 오늘도 그날처럼 비가 옵니다. 장대처럼 쏟아지는 빗길을 헤쳐 당신이 누운 곳을 찾았습니다. 담벼락 아래 멀뚱하게 서 있는 꽃들이 당신보다 먼저 저를 반겨줍니다. 접시꽃입니다.

고상하거나 순결해 보이지 않고 화려하지만 천박해 보이지 않습니다. 밑동에서부터 하늘을 타고 오르며, 마디마다 잎이 달리고 꽃을 피웠습니다. 매달린 꽃들이 함박웃음을 띠며 마음껏 저를 반기는 것이 영락없이 당신 같습니다.

그런 접시꽃이 당신을 닮았습니다.

3년 6개월. 직장암으로 투병생활을 하면서도 언제나 함박웃음을 잃지 않았던 당신. 서너 번씩 휴직계를 내면서도, 세상 떠나는 사흘 전까지 회사와 가정을 위해 책임을 다한 사람. 그래서 당신이 저를 떠나기 전 중환자실에서 보낸 이틀을 제 생애에서 가장 아름답고 행복한 날들로 기억하나 봅니다.

수백 번, 수천 번 사랑을 고백하며, 당신 없이 살아야 할 저의 남은 날들을 위해 함박웃음으로 힘을 불어 넣어주었지요. 제주도로 수학여행을 떠난 큰딸에게 슬픈 소식을 전하지 말라며, 딸이 돌아오기까지 기다려준 당신이 얼마나 고마웠는지요. 그래서 마지막 가는 당신에게 제가 붙여 준 이름이 '멋있고 장하게 살다간 사람'이었어요.

하루하루 하늘은 끝없이 밀려오는 먹장구름으로 가득합니다. 당신이 떠난 자리는 너무나 컸습니다. 온실 속에서 흐느적거리는 이름 모를 한 송이 꽃처럼 스스로 일어설 힘이 없었습니다.

입관식 때 본 당신의 아름다운 모습이 눈앞에 아른거렸습니다. "너무 너무 예쁘다!"고 수백 번, 수천 번을 외치며 만졌던 당신의 차가운 얼굴 감촉이 제 손 언저리에 언제나 남아 있습니다. 슬픔의 세월이 아니라, 당신을 그렇게 기쁘게 보냈다는 행복감으로 두 해 세월을 보냈습니다.

어떤 이는 당신이 남기고 간 조의금에 손을 대기도 하고,

어떤 이는 계약금만 주고 당신이 타던 차를 끌고 갔으며,

어떤 이는 펀드에 투자해 주겠다고 돈을 들고 갔습니다.

그래도 이 세상에 당신의 함박웃음이 남아 있었기에 잘 참고 잘 견딜 수 있었습니다.

그러다 문득 아이들이 보이기 시작했습니다. 전기가 끊기고, 가스가 끊겨도 그래도 견딜 만했습니다. 쌀이 떨어져도 살길은 있었습니다. 사람들에게 손 내밀지 않아도 산 입에 거미줄 치는 일은 없었습니다. 그런데 둘째가 피를 토하고 쓰러졌을 때, 병원 갈 돈이 없어 허둥거리면서 속으로 외쳤습니다. '내가 이 아이들을 책임져야 한다.'

병든 당신을 바라보며 '이제는 내가 책임지게 해 달라.'고 그렇게 떼를 써도 들어주지 않던 당신 덕분에, 이제 저는 무엇을 해야 할지, 어떻게 살아야 할지 몰라 막막하기만 했습니다.

멍하니 하늘을 쳐다보다가 무기력하게 자리에 누웠습니다. 이 세상에 당신이 없다는 것을 실감했습니다.

그러던 차에 알고 지내던 분이 요양보호사의 길로 인도해 주었습니다.

남겨진 하루하루를 마지막 날인 듯 살고 싶습니다.

자격증을 취득하기 위해 실습을 하면서 이 일이 정말 제가 할 일이라는 것을 알게 되었습니다. 연로하거나 병으로 거동이 힘든 어르신들을 도우면서 제 안에 한없는 기쁨이 솟아났습니다. 필요한 돈을 벌면서도 이렇게 행복할 수 있다니요.

방문요양센터를 열고 싶은 생각이 들었습니다. 사이트를 뒤져 관련된 사람들을 찾아다녔습니다. 사무실을 얻을 돈이 필요했습니다. 일이 막히거나 힘들 때면 저는 접시꽃같이 환하게 웃던 당신의 미소를 떠올렸습니다.

2009년 1월 초 소상공인지원센터의 이영웅 상담사를 만나게 되었습니다. 이 상담사는 지금의 방문요양센터를 창업할 수 있도록 근로복지공단에서 저리로 거금을 빌릴 수 있도록 배려해 주셨습니다. 그렇게 창업자금을 마련했습니다.

25평짜리 사무실에 큰아이가 친구들과 몰려와 예쁘게 화원을 꾸며주었습니다.

손수 벽지를 붙이고 인테리어를 하면서 얼마나 행복했는지 모릅니다. 이제 이 일을 시작한 지 2년이 되었습니다. 그동안 제 손을 거쳐 이 세상을 떠나신 분이 열서너 분이나 됩니다.

그들을 보내면서 제 안에 간절한 소원 하나가 늘 있었습니다. 당신이 갈 때처럼 그렇게 환한 미소를 띠고 세상을 떠나도록 돕고 싶었습니다.

그러면 뒤에 남은 사람들도 저처럼 그 환한 미소를 기억하면서 힘들고 어려운 시절을 견뎌낼 수 있지 않을까 생각했습니다.

이 일을 하는 대부분의 사람들은 사전 방문을 할 때 보호자를 먼저 만나는 것이 관례처럼 되어 있습니다. 아마도 돈을 지급해 줄 사람이 보호자이고, 환자보다는 힘 있는 사람이기 때문일 것입니다.

하지만 저는 늘 환자에게 먼저 갑니다. 그분의 손을 잡고, 그분의 형편을 살피고, 그분의 필요가 무엇인지를 먼저 살피도록 애를 씁니다.

당신이 저에게 남기고 간 환한 미소가 저로 하여금 돈보다는 그 약한 사람들을 마음에 품게 합니다.

당신의 손을 잡고 당신 곁에 영원히 있습니다.

환자들을 만나고 그들을 돕는 것만큼 행복한 일은 없습니다. 사무실에 앉아 있는 것보다 훨씬 더 신나는 일입니다. 당신도 알다시피 저는 행정적인 일은 익숙하지 못하잖아요.

요양보호사들에게 환자를 적절하게 지정해 주는 일이나, 그분들을 관리하는 것은 쉬운 일이 아니에요. 함께 일할 때는 성심껏 일하던 사람들도 떠날 때는 다시 안 볼 사람들처럼 섭섭하게 떠날 때가 많았어요.

월급을 직접 주는 것이 정답이겠다 싶어 함께 식사하고 직접 주었는데 떠나면서는 월급을 안 받았다고 억지를 부리는 바람에 두 번씩 지출하는 일도 있었어요. 퇴직금 안 준다고 고발당하기도 했고요.

그렇지만 당신이 남기고 간 환한 미소를 떠올리며 슬기롭게 이겨냈어요.

저에게 작은 꿈이 있습니다.

지금은 방문만 하고 있지만 기회가 되면 요양원을 개설하고 싶습니다. 더 많은 사람들에게 당신의 환한 미소를 보여주고 싶습니다. 아프고 소외되고 힘든 그들을 품에 안고, 욕창을 씻겨주고, 가쁜 숨을 어루만지면서 마지막에 환하게 웃는 진정한 승리자들이 되도록 돕고 싶습니다.

그래야 뒤에 남은 사람들이 그 환한 미소를 기억하며 세상을 이겨 나갈 테니까요. 그리고 더 많은 사람들에게 더 많은 사랑으로 다가가기 위해 공부도 더 하고 싶어요.

불현듯 당신이 아이들에게 낭독해 주었던 안도현 시인의 〈연탄 한 장〉이라는 시가 생각납니다.

이제는 제가 해야 할 일이 무엇인가를 알고 있어요.

한 장의 연탄이 자신을 불태워 추위에 꽁꽁 얼어붙은 사람들의 몸을 녹여주고, 한 덩이 재가 된 뒤에는 눈 내린 길에 뿌려져 사람들이 마음 놓고 비탈길을 걸어 갈 수 있도록 자신을 희생하듯, 저 역시 어려운 이웃과 저를 필요로 하는 불편한 어르신들을 위해…… 그분들을 위해……

기꺼이 연탄 한 장이 될게요.

: 부록 1 :

나는 회사가 원하는 사람에 얼마나 가까울까?

아래와 같이 생각이 다른 A와 B의 구직자가 있습니다. 회사는 어떤 사람을 더 선호할까요? 여러분이 직접 선택해 보세요. 문항 뒤에는 이 질문에 답한 취업컨설턴트 32명의 의견이 있습니다. 자신의 답과 비교하면서 생각의 차이를 알아보시기 바랍니다. 정답은 없습니다. 자신의 생각을 돌아보는 데 도움이 될 것입니다.

문항	질문	체크
1	A. 회사에서 필요로 하는 사람이 되고 싶어.	
	B. 회사에서 필요로 하는 사람보다는 내가 즐기는 일을 하고 싶어. 그게 회사에도 도움이 될 거야.	
2	A. 최대한 나를 잘 보이도록 노력해야 해.	
	B. 최대한 나를 솔직하게 보이도록 노력해야 해.	
3	A. 중요한 것은 성과를 내는 것이야.	
	B. 중요한 것은 내 한계를 넘어서기 위해 노력하느냐 하는 것이야.	
4	A. 스펙이 없어도 얼마든지 취업할 수 있어.	
	B. 스펙이 없으면 취업은 불가능해.	

5	A. 회사를 아는 게 먼저야.	
	B. 자기를 아는 게 먼저야.	
6	A. 자기 꿈에 연연하기보다는 현실을 인정하는 게 좋아.	
	B. 현실보다는 꿈이 우선이야.	
7	A. 면접이나 자기소개서는 자기를 꾸미는 일이야. 조금 과장해도 좋아.	
	B. 면접이나 자기소개서는 자기를 일목요연하게 보여주는 일이야. 과장이 아니라 PR이야.	
8	A. 자기소개서나 면접을 통해 얼마든지 자신을 매력적인 사람으로 만들 수 있어.	
	B. 겉으로 아무리 꾸미더라도 그 사람의 근본적인 마음까지는 속일 수 없어.	
9	A. 면접관들은 내 속을 알지 못해.	
	B. 면접관들은 내 속을 잘 들여다 봐.	
10	A. 취업은 현실이야. 현실은 냉정해. 그에 맞게 나를 바꾸어야 해.	
	B. 취업은 꿈을 이루는 한 과정이야. 나는 끊임없이 내 꿈을 향해 걸어가야 해.	

32인의 취업컨설턴트는 A와 B 가운데 어느 것을 골랐을까요?

❶ A 24명 B 8명
❷ A 12명 B 20명
❸ A 20명 B 12명
❹ A 29명 B 3명
❺ A 9명 B 23명
❻ A 22명 B 10명
❼ A 0명 B 32명
❽ A 9명 B 23명
❾ A 3명 B 29명
❿ A 8명 B 24명

: 부록 2 :

32인의 취업컨설턴트에게 물었습니다

"구직자들에게 가장 필요한 것은 무엇입니까?"

하루에도 수십, 수백 명의 구직자들을 접하는 취업컨설턴트들은 구직자들이 취업을 하는 데 가장 필요한 것으로 무엇을 꼽았을까?

출판사 지식공간은 〈미스매칭〉 출간을 기념하여 집필에 참여한 32인의 취업컨설턴트에게 구직자들이 취업을 하는 데 가장 필요한 것이 무엇인지 물었다.

그 결과, 절반이 넘는 62.5%가 취업을 하는 데 가장 필요한 것은 '자기분석과 목표설정'이라고 말했다. 다음으로 '자신감' 25.0%, '다양한 경험' 6.3% 등의 의견이 있었다. 많은 구직자들이 가장 부담을 안고 있는 '어학성적 및 자격증'은 3.1%에 그쳤고 '학벌 및 전공'을 꼽은 취업컨설턴트는 한 명도 없었다.

구직자들을 상담하면서 가장 안타깝게 느낀 것이 무엇이냐는 질문에는 '자신에 대한 이해 부족'이 37.5%로 가장 많았고 '명확한 목표설정 부재'가 34.4%로 뒤를 이었다. 이외에도 '부족한 자신감' 12.5%, '삶과 구직활동 의욕 부족' 9.4% 등이 뒤를 이었다.

자신감을 잃은 구직자에게 평소 권하는 활동으로는 여행, 희망하는 분야의 직업인 만나기, 봉사활동, 심리검사, 동대문 새벽시장이나 재래시장 방문하기, 교육이나 직업훈련 이수하기, 자신을 인정해주는 멘토 찾기, 가족과 진솔한 대화하기 등이 있었다.

다시 대학생 시절로 돌아간다면 가장 하고 싶은 일을 묻는 질문에는 '삶의 목표와 비전 설정'이 40.6%로 가장 높았다. 다음으로 '다양한 사회경험' 31.3%, '명쾌한 진로선택' 15.6% 등의 순이었다. 이외에도 창업이나 교환학생, 배낭여행 등 대학생일 때 할 수 있는 다양한 분야에 도전해보고 싶다는 의견도 있었다.

한편 취업에 정답이 존재하느냐는 질문에는 71.9%가 정답이 없다고 응답했다. 진홍섭 한국직업상담협회 이사는 "취업에 정답은 없고 오답만 존재한다. '이렇게 해야 해.'라고 하는 잘못된 정보들이 오히려 취업을 방해한다. 다른 사람의 의견보다 자신의 목표와 비전을 가지고 도전해야 한다."고 말했다.

질문	보기	응답자 수	백분율(%)
1. 구직자들이 취업을 하는 데 가장 필요한 것은 무엇이라고 생각하십니까?	① 자신감	8	25.0
	② 자기분석과 목표설정	20	62.5
	③ 다양한 경험	2	6.3
	④ 학벌 및 전공	0	0.0
	⑤ 어학성적 및 자격증	1	3.1
	⑥ 취업정보	0	0.0
	⑦ 태도	1	3.1
	계	32	100.0
2. 구직자들이 취업을 준비하는 데 가장 어려워하는 것은 무엇입니까?	① 자신감 찾기	7	21.8
	② 자기분석 및 목표설정 하기	19	59.3
	③ 이력서, 자기소개서 작성하기	0	0.0
	④ 면접전형 준비하기	2	6.3
	⑤ 다양한 스펙 쌓기	2	6.3
	⑥ 기타	2	6.3
	계	32	100.0
3. 구직자들을 상담하면서 가장 안타깝다고 느끼신 것은 무엇이었습니까?	① 자신감 부족	4	12.5
	② 자신에 대한 이해 부족	12	37.5
	③ 명확한 목표 설정 부재	11	34.4
	④ 삶과 구직활동에 대한 의욕 부족	3	9.4
	⑤ 입사지원서 작성, 면접 준비 스킬 부족	0	0.0
	⑥ 기타	2	6.2
	계	32	100.0

4. 자신감을 잃은 구직자에게 평소 권하시는 활동이 있다면 말씀해주세요.	① 여행	5	15.6
	② 독서	1	3.1
	③ 심리검사	3	9.4
	④ 희망하는 분야의 직업인 만나기	5	15.6
	⑤ 봉사활동	4	12.5
	⑥ 기타	14	43.8
	계	32	100.0
5. 입사 후 조기퇴사 하는 구직자들이 많습니다. 그들의 가장 큰 문제점은 무엇이라고 생각하십니까?	① 성급한 입사 결정	2	6.3
	② 자기분석 부족	13	40.6
	③ 산업 및 기업분석 부족	7	21.9
	④ 인내심 부족	4	12.5
	⑤ 기타	6	18.7
	계	32	100.0
6. 다시 대학생 시절로 돌아간다면 가장 하고 싶은 일은 무엇입니까?	① 명쾌한 진로 선택	5	15.6
	② 삶의 목표와 비전 설정	13	40.6
	③ 다양한 사회경험	10	31.3
	④ 기업이 원하는 스펙 쌓기	0	0.0
	⑤ 취미, 여행 등 여가활동	0	0.0
	⑥ 이성교제나 연애	0	0.0
	⑦ 기타	4	12.5
	계	32	100.0
7. 취업에 정답이 존재한다고 생각하십니까?	① 정답이 있다	9	28.1
	② 정답은 없다	23	71.9
	계	32	100.0

: 부록 3 :

취업컨설턴트 31인이 밝히는 성공 취업을 위한 최후의 조언

1. 기업 인사담당자와 구직자들의 가장 큰 생각 차이는?

기업은 업무에 필요한 인재를 찾지만 구직자는 자신만 보고 있다.

: 구미라

기업은 Right 인재를 원하지만 구직자는 Best 인재로 보이려 한다.

: 김경아

기업은 구직자가 얼마나 조직에 기여할 수 있는지 고민하고 구직자는 회사가 얼마만큼 대우해 줄 수 있는지 생각한다. : 김남호

직장 경험이 없는 구직자들은 구직자의 눈으로 세상을 바라보고, 직업을 갖고 있는 인사담당자는 직업인의 눈으로 세상을 본다. 따라서 같은 현상이라도 보는 초점이 다르기 때문에 미스매칭이 발생한다. : 김달진

기업은 비즈니스 관점에서 구직자를 바라보고, 구직자는 인간적인 차원에서 자신을 어필한다. : 김동우

기업은 기업의 입장(성과/조직 등)을 생각하고 구직자는 자신의 입장을 먼저 생각한다. : 김명자

기업은 구직자 본인의 이야기를 듣고 싶어 하는데, 구직자는 일반적인 이야기를 한다. : 김미성

기업은 경험을 중요시하는데, 구직자는 스펙 쌓기에 몰두한다. : 김윤선

회사는 직무에 필요한 사람을 뽑고자 하는데 구직자는 직무에 대한 이해가 부족하다. : 김현빈

기업은 가능성을 보고 구직자는 곧장 실무에 투입할 수 있는 맞춤형 인재를 찾는다고 생각한다. : 박윤

기업은 직무적합성을 보고 구직자는 개인적인 이야기만 한다. : 서정미

기업은 스토리를 중시하는데, 구직자는 스펙을 중시한다. : 성명숙

기업은 현실을 직시하는데, 구직자는 이상을 꿈꾼다. 기업은 큰 조직을 보는데, 구직자는 개인만 본다. 기업은 조직원 하나하나를 회사로 보는데, 구직자는 함께하는 상사가 곧 회사다. : 성원숙

기업은 구직자의 경험을 통해 미래를 내다보지만 구직자는 오로지 스펙을 앞세운다. : 송정화

기업은 태도를 가장 중요시하는데 구직자들은 능력이 제일 중요하다고 생각한다. : 신민옥

기업은 경험과 전문성을 중요시하는데, 구직자는 관련 없는 경험과 평범한 지식, 고민하지 않은 모범답안을 준비한다. : 신정숙

회사는 지원자가 회사를 위해 무엇을 할 수 있을지를 평가하지만, 개인은 회사가 자신에게 무엇을 제공해줄 수 있는지를 평가한다. 스스로의 능력을 과신하여 입사 전부터 이직을 생각하는 구직자도 일부 있다. : 안재현

기업은 일할 사람이 없다 하고 구직자는 일자리가 없다 한다. 기업은 회사의 건실성과 장래성, 장기근무시의 안정성 등을 이야기하는데 구직자는 현재의 조건만 중시한다. : 오상훈

기업은 기업을 위한 인재를 원하는데, 구직자는 자기를 위해 기업이 존재하기를 원한다. : 유재숙

'생각에서'와 '생각으로'의 차이가 있다. 관점이나 공간 안에서 바라보면 '생각에서'고, 관점이나 공간 밖에서 바라보면 '생각으로'다. 기업은 '생각에서'를, 구직자는 '생각으로'를 추구한다. 다시 말해 기업은 안에서 보고, 구직자는 밖에서 본다. : 윤성원

기업 인사 담당자는 해당 직무에 적합한 사람을 뽑으려 하는데 구직자는 뭐든지 잘할 수 있다고 말한다. : 윤통현

기업은 우리를 생각하라고 하지만 구직자는 나만을 생각한다. : 이상열

기업은 높은 봉급에 맞는 인재를 원하고 구직자는 높은 봉급만을 원한다.

: 이영웅

구직자는 스펙을 중시하고 인사담당자는 가능성과 인성을 중시한다.

: 이재은

기업은 생산성 대비 급여가 높다고 생각하고, 구직자는 급여가 적다고 생각한다. : 이주희

기업은 '그(그녀)'의 이야기를 듣고자 하는데, 구직자는 '우리'의 이야기를 한다. 예를 들어 기업은 지원자가 동아리에서 어떤 역할을 했는지 알고 싶지만, 구직자는 동아리 활동을 했다고만 말한다. : 이현애

기업은 What(직무적합성)을 보고 구직자는 Where(직장인지도)를 본다. '직무'를 모르고 지원하면 '무직'된다. : 이혜영

기업은 '적합한 사람'을 뽑고 싶은데, 구직자는 자신이 '적당한 사람'이면 뽑힐 것이라고 생각한다. : 임상언

기업은 경험에 대한 구체적 사례를 묻지만, 구직자는 경험에 대한 감정과 느낌을 말한다. : 조세화

기업은 조화를 생각하는데 구직자는 능력을 말한다. : 조연화

기업은 구체적이고, 구직자는 추상적이다. 뽑아만 주면 잘하겠다는 가정법에서 벗어나서 구체적이고 실질적인 이야기를 해야 한다. : 진홍섭

2. 어떤 사람이 취업에 성공합니까?

취업에 대한 간절함과 체계적인(철저한) 준비가 돋보이는 사람 : 구미라

자신의 장단점을 분명히 알고, 자신이 빛을 발할 수 있는 업무에 대해

목표가 뚜렷한 사람 : 김경아

목표가 명확하고 그 목표를 향해 달려가는 사람 : 김남호

밝은 표정과 더불어 삶에 대한 적극적이고 긍정적인 태도를 지닌 사람 : 김달진

자존감이 높고 긍정적 사고를 지닌 사람 : 김동우

자신감이 있다. 표정이 밝다. 자신을 신뢰한다. : 김명자

미래설계가 확실하고, 이를 위해 현재의 고난마저 달게 느낄 만큼 열정적인 사람, 그 열정이 타인에게 자신감으로 비춰지며 좋은 에너지를 주위로 전달하는 사람 : 김미성

호감 가는 이미지와 밝은 인상(긍정적 마인드), 자신감, 적극적인 활동 : 김윤선

밝은 인상, 열정, 다양한 경험과 정보를 토대로 설정한 뚜렷한 구직 목표, 자신감 있고 바른 자세, 지원기업에 맞는 스펙(어학, 전공 준비, 자격증) 등을 갖춘 사람 : 김현빈

조기취업을 이루는 구직자의 큰 특징은 구직활동뿐 아니라 인간관계에도 적극적인 형, 붙임성 있고 예의바른 호감형, 사소한 약속도 잘 지키는 성실형, 목표의식이 뚜렷하고 차근차근 준비를 잘해온 계획형 구직자들이다. : 박윤

취업을 희망하는 직종에 대한 이해가 높은 사람 : 서정미

자신감, 자기분석 및 목표설정, 적극적이고 긍정적인 태도, 기업에 대한 관심도가 높은 사람 : 성명숙

이질감을 주지 않고 조직 안에서 잘 융화되며 실력을 내실 있게 쌓은 사람 : 성원숙

자기분석과 자신감, 긍정적 마인드가 특징이다. : 송정화

입사 후 잘 적응하고 맡은 업무를 잘할 것 같은 태도, 동료들과 잘 화합할 수 있을 것 같은 사람 : 신민옥

가치관이 매력적인 사람, 간절함이 느껴지는 사람, 끝까지 포기하지 않는 사람, 타인에 대한 예의와 배려가 있는 사람, 깔끔하고 야무지고 단정한 사람, 밝고 긍정적이며 자신감 있는 사람 : 신정숙

자신감과 겸손한 태도, 호감 가는 표정, 자신의 강점에 대한 정확한 인식을 지닌 사람 : 안재현

자신이 좋아하고 잘할 수 있는 일을 안다. 자신감과 도전정신이 뛰어나다. : 오상훈

자신이 가치 있는 사람이라고 느낀다. 자신감이 뛰어나다. : 유재숙

적극적이고 성실하다. 겸손하고 융통성이 있다. : 윤성원

자신이 가야 할 길을 명확히 알고 있다. 즉 무엇을 하고 싶고 그 일을 위해 지금까지 어떻게 노력했는지 잘 설명한다. **: 윤통현**

철저한 자기분석과 정확한 목표설정이 돋보이는 사람 **: 이상열**

성공하고자 하는 의욕과 의지가 강하다. 대인관계가 뛰어나며 변화에 대한 적응력이 빠르다. **: 이영웅**

열정이 있고 준비된 스펙을 갖고 있다. **: 이재은**

호감 가는 인상과 조리 있는 말솜씨, 단정한 옷차림, 취업하고자 하는 강한 의지가 있는 사람 **: 이주희**

목표 설정 후 그 목표를 향한 몰입과 열정, 실천력이 뛰어난 사람. 호감 가는 이미지를 갖고 있으며 자신에게 맞는 PR 방법을 고민하고 찾아낸 사람 **: 이현애**

자기분석을 통해 자신에게 적합한 직무를 파악한 사람 **: 이혜영**

직무에 대한 정확한 이해와 열정, 스펙, 인상이 뛰어나다. '아, 이분은 잘 되겠구나'라고 생각한 분들은 모두 성공적으로 취업했다. 스펙(출신 학교 및 현 직장)이 영향을 미치기도 하지만, 앞서 언급한 요소들의 일부일 뿐이다. **: 임상언**

자존감이 높고 긍정적 마인드를 갖고 있다. 적극적인 태도와 실행력, 결단력이 돋보인다. **: 조세화**

업무에 적합한 능력, 적극적 자세, 긍정적 마인드, 인내력, 가치를 급여에 두지 않는 구직자, 장기적인 안목을 가진 구직자들이 취업에 성공한다.

: 조연화

뚜렷한 자기 목표와 그 목표를 이룰 수 있다는 스스로에 대한 믿음이 강하다. : 진홍섭

3. 취업전선에 홀로 서 있는 구직자들에게 마지막 한마디

목표를 명확히 하라. 계획을 세워 준비하라. 그러면 반드시 취업할 수 있다. : 구미라

불변의 취업성공 전략은 진로에 대한 확고한 진로목표가 있고, 그것을 위해 도전하는 것이다. : 김경아

절대 서두르지 말고 꼼꼼하고 정확하게 준비하라. 그리고 혼자 고민하지 말라. : 김남호

스톡데일 패러독스(끝내 성공하리라는 믿음을 잃지 않는 동시에 눈앞에 닥친 냉혹한 현실을 직시하는 것)를 잊지 말라. : 김달진

말솜씨, 글 솜씨가 아닌 가능성으로 인정받아라. : 김동우

자신을 사랑하라! 온 힘을 다해 수고하고 자신이 얼마나 대단한 존재인지를 상대에게 인식시켜라! : 김명자

사회는 당신이 생각하는 것만큼 편하고 화려하고 자유롭지 않다. 일이 힘들 수도 있고 인간관계에 어려움이 생길 수도 있다. 일이든, 사람이든, 근무환경이든 생각과 다르더라도 탄탄한 미래설계가 있다면 행복하게 이겨낼 수 있다. : 김미성

자신감을 갖고 도전하라. 활동에 적극적으로 참여하라. : 김윤선

실패를 두려워하지 말라. 많은 인생 선배들의 조언 및 다양한 경험을 소중히 여기며 자신감을 가지고 꾸준히 노력하라. : 김현빈

주변의 도움을 받는 것을 부끄러워하지 말라. 모든 네트워크를 활용해 도움을 받아라. : 박윤

정말 많이 경험해 보고 결정하라. : 서정미

자신감을 가져라. 미래는 아직 오지 않았지만 현재 진행형이다. 파랑새는 멀리 있는 것이 아니다. 현재 당신 앞에 존재하고 있는 것에 충실하면 그곳에서 목표와 행복을 찾을 수 있다. 긍정적이고 적극적인 태도로 자신을 먼저 믿어라. : 성명숙

20대의 과제는 뜨겁게 사랑하기다. 뜨겁게 사랑하라! 스펙을 쌓느라 20대를 다 보내고 나면 연령에 맞는 과제를 수행하지 못한 것이다. 사랑하고 이별하는 연습이 되어야 사회생활에서 타인을 이해하고 공감하는 능력이 생긴다. 가슴을 뜨겁게 달구는 사랑을 하라. : 성원숙

평생을 바라보는 안목으로 하고 싶고 잘할 수 있는 일에 대해 충분히 고민하라. 지금 해보지 않으면 후회할 일들에 대해 도전하라. : 송정화

다른 사람이 했다면 당신도 할 수 있다. : 신민옥

하고 싶은 일과 잘하는 일은 다르다. 누구에게나 재능은 있다. 그 원석을 갈고 닦아 전문가가 되어야 한다. 내 안에 숨은 원석은 어떻게 찾을 수 있을까? 집에서도, 인터넷에도, 책 속에도 찾는 방법은 없다. 발로 뛰고 몸으로 얻는 경험을 통해서, 사람들 속에서 비로소 발견할 수 있다.

: 신정숙

취업은 중요하다. 그러나 더 중요한 것은 취업 이후의 삶이다. : 안재현

취업이란 다소 어렵고 시간이 걸리는 일일 뿐, 결코 불가능한 것은 아니다. 대비하는 사람에게 기회가 찾아온다. 안 된다고 포기하지 말고 '된다' 또는 '되었다'라는 마음으로 임하라. : 오상훈

기다리는 시간이 괴로운가. 겉으로는 태연한 척하면서 속으로는 떨고 있는가. 마음속으로는 오른쪽을 바라보면서 몸은 왼쪽을 향하는가. 자기 삶의 주인공이 되는 첫걸음은 몸과 마음의 일치에서 시작된다. 내 몸과 마음이 원활하게 소통하는 방법을 아는 사람은 세상과도 소통한다.

: 유재숙

기회를 잡으려면 2가지가 필요한데 첫째는 용기이고 둘째는 실력이다.

: 윤성원

원하는 것이 무엇인가. 할 수 있는 것이 무엇인가. 이 두 가지에 대해 스스로 답할 수 있도록 고민하라. 구직활동의 첫 출발은 이렇게 시작한다.

: 윤통현

돈이 없으면 집밖으로 나가기 힘들듯이 꿈이 없으면 세상 밖으로 나가지 못한다. **: 이상열**

변화를 감지하라. **: 이영웅**

사람마다 때가 있다. 그대에게도 활짝 피어날 때가 온다. **: 이재은**

다른 구직자와 차별화하자. 지원하는 분야에 연관해서 자신의 장점을 어필하자. **: 이주희**

자신을 예술가라고 여기는 사람과 단순 기술자라고 여기는 사람이 만든 도자기는 얼마나 다른가. 둘 다 도공이지만 그들이 만드는 도자기는 가치가 다르다. 당신은 단순히 직업인이 되고 싶은가, 아니면 세상에 하나뿐인 직업인이 되고 싶은가. 자기 직업에 대한 정의를 스스로 내리고 그런 직업인이 되기 위하여 즐겁게 도전하기 바란다. **: 이현애**

나에게 맞는 직업을 찾는 가장 좋은 방법은 경험이다. **: 이혜영**

조급해하지 말라. 나에게 맞는 일자리는 어디엔가 있다. 아직 만나지 못한 것일 뿐이다. 지금 한 달 늦어지는 것이, 나중에 일 년을 돌아가는 것보다 훨씬 낫다. **: 임상언**

취업활동이란 단순히 '직장에 들어가는 과정'이 아니라 자신의 지난 삶을 살펴보며 스스로에 대해 자세히 알아가는 소중한 시간이다. 이러한 과정이 앞으로 펼쳐질 멋진 인생에 훌륭한 밑거름이 될 것이라고 확신한다. **: 조세화**

최근 취업의 필수 항목 중 가장 중요한 것은 경력이다. 자신이 가고자 하는 분야에 필요한 경력을 쌓기 위해 노력하라. 자원봉사도 아주 좋다.

: 조연화

스스로에게 물어라. 토익은 입사를 위해 필요한 것인가, 입사 이후 직장생활에 필요한 것인가. 입사를 위한 공부를 하지 말고 직업생활을 하기 위한 공부를 하라! **: 진홍섭**

31인의 취업컨설턴트 프로필

가나다 순

"배워서 남 주자!"

_구미라 고양시여성회관 취업상담실 팀장

어려서부터 남에게 주는 것을 좋아했다. 서른이 넘으면서 '주는 것이 아니라 나누는 것'임을 깨달았다. 누군가에게 받은 것을 나누며 함께 기뻐할 수 있는 여유! 그래서 오늘도 쉼 없이 배우고 있다.

직업상담 11년차이며, 고양시여성회관의 취업상담실 팀장이다. 80회 이상의 직업상담사 양성교육을 진행하며 2,000명이 넘는 신입 컨설턴트를 만났다. '직업상담사의 허브'로 통한다. 집단상담 전문가이며 연평균 250회 이상 대학, 기관, 기업체 등에 출강하여 진로교육, 취업특강을 진행한다.

"사람은 자신에 대해 얼마나 치열하게 고민하느냐에 따라 인생의 크기가 결정된다."

_김경아 이우곤HR연구소 과장

외국계 기업 인사/채용 담당자로 2년 근무 후, 5년 전부터 대학 취업교육 분야에서 프로그램 기획, 컨설팅, 강의를 하고 있다. 현재 이우곤HR연구소 과장으로 근무하고 있으며, 광운대학교 커리어코칭심리 석사 과정을 밟는 중이다. 그 동안 고려대, 연세대, 서강대, 이화여대, 상명대, 항공대, 건국대 등 50여 개 대학에서 취업/진로 컨설팅 및 강의를 진행했다. 패션잡지 쎄씨에 원고를 기고했고, MBN라디오 '브라보 마이 라이프', 한경TV '일하는 대한민국'에 고정패널로 출연하고 있으며, EBS라디오 '심현섭의 성공시대'에서 커리어 전문 패널로 활동하고 있다. kka00@paran.com

"실패는 또 다른 경험이고 당연히 겪어야 할 과정이다."

_김남호 취업컨설턴트

전역장교. 인크루트(주)에서 공공취업지원사업과 대학취업컨설팅 사업을 운영했다. 대학원 동문, 유관기관, 동종업계 등과의 다양한 인맥과 그동안의 취업컨설팅 사업수행 노하우를 토대로 전역군인을 위한 전직컨설팅 사업을 꿈꾸고 있다. knh930@naver.com

"생각은 머리에 머무는 것이 아니라, 손과 발에 머무는 것이다(김수환 추기경)."

_김달진 커리어컨설턴트/취업지원관

대학시절부터 진로에 대해 수없이 많은 고민을 하며 다양한 경험을 쌓았다. 직업군인, 영업사원 등의 직업을 전전한 끝에 '커리어컨설턴트'라는 직업에 안착하게 되었다. 현재 대학생을 비롯한 구직자들을 대상으로 자기이해, 진로설정, 취업지도 등을 주제로 상담/강의하고 있다. '한국경제TV(직업방송) 일하는 대한민국 취업ABC코너'에 2년간 고정 출연하였고 무가지신문 '포커스'에 칼럼을 기재했다. 블로그 '취업과 책이야기(http://kimharv.blog.me)'를 운영하고 있으며,

취업포털 스카우트의 전임컨설턴트를 거쳐 현재 가톨릭대학교 취업지원관으로 재직 중이다. kimharv@naver.com

"취업은 즐겁다. 경제적으로 독립할 수 있고 전문성도 키우고 어쩌면 인생을 함께할 동료도 만날 수 있으니까. 준비과정은 고되지만 이만큼 괜찮은 투자도 없지 않을까?"

_김동우 취업컨설턴트

현장전문가. 7년간 8,000여 명을 대상으로 취업컨설팅을 진행했다. '2010 대한민국 취업컨설팅대전'에서 서울지방노동청장상을 수상하며 40명의 참가 컨설턴트 중 개인부문 1위를 차지하였다. 현재 진로와 취업을 고민하는 고등학생·대학생부터 성과 향상을 고민하는 기업 근로자까지 직업 계층 전반을 대상으로 교육을 진행하고 있다. iconsulting7@gmail.com, 공락공락(club.cyworld.com/careeredu)

"자신과 마주하고 자신을 진정으로 사랑하라!"

_김명자 제이엠커리어 이사

Bigsoft(주)에서 10년간 근무하다가 MBA 공부를 하면서 진로를 180° 바꾸었다. 현재 전직지원 전문 컨설팅 기업인 제이엠커리어에서 이사로 재직 중이다. 기업에서 퇴직하는 임직원들이 제2의 인생(취업, 창업, 생애설계)을 설계할 수 있도록 지원하고 있다. 지난 10년간 총괄PM을 맡아 대기업, 외국계기업, 일반기업의 직장인, 임원, 대학생들에게 커리어컨설팅을 제공하였으며 최근에는 50대 이후의 평생직업을 찾아주는 'Second Job Planning Center'를 맡아 운영 중이다. 현재까지 5천여 명의 고객에게 '행복한 제2의 인생설계' 과정을 제공했다. 각종 칼럼과 방송활동을 지원하고 있다.

"과거가 불행했다면…… 지금도 불행하다면…… 미래도 불행하다. 회사는 행복한 사람을 원한다. 행복한 마음으로 구직활동을 하라. 지금 행복해야 사회에서도 행복하다."

_김미성 관계기술 컨설턴트

기업교육 컨설팅업체에서 4년간 근무하고 프리랜서로 강사활동을 하고 있다. 대기업, 관공서, 대형 병원 등에서 컨설팅 및 교육을 진행하며, 현재 대학교 취업관련 프로그램 및 용인 송담대학의 외래 강사로 활동하고 있다.

"저 너머의 목표를 보는 자는 눈앞의 장애물을 두려워하지 않는다. 도전하라!"

_김윤선 성신여자대학교 취업지원관

성신여대를 졸업하고 건자재 기업에서 근무하던 중 2002년 MBC 성공시대의 '유순신 헤드헌터' 편을 보고 그를 롤 모델로 삼아 무작정 취업업계에 뛰어들었다. 2007년 헤드헌터로 홀로서기를 하면서 대학생들을 만나기 시작, 지금까지 50여 개 대학 5,000여 명을 대상으로 1:1 취업상담을 진행했다. 현재는 모교인 성신여대에서 후배들을 위해 취업지원관으로 활동 중이다. 2010년 취업컨설팅대전에서 동상을 수상했다. kyscys@nate.com

"나를 뽑아줄 곳이 없는 게 아니라 못 찾고 있을 뿐이다. 자신을 사랑하고 소중하게 생각하라."

_김현빈 Bankers&Company 이사

2001년부터 헤드헌터로 일을 시작, 현재는 금융 및 외국계 기업 전문 헤드헌팅 기업인 Bankers&Company의 이사로 재직 중이다. 외국계 은행, 증권, 자산운용사 등의 금융기관 및 부동산 부문을 중심으로 인력채용을 하고 있으며 우수한 인력의 개발과 발굴을 위해 컨설팅과 조언 및 취업 강의를 진행한다. elisa@bankerskorea.com

"가야 할 길이 명확하지 않을 때는 발걸음을 멈추자. 자신을 탐색하고, 목표를 분명히 하고, 내일의 도약을 위해 힘을 비축하자. 지금 잠깐의 지체는 당신을 보다 빠른 길로 인도해줄 것이다. 부디 멈추었다고 불안해하지 말기를."

_박 윤 인천종합일자리지원센터 직업상담사

2006년 고용노동부 고용센터에서 실업급여 설명회와 구직상담을 보조하면서 직업상담에 관심을 갖게 되었다. 2009년 인천일자리지원센터에서 직업상담사로 컨설팅 업무를 시작, 청년층 진로상담 및 취업상담, 중·장년 이직 및 전직상담, 경력관리 상담, 이력서·자기소개서 컨설팅 및 면접코칭 등을 진행하며 매년 2,600명 이상의 개인 상담을 하고 있다. 그 외 상설채용박람회 9회, 청년층 집단상담 프로그램을 10회 운영하였으며, 지난해 전문계고 및 대학 등에서 150명 이상을 만나 이력서컨설팅 및 면접코칭을 지도했다.

"결혼할 배우자를 고르는 것보다 더 신중하게 직업을 선택하라!"

_시정미 고용노동부 직업상담원

IMF 직후 대학을 졸업, 무엇을 해야 할지 막막한 가운데 세상에 던져졌다. 손에 잡히는 대로 일자리를 구해 회사를 다니다가 이건 아니라는 생각에 자신의 길을 찾아 나섰다. 자신처럼 아무 준비 없이 졸업하는 대학생은 없었으면 좋겠다는 생각으로 직업상담사의 길로 접어들었다. 직업상담학 석사를 마친 후 교육기획 및 운영자, 커리어 컨설턴트를 거쳐 노동부 직업상담원에 이르렀다. 현재는 취업취약계층을 위한 상담 및 지원업무를 하면서 대학생뿐 아니라 다양한 계층에 맞는 취업서비스를 실시하고 있다.

"지금 당신이 준비하고 있는 것은 훗날의 소중한 자산이 된다. 스스로를 믿고 목표를 향해 전진, 또 전진!"

_성명숙 취업컨설턴트

13년간 딸 둘이 제일 예쁜 줄 알고 살았다. 그러다 점점 엄마로서의 역할이 줄어드는 것을 느꼈다. 나이 쉰쯤 되면 어떻게 될까 슬슬 걱정할 무렵, 직업상담사라는 직업을 만났다. 재미있고 보람 있는 일, 딸에게 엄마가 직업을 가졌다고 말할 때만큼 기분 좋은 순간도 없었다. 10년이 지났다. 열 아들 부럽지 않았던 딸 둘은 어느 새 성인이 되었고 그동안 직업상담 현장에서 많은 친구들을 만나고 헤어졌다. 취약계층, 진로단절 여성, 노인, 그리고 대학생…… 그들과 함께하며 인생을 배웠다. 직업상담사이자 커리어 컨설턴트로서 여전히 비전을 품고 묵묵히 길을 걷고 있다. 현재 노동부 직업지도 프로그램 전담강사로 활동 중이며, 안양과학대학 외래교수로 재직 중이다. roaem@hanmail.net, 010-3706-1578

"스스로에게 직업을 선물해주어라. 회사가 원하는 인재는 학교에서 일등을 하는 사람이 아니다. 경쟁에서 이긴 No. 1이 아닌 스스로를 이긴 Only One이 되어라."

_성원숙 스펀지교육연구소 대표

건강을 잃고 우울감과 좌절감에 빠져 있을 때 2006년 여름 운명처럼 '웃음'을 만났다. 웃음치료로 자신감과 행복감을 얻었다. 그 후 명지대학원 평생교육학과 유머웃음치료 석사를 졸업하고 다양한 임상결과와 본인의 경험을 널리 공유하기 위해 스펀지교육연구소를 설립, 웃음·행복·소통을 전파하고 있다. 현재 한국유머웃음치료학회, 서울특별시 여성인력개발기관, 노동부, 교육부, MBC아카데미에 출강하고 있으며 전국 대학생 취업캠프에 참여하고 있다. 러너코리아 New스타강사에 뽑혔다.

스펀지교육연구소 02-554-2323, www.sfungee.com, sfungee@naver.com

"영원한 20대는 없다. 내일은 없다는 각오로 오늘 도전에 나서라."

_송정화 더조은컨설팅 보이스&스피치연구소 소장

5년째 대학생과 일반인을 대상으로 강의와 컨설팅을 진행하고 있다. 전문분야는 이미지와 면접. 자신감을 찾아 적극적으로 사회생활에 임하는 일반인과, 면접을 성공리에 마쳐 합격한 학생들을 보면 뿌듯하다. 현재 더조은컨설팅 소장이자 한국이미지메이킹학회 부회장으로 활동하고 있으며 한양대학교에서 3년째 면접컨설팅을 진행하고 있다.

"지식, 태도, 열정. 구직자에게 꼭 필요한 세 가지다. 그중 가장 중요한 것은 태도. 이는 인간의 가장 기본적인 자질이기도 하다."

_신민옥 함께하는재단 탈북민취업지원센터 팀장

별칭 꽃천사 '루루'. 각자의 빛깔에 맞는 직업을 찾아 주는 천사다. 탈북민들의 안정적인 남한사회 정착을 위해 선결 과제인 취업교육과 상담, 알선 업무를 맡고 있다.

smohoho@hanmail.net, 010-6860-2280

"신은 누구에게나 재능을 주셨다. 우리 안에는 수많은 재능이 잠재되어 있고, 광부가 땅을 파듯 실제의 경험을 통해 재능이라는 보물을 발견할 수 있다. 설령 실패로 끝난 경험이더라도 모두 값지다."

_신정숙 고용노동부 인천북부센터 책임상담원

경남대학교 정치외교학과를 졸업하고 동아일보 조사부에서 일하다 홀연 대만국립사범대학교로 유학길을 떠났다. 한창 학문에 정진하던 중 '기술을 가져야겠다'고 판단, 귀국하여 수능시험을 준비했다. 다시 취업 준비. 천신만고 끝에 중소기업에 취업했다. 결혼 후 노동부에 입사해서 책임상담원으로 13년째 근무하고 있다. 중·고등학생, 대학생, 청년, 외국인, 고령자, 장애인, 여성가장, 새터민, 제대군인 등을 대상으로 취업과 관련한 다양한 프로그램을 진행하며 상담업무를 수행 중이다. 현재 고용노동부 인천북부센터에서 일하고 있다.

"삶은 당신이 생각하는 것보다 훨씬 역동적이고 아름답다. 미래를 예측하려 애쓰다 시간을 낭비하기보다는 구체적인 행동을 통해 미래를 만들어 가기를 바란다."

_안재현 Staffs 대학컨설팅사업부 팀장

인재서비스 대표기업 (주)Staffs 선임 컨설턴트로 근무하고 있다. 사람과 조직을 변화시키는 행동하는 지식근로자가 되기 위해 늘 분투한다. 참된 인적자원개발의 시작은 올바른 진로방향 설정이라고 믿고 있다. KBS와 한국경제TV에서 '채용동향에 따른 취업전략 전문 패널'로 활동한 바 있으며, 동아일보 등에 직무중심 자기소개서 작성에 관련 글을 게재하기도 하였다. 한국외국어대학교에서 인적자원관리 전공으로 경영학 석사학위를 받았다.

“취업은 모든 사람의 몫이다.”

_오상훈 취업컨설턴트

'98년 고용노동부에 입사하여 13년째 고용서비스 분야 최전선에서 근무하고 있다. ‘일’이라는 것이 평생에 걸친 삶의 수단임과 동시에 인생의 중요한 의미임을 깨우치고 재직 중 대학원에 진학, 직업상담을 전공했다. 그간 고용노동부의 고용서비스 선진화 추진 T/F팀에 참여하는 등 다양한 활동을 펼쳤으며 그 공로로 고용노동부장관 포상을 네 차례 수여했다. 현재 안산고용센터에서 근무 중이다.

“몸과 마음을 하나로 만들라!”

– 유재숙 뫔다이어트 전문가

숙명여대 대학원 국문학 석사. 결혼 전 입시학원에서 고3 국어를 가르쳤다. 두 아이를 연년생으로 낳은 후 뚱뚱하고 무기력한 아줌마가 됐다. 전형적인 경력단절 여성. 몸에 옷을 맞추는 것이 아니라 옷에 몸을 맞추는 상황이 ‘기가 막혀’ 다이어트를 결심했다. 10kg 감량에 성공한 직후 이를 계기로 다이어트 전문기업에서 코칭을 시작했다. 10년간 필드에서 뛰며 만 명이 넘는 고객들을 만나는 동안 몸만 관리해서는 해결책이 없음을 알게 됐다. 그래서 몸과 마음이 하나가 되게 하는 ‘뫔다이어트’ 프로그램을 만들었다. 직접 프로그램을 운영하면서 서울시여성인력개발원 등에서 취업과 창업을 준비하는 여성들의 몸과 마음을 날씬하게 만드는 일을 돕고 있다. yjsom@naver.com

"취업 1승을 위해 이카로스의 날개를 활짝 펴라."

_윤성원 K up Dream Team 연구원

경기대학교에서 취업과 진로, 자기개발과 진로선택을 강의하고 있다. 이외에도 MOS, 컴퓨터활용능력, 인터넷활용, PC활용능력 등을 교육 중이다. 중학교 진로교과서 〈진로와 교육〉을 감수했고 전산교과목과 진로교과목을 맡고 있다. 현재 경기대학교 직업학과에서 박사과정을 밟고 있다. 인생은 속도가 아니라 방향이라고 믿는다. 구직자들의 꿈의 방향을 함께 설정하고 싶다.

"구직활동도 기술이다. 주위를 돌아보면 도움을 줄 수 있는, 기술을 갖고 있는 전문가가 많다. 그들과 함께하라. 인생이 달라진다."

_윤통현 (주)인제이 매니지먼트 전직지원 컨설턴트

코리아리크루트, 커리어넷, 한국직업상담협회 등에서 취업지원프로젝트 총괄기획 및 전문 컨설턴트로 경력을 쌓았다. 현재 IN-J' Management 수원센터에서 전직지원 PM으로 일하고 있다. 주로 경력단절 여성, 제대군인 취업지원, 대학졸업예정자의 취업지원 분야에서 다수의 컨설팅 및 상담프로그램을 진행하였다. 아주대학교 산업공학과를 졸업하고 경기대학교 행정대학원에서 직업상담을 전공하였다. starnjob@naver.com

"자기 자신에게 충실하라. 그러면 자신에게 맞는 꿈을 갖게 되리라."

_이상열 취업컨설턴트

30대 초반에 취업업계에 투신, 7년째 활동 중이다. 현재 '알파커리어'에서 근무하고 있다. 대학생들과 전문계 고교 학생들의 진로 및 취업을 돕고 있다. 단

한 번의 인연이라도 소중히 여기며, 도움이 필요한 사람에게는 늘 먼저 손을 내민다. 수없이 많은 강연을 통해 여러 사람을 만났고 그 사람들을 통해 기쁨을 느낄 수 있다는 사실만으로 자신을 가장 행복한 사람이라고 생각한다.

"부딪쳐라. 변화를 잡아라. 간절하게 준비하라."

_이영웅 창업컨설턴트

경기대학교에서 전자공학을 전공했다. 딸부자집의 외아들로 태어나 남자는 공대에 가야 된다는 가족의 요청에 따른 선택이었다. 그러나 대학교 졸업 후 10년 동안 진로, 직업에 대한 고민과 시행착오로 방황했다. 대학 졸업 후 10년 만에 동대학원에서 직업학을 공부하여 석사학위를 받았다. 오래 걸렸지만 제자리를 찾은 기분이다. 2008년부터 인천소상공인지원센터에서 창업컨설턴트로 근무 중이다. @career1253

"모든 사람에게는 때가 있는 법. 그대에게도 꽃처럼 활짝 피어날 때가 찾아오리라."

_이재은 여자라이프스쿨 원장

커리어 강사 겸 칼럼니스트. 기자, 교사, 글로벌NGO 영대표 등 다양한 직업의 세계를 맛보며 분주한 20대를 보냈다. 잘할 수 있는 일, 잘하고 싶은 일, 잘해야만 하는 일 사이에서 방황하다 결국 '잘할 수 있는 일'이 정답임을 깨닫고 그간의 경험과 재능을 황금 비율로 조합, 현재 여러 곳의 대학으로 취업강의를 다니며 신나는 30대를 보내고 있다. 최근 미국 국무성에서 운영하는 IVLP(International Visitor Leadership Program)에 '차세대 여성 리더'로 선발됐다. 성공한 사람들의 공통점을 분석한 〈벌거벗은 이력서〉를 집필했으며, 최근 〈여자 라이프 사전〉을 발간했다. MOCG 부대표, 용인송담대학 영어과 외래교수로 재직 중이다.

"취업의 관건은 '실행'이다! 결정을 내렸다면 발걸음을 옮겨라."

_이주희 서울특별시남부여성발전센터 직업상담사

보다 나은 개인의 삶, 풍요로운 인생을 돕고 싶다는 마음에 20대 후반, 직업상담사의 길을 택했다. 대학에서 교육학과 행정학을 전공하고, 현재 대학원에서 직업상담 석사과정을 밟는 중이다. 여성고용지원센터, 여성발전센터에서 진로단절 여성을 대상으로 집단상담 프로그램을 진행했으며 이력서클리닉, 취업특강을 담당했다. 현재는 다양한 취업취약계층을 위한 새로운 일자리 창출 모델인 사회적기업 관련 업무를 수행 중이다. job292@hanmail.net

"모든 경험은 소중하다. 자신의 경험을 보잘것없는 것으로 생각지 말라. 그것은 겸손이 아니라 자기비하다. 틈나는 대로 경험을 정리하고, 그 속에서 의미를 찾아라. 그것이 바로 취업의 지름길이다."

_이현애 한림대학교 취업지도사

한림대학교 취업지원센터가 문을 열 때부터 함께 참여하며 학생들이 필요로 하는 취업프로그램 기획과 운영을 담당하였다. 또한 노동부 대학확충사업, 교과부 미취업대졸생지원사업, 교과부 취업역량강화사업 등 국고 사업을 전담 운영하였다. 단순 기획 운영자를 넘어, 학생들의 취업고민을 나누기 위하여 CAP+ 진행자 양성 과정, 진로/취업컨설턴트 양성 과정, 이미지 전문 컨설턴트/CS 과정, 스피치 전문지도사 과정, 취업교육 전문 강사 양성 과정 등을 수료했다.

"경험이야말로 나에게 적합한 직업을 찾는 가장 빠른 길이다. 생각만 하지 말고 가슴 뛰는 일을 찾아 움직여라!"

_이혜영 취업컨설턴트

2006년 경기대학교 대학원 직업학과를 졸업하고 한국직업상담협회 연구원, 경기대학교 여대생커리어개발센터 상담연구원 등을 거쳐 현재 4년제, 2년제 대학에서 취업관련 교과목과 컨설팅을 담당하고 있다. 매학기 100명 이상의 대학생을 만나면서 '묻지 마' 취업이 아닌 가슴 뛰는 직업을 찾을 수 있도록 함께 고민을 나누고 있다.

"囊中之錐, 여러분은 모두 송곳을 가지고 있습니다." (*囊中之錐낭중지추 : 주머니 속의 송곳을 이르는 말로 곧 주머니를 뚫고 모습을 드러낸다는 뜻이다. '재능이 뛰어난 사람은 숨어 있어도 재능을 감출 수 없음'을 의미한다.)

_임상언 코리아써치 헤드헌팅 사업부 1팀장

써치펌 Korea Search에서 헤드헌터로 근무하고 있다. 헤드헌터가 되기 전, 공대에서 석사를 마치고 삼성전자에서 근무했다. 잘 다니던 삼성을 그만두고 헤드헌터의 길을 걷게 된 이유는 "사람을 통해서 가치를 만드는 일을 하기 위해서"였다. 이제는 업계에서 유명한 헤드헌터로서, 헤드헌터만으로도 시간이 부족하지만 이 길을 시작하면서 다짐했던 그 마음을 실천하기 위해서 틈 나는 대로 학교나 기업체에 강의를 다닌다.

"어떠한 인생이든, 어떠한 과정이든, 그것의 성패 여부에 상관없이 우리가 경험하는 모든 것에는 신이 숨겨둔 값진 의미가 있다고 생각한다. 자신의 삶에 숨겨진 보석 같은 의미를 먼저 찾아내는 사람이 더욱 행복한 마음으로 인생을 만들어갈 수 있다. 당신의 모든 인생 여정을 응원한다."

_조세화 더조은컨설팅 커뮤니케이션연구소 소장

현재 안산공과대학 교양과 외래교수. 한양대학교 면접비주얼컨설팅 컨설턴트와 경복대학 취업상담사로 일했다. 노동부 주최 취업컨설팅 대전에서 특별상을 수상했다. 대학교 2학년 때부터 자신이 잘하는 게 무엇인지 탐색하여 강사라는 직업에 첫발을 내디뎠다. 이미지커뮤니케이션과 취업스킬 분야의 강의경력 8년차로, 현재 컨설턴트와 강사양성과정을 운영 중에 있다. 어린 나이임에도 문턱 높은 업종에 보란 듯이 정착해 이제부터 열매를 거둘 단계다. 전국의 대학생과 경력단절 여성들을 만나 자존감과 자기애의 고양을 통한 취업을 강조한다. imagepower@hanmail.net

"어제와 똑같은 생각과 방법으로는 새로운 내일을 기대할 수 없다."

_조연화 단양군취업정보센터 책임자

충북 단양의 유일한 직업상담사로 단양군취업정보센터의 책임자가 되기까지 수천 명의 상담과 강연을 주관했다. 인적자원개발을 위한 프로그램 개발에서 경력을 쌓았으며 인구 3만의 단양에서 2010년 영어 Festival과 영어뮤지컬을 진행했다. 고용촉진과 고용안정을 위해 학교에서 기업으로, 기업에서 기관으로 부지런히 뛰고 있다.

"구직자여! '섭섭은 잠깐, 세상은 냉정' 열정을 가진 사람은 자신이 곧 희망이다."

_진홍섭 한국장애인고용공단 교육연수부 팀장 /

(사)한국직업상담협회 이사

IMF 시절 노동부에서 1기 직업상담원으로 근무하였다. 현재는 한국장애인고용공단 고용개발원에서 연구 및 교수활동 중이다. 경기대학교 교양학부 겸임교수로 대학생들의 취업과 진로과목을 담당하고 있으며 사단법인 한국직업상담협회 이사로도 활동하고 있다. 주요 저서로는 〈자신을 보여주는 면접 프레젠테이션〉, 〈직장인의 삶을 세우는 건축술〉, 〈대학생의 취업과 진로〉 등이 있으며 〈근로장애인의 직업적응능력향상 프로그램 개발 연구(2010)〉 등 다수 논문이 있다. @u4job, u4job@hanmail.net

취업 미스매칭

초판 1쇄 발행 2011년 5월 23일
초판 2쇄 발행 2014년 2월 3일

지은이 신길자 외 31명
펴낸이 김재현
펴낸곳 지식공간

출판등록 2009년 10월 14일 제300-2009-126호
주소 서울 은평구 역촌동 28-76 5층
전화 02-734-0981
팩스 02-333-0081
메일 editor@jsgonggan.co.kr
블로그 blog.naver.com/nagori2
페이스북 www.facebook.com/#!/jisikgg

편집 권병두
마케팅 이남현
디자인 엔드디자인 02-338-3055

ISBN 978-89-963482-9-0 03320

이 도서의 국립중앙도서관 출판시도서목록(CIP)은 e-CIP 홈페이지(http://www.nl.go.kr/ecip)와 국가자료공동목록시스템(http://www.nl.go.kr/kolisnet)에서 이용하실 수 있습니다.
(CIP제어번호: CIP2011001939)

잘못 만들어진 책은 구입하신 서점에서 교환해드립니다.
책값은 뒤표지에 있습니다.